『국어사전』, 책의 문화사

- 책 수집가의 국어사전 이야기 -

권오상
이경화   엮음

차례

감수의 글　　　　　　　　　　　　　　　　　　　4
머리말　　　　　　　　　　　　　　　　　　　　6

제1장 국어사전의 탄생　　　　　　　　　　　　11

1. 이 땅에 국어사전이 만들어지다　　　　　　　13
　1) 국어사전의 시금석이 된 말모이 고본
　2) 최초의 한국어 학습 사전
　3) 최초의 국어사전
　4) 이영철의 『학생조선어사전』
　5) 국어국문학회 『국어 새 사전』
2. 『조선말 큰 사전』과 『큰 사전』　　　　　　　50
　1) 『조선말 큰 사전』 1권의 탄생
　2) 『조선말 큰 사전』 2권, 『큰 사전』 3권 발간

제2장 큰 사전이후 국어사전의 황금기　　　　　79

1. 한글학회가 펴낸 사전　　　　　　　　　　　81
2. 다양한 국어사전의 등장　　　　　　　　　　90
　1) 신기철·신용철 형제의 사전
　2) 을유문화사의 소사전
　3) 민중서림의 국어사전
　4) 동아출판사의 국어사전
　5) 국립국어연구원의 국어사전
　6) 두산동아의 국어사전

7) 금성출판사의 국어사전
　　8) 어문각의 국어사전
　　9) 교학사의 국어사전
　　10) 특별한 국어사전

제3장 덤핑판 국어사전, 활개 치다　　　　　　**207**

1. 국어사전의 대중적인 보급 시기　　　　　　209
2. 본격적인 상업 출판 시대의 덤핑책　　　　　215
3. 덤핑판 국어사전, 감수자를 내세우다　　　　219
4. 이상사의 소사전　　　　　　　　　　　　　257
5. 다양한 출판사의 덤핑판 소사전　　　　　　260

제4장 사전의 미래　　　　　　　　　　　　**267**

1. 글로벌한 언어의 시대　　　　　　　　　　　269
　　1) 『큰 사전』의 탄생과 이를 계승한 새 사전
　　2) 영어의 모든 것을 담고자 한 『옥스퍼드 영어사전』 탄생
　　3) 큰사전과 옥스퍼드 사전 탄생 비교
2. 언어생활의 변화가 곧 사전의 탄생　　　　　289
　　1) 민족주의 언어로 시작된 한글과 국어사전
　　2) 옥스퍼드 영어사전의 지속성

이 책을 마무리하면서　　　　　　　　　　　　321
편집 후기
참고 문헌

감수의 글

국어사전의 편집과 간행은 우리 민족의 언어를 체계적으로 수집하고 활자화하는 작업이다. 여기에는 국어에 대한 자주적 의식이 필요하고, 국어에 대한 연구가 선행되어야 하며, 실용적인 출판문화의 저변이 마련되어 있어야 한다.

20세기를 전후한 망국의 시대에 오히려 한글을 내세우고, 국어에 대한 현대적 연구가 촉진된 것은 국권의 상실이라는 아픔 속에서도 민족문화에 대한 자주적 각성이 절실하였던 까닭이다. 개화기 및 일제강점기에 국어를 연구하는 학회를 중심으로 학자들이 뜻을 모아 맞춤법 통일안을 제정하고, 이어서 국어사전의 편찬을 시작한 것은 엄혹한 현실 속에서 더욱 소중하게 의식되는 국어 사랑의 발현인 것이다.

권오상 대표와 이경화 박사가 『국어사전, 책의 문화사』라는 원고를 엮어서 감수를 부탁하였다. 두 분의 원고를 읽으면서 경험하지 못한 개화기 및 일제강점기의 국어에 대한 연구를 자꾸 떠올리게 된 것은 이분들의 작업이 진정한 '국어사랑'의 실천이라는 생각이 들었기 때문이다.

국어는 학자의 책상 위에서 단지 연구되는 대상이 아니라, 원래 이렇게 세상을 활보하면서 우리의 삶 속에서 우리를 이끌고 나아가게 하는 민족문화의 원형이며 총체인 것이다. 두 분이 엮은 원고 속에서 온갖 국어사전이 거리를 거닐고, 소박한 시민의 언어 속에 깃들어 있는 우리말의 순연한 모습을 보는 듯하였다.

국어사전의 역사적 전개와 거기에 담긴 문화의 저변을 확인하는 것이 물론 이 책의 요점이겠지만, 특히 '덤핑판 국어사전'이라는 항목은 이러한 두 분의 원고가 아니라면 어느 책에서도 찾기 어려운 것이다. 허리끈을 졸라매던 개발의 시절에 덤핑판 국어사전은 석학의 감수라는 수식에도 불구하고 민간의 허름한 책상 위에나 근대화 구호가 걸린 사무실의 책장에 한 권씩 놓여 있기 마련이었다. 출판된 책의 형태는 보잘 것 없지만 사전의 뜻풀이에 큰 잘못이 있는 것은 아니었다. 덤핑판 국어사전이 기존의 어엿한 사전을 참조하여 편집하였기 때문이다.

덤핑판이 끼친 악행은 출판문화의 정상적인 성장을 저해했을지 모르지만, 가난했던 시절 학구열을 이루어 우리를 성장시킨 대중적인 선행도 이제는 기억하고 싶은 그리운 추억이 된 듯하다. 덤핑판의 범람이 가능했던 당시의 장면 역시 우리가 겪은 버릴 수 없는 흑백사진인 것이다.

권오상·이경화 두 분은 도서 출판 및 유통, 그리고 헌책방을 운영하고 있다. 우리가 만난 곳은 강의실이나 연구실이 아니라, 책들이 산더미처럼 쌓여 있는 서점이었다. 이분들은 잘(또는 거의) 팔리지 않는 수많은 국어사전들을 보면서, 한편으론 정리하고 뒤적이며, 서문과 뜻풀이를 읽고, 출판 사항을 점검하면서 이 원고를 집필한 것이다. 어찌 이러한 일이 있을 수 있겠는가? 이분들은 팔리지 않는 낡은 사전을 보면서도 국어를 떠올리고 문화란 무엇인가 하는 궁극의 물음을 거듭하였음이 분명하다.

책 속에 길이 있다는 말이 있지만, 이 원고를 보면 뜻 속에 길이 있다는 것을 실감할 수 있다. 부디 『국어사전, 책의 문화사』가 현란한 현대를 정화하는 양식이 되기를 바라며, 두 분의 헌신적인 노고에 감사를 드린다.

2022. 10. 9. 한글날에
강릉원주대학교 국어국문학과
김무림 씀

머리말

국어사전, 그리고 책 모으기 40여년

50년 전 일이다. 국보 『동국정운東國正韻』이 강릉의 유서있는 집안에서 발견되었다. 이후로 전국의 고서적 연구·수집가들이 뻔질나게 강릉을 찾았다. 그 영향으로 1990년대 후반부터 방송에선 「진품명품」 출장 감정 강릉편이 여러 해 동안 강릉단오제가 펼쳐지는 단오장에서 촬영 녹화되기도 하였다. 어찌 보면, 마구마구 '쏟아진다'(한꺼번에 많이 몰리다)고 표현해야 할까? 강릉에는 오래되고 귀한 물건(책 등)들이 많이 있는 곳이기에 고개를 절로 끄덕이는 일들이 많다.

최근 들어 『동국정운』과 쌍벽을 이루는 『훈민정음』 해례본(상주본)이 국내 언론을 통해 갑론을박을 벌이는 장면을 본다. 상주본이 발견된 해가 2008년이니, 너무 긴 시간동안 국보급 한글 기록유산을 놓고 실랑이 하는 것도 아름답지 못함이 안타깝다. 이렇듯 우리는 한글 창제와 그 쓰임과 연관된 귀중한 기록 유산을, 그 높은 가치를 스스로 깎아내리고 있음에 불편함 마음뿐이다.

40여년이나 지난 일이지만, 시골 초가집 어느 지인 집을 방문한 적이 있었다. 전기도 없는 어둠 컴컴한 작은 골방에 앉은뱅이책상, 그리고 책 두어 권 있는 것을 보았다. 그 중에 한 권은 국어사전이었다.

예전이나 지금이나 국어사전은 집집마다 간직하고 있는 필수품이었다. 작은 글씨, 누런 종이, 크든 작든 책 모양을 달리하면서, 국어사전이라는 이름으로 출판되어 손때를 탄다. 글을 깨치고, 자기 글을 쓰고자 하는 모든 사람들에게 필요했던 것이 국어사전이었다.

가난의 굴레에서 배우지도, 제대로 먹지도 못했던 시절에도 국어사전은 돌고 돌았다. 그저 그런 형편의 굴레에서 벗어나고자 앞만 향해 달려가야만 하는 시대였다. 배운다는 것이 바로 가난을 벗어날 수 있는 기회였고, 열심히 공부하면 성공할 수 있다고 믿었던 그 시절. 모두들 그렇게 살아야만 했다. 더 좋을 것이라 생각하고 꿈꾸었던 배움의 시대가 있었다.

지금은 모든 것이 풍요로운 시대에 살고 있다. 그러다 보니 그 귀했던 국어사전은 관심에서 점점 멀어지고 있다. 우리의 국어사전이 처음에 어떻게 만들어졌고, 또 어떻게 보급되어, 우리 손에 쥐어졌는지에 대해서도 그냥 지나친다. 그저 서점에 가면 구입할 수 있는 책의 일부가 되었다. 그러다가 시대가 변화되어 인터넷 등 새로운 디지털 시대를 맞이하다 보니, 이 또한 찾아서 읽지 않고, 검색해서 그 단어의 뜻만 이해하는 시대에 살고 있다. 이젠 결국, 종이 국어사전은 학습의 필수품이 아니라, 수많은 책 중의 한 종류로 여겨지게 되었다. 사전辭典이 이젠, 사전死典으로 위기에 처했다.

언어가 있고, 문자가 있는 국가라면 어떤 형태로든 표준화 된 글자 모습을 갖추어 사용하면서 사전으로 보급하여 왔을 것이다. 영어 사전, 불어 사전, 독일어 사전, 일본어 사전, 한자의 옥편 등등. 그 가운데 우리 한글, 국어사전은 100여 년 전부터 말모이를 시작으로 숱한 시련기를 거치면서 오늘에 이르렀다.

『국어사전, 책의 문화사』는 근 100여 년 동안 이 땅에서 만들어지고 유통되었던 무수한 국어사전들의 이야기다. 그 우수한 한글을 품은 사전이 어떻게 시작되어 만들어졌고, 그것을 만들기 위해 일생을 바친 많은 연구·학자들, 일제강점기의 한글 말살 정책에 맞서 싸우면서 한글을 지켜온 선현들, 또 사전 편찬·출판에 사명감을 갖고 제작·보급한 출판사에 이르기까지 그 흐름을 살펴보았다.

이토록 다양한 사전을 만들었던 당시의 지식인들 면면을 살펴보면서, 한편으로는 만들어졌다가 순식간에 사라진 여러 형태의 사전도 있었다. 그리고 심혈을 기울여 순수 한글 보급에 힘쓴 사전이 있는가 하면, 그런 사전을 모형으로 베끼기, 짜깁기 등을 거쳐서 만든 해적판이나 덤핑판 국어사전도 있었다. 특히 초등학생용 사전은 쉬운 단어만 나열했다 할 정도의 낮은 수준의 사전도 있었다.

우리에게 산업화 시대가 시작되고, 교육열이 심화되면서 국어사전의 전성시대에 만들어진, 그 사전들에는 분명한 목적이 있었다. 언어생활에서 표현(말하기와 글쓰기)이 강조되면서, 국어사전에도 눈높이에 따라 수준과 단계별로 맞춤형 사전의 형태로 발행되었다. 그것이 어떤 모습이었던 간에 많은 사람들은 구입하였고, 찾아서 읽었다. 이 또한 한글이 걸어온 또 다른 출판문화의 흐름이었다. 앞을 향해 발전해 온 하나의 과정이었다.

한동안 덤핑판 국어사전이 활개를 쳤다. 이것이 우리에게 부끄러운 모습이라 할지라도 출판문화의 한 부분으로 보고자 이해를 도왔다. 어느 순간에 사라져버릴 하찮은 책이라도 누군가는 구입해서 간직하고자 했던, 그러한 모든 책을 사랑하고, 책과 더불어 살아온 책방지기의 바람이 모여 『국어사전, 책의 문화사』를 엮게 되었다.

이 책을 구상하고, 자료를 정리하면서, 많은 시간을 함께 공유하며 책의 완성을 이끈 이경화 박사와 남다른 애정을 갖고 감수를 해 주신 김무림 교수님께 감사의 말씀을 드린다.

그리고 강릉에서 좋은 책 만들기 위해 늘 고민하는 강원미디어콘텐츠협동조합 조은실 대표와 여러 작가님들, 디자이너께도 고마움을 전한다.

2022. 10. 9.

한글날에 즈음하여

아름다운 책방 지킴이
권오상 씀

제1장

국어사전의 탄생

1. 이 땅에 국어사전이 만들어지다

이 땅에 국어사전이 탄생하였다. 그 토대를 마련한 '조선어학회'와 '회원'들의 국어연구 활동과 이를 바탕으로 한 국어사전 편찬 등에 대해서 살펴본다. 먼저 일제강점기에 탄생한 사전류를 간략하게 정리한다. 당시(1920~1941) 사전 6권 중, 3권은 '한영' 또는 '한일' 사전이었고, 나머지 3권이 국어사전이었다. 이 중에는 1920년 조선총독부에서 간행한 『조선어사전』이 있다. 이 사전은 명색이 조선어사전으로 맨 처음 나온 것이다. 여기에는 일제가 식민통치를 시작하는 때인 1911년부터 많은 경비와 인원을 동원하여 엮은 것이며, 일본어로 주석을 넣어 사용하기 위하여 만든 것이었다. 이 사전은 4.6배판 983면으로 비록 일본인 사용 위주의 사전이었으나, 어휘의 수집과 그 주석 및 형식 등은 비교적 착실하며, 시초로 엮어졌다는 점이다. 몇몇 한국인과 일본인 참여해서 만든 사전이다. 그 후 우리의 국어사전 편찬에 실질적으로 큰 영향을 주게 된다.

한국인 최초로 만든 국어사전은 1938년(초판) 문세영의 『조선어사전』이다. 이 사전은 편저자 문세영이 10여 년에 걸친 고생 끝에 출간된 것이며, 우리나라 국어사전의 효시가 되는 것이다. 또한 실질적으로 일제하에 간행된 국어사전은 이 한권뿐이었다. 일찍이 1874년 『러한사전』을 필두로 1880년 『한불사전韓佛辭典』, 1890년 『한영·영한사전』 등 외국인들이 한국어 학습을 위해 각종 사전을 잇달아 엮었다.

오랫동안 변변한 국어사전 하나 엮어 내지 못한 것은 민족적 부끄러움임에는 틀림이 없었다. 『조선어 사전』의 편저자 문세영도 이 점을 개탄하여 오랜 고생 끝에 결실을 보았거니와 이보다 앞서 일찍이 학식과 식견이 있는 선각자들에 의하여 사전편찬 사업의 시급함을 깨닫고 시작되어 왔다는 사실을 잊어서는 안 될 것이다.

앞에서도 언급했듯이, 우리나라 국어사전의 시초는 조선총독부에서 일문日文 주석의 『조선어사전』 편찬이 시작될 같은 무렵, 최남선이 한국고전간행기관으로 설립한 '조선광문회朝鮮廣文會'에서 주시경·권덕규·이규영 등에 의하여 사전이 편찬되기 시작하였던 점이다. 이것이 한국인의 손으로 사전 편찬이 시작된 효시가 되는데, 이는 그 후 1927년 '계명구락부'에서 사전(辭典 : 말모이) 원고를 넘겨받아 계속하다가, 다시 '조선어학연구회'(이후 '조선어학회')에서 인수하여 진행하였지만, 도중에 중지되고 말았다.

그동안 국어연구 관련 논문·논설의 표제에서도 알 수 있는 바와 같이 '조선어학회'의 사전편찬 사업은 가장 조직적이며 규모가 큰 사업이었다. 이것이 일제하에 출판되지 못한 것은 민족적 비운을 그대로 반영하는 것이었다. 즉 1929년 10월 31일 한글 기념식 석상에서 조선어학회가 주동이 되어 사회 각계 인사 108명의 발기로 '조선어사전편찬회'를 조직하고, 이듬해 1월 6일부터 전문가들이 분담하여 '말모이' 사업이 다시 시작하게 되었다. 따라서 사전편찬에 가장 중요한 「한글 맞춤법 통일안」이 제정 발표되자, 1936년 4월 1일부터는 조선어학회가 이를 인수 전담하여 편찬 책임위원으로 이극로, 이윤재, 정인승, 이중화 등 4명으로 하여금 계속 진행되어 갔다.

그 후 사전편찬에 있어서 미진한 문제로 남았던 「시정한 조선어 표준말 모음」이 1936년 10월에 발표되고, 「외래어 표기법 통일안」이 1938년에 최후 결정 안이 확립되자, 사전편찬 사업은 급진전을 보게 되었다. 그리하여 1940년 3월에는 일부 출판 허가가 통과되어 조판(組版 : 활판 인쇄에서, 원고에 따라 골라 뽑은 활자를 원고의 지시대로 맞추어 짬)에 넘겨졌다. 오래도록 품은 소망이던 가장 완벽한 국어사전의 출판을 눈앞에 바라보게 되었다.

그러나 1942년 10일 1일 비상 전시체제로 전환한 일제 최후의 민족문화 말살정책으로 조선어학회가 독립운동 단체로 몰렸다. 전체 회원이 검거되고 학회가 해체됨에 따라, 이 역사적인 큰 사업은 중단되었다. 이때 '말모이' 원고도 일본경찰에 압수당하고 말았다.

1) 국어사전의 시금석이 된 말모이 고본(稿本 : 원고를 맨 책)

개화사상(일부 지식인, 양반·중인), 동학사상(하층 민중 사회, 농민), 위정척사사상(보수적 상층 양반, 유생) 등으로 소용돌이치던 1890년대 상황에서 우리말에 대한 자각과 더불어 국어사전 편찬에 대한 관심이 높아갔다. 그러면서 사전의 필요성이 더욱 강조되었다.

이봉운(李鳳雲[1])은 『국문정리』』(1897) '서문'에서 "문명에 제일 긴요한 것이 국문인데 이것의 이치를 밝히어 쓰고 또 교육하여야만 만

---

[1] 국어학자로서 1897년 1월에 목판본으로 「국문정리」를 지었다. 서울에 살았다고 하나 그 이상의 것은 자세히 알 수 없다. 그는 「국문정리」에서 '국어를 사랑해야 하며, 사전의 필요성을 말한 점' 등 남보다 앞서간 일면이 있다.

가지 일이 잘 된다"고 하여 국어와 민족사상에 따른 국어·국문 정리와 국어사전 편찬의 긴요함을 강조하였다.

주시경도 「독립신문」에 실린 그의 「국문론」(1897)에서 "조선말로 문법칙을 정밀하게 만들어서 남녀 간에 글을 볼 때에도 그 글의 뜻을 분명이 알아보고 지을 때에도 법식에 맞고 남이 보기에 쉽고 경계가 밝게 짓도록 가르쳐야 하겠고 또는 불가불 국문으로 옥편(사전)을 만들어야 한다"고 하면서 국문사전 편찬의 필요성을 강조하였다.

19세기 말엽에 국어와 국문사전의 필요성이 강조된 데에는 그만한 시대적 흐름이 있었다. 19세기 중엽까지는 보다 현실적인 국문 정리에 관심을 가지면서 어휘 정리를 시도했던 흐름 속에서 개항기를 맞이했다. 이어서 갑오개혁을 통해 자의든 타의든 자주독립사상이 홍범 14조 등을 통해 표면화되었다. 이에 더 나아가 고종은 '국한문혼용체'를 공문에도 사용하도록 법령까지 발표 했으며, 다시 관제 개편으로 나타난 학부學部 편집국에서는 국문철자, 각국의 글(文)번역 및 교과서 편집 등을 담당하게 되어 1895년에는 「국민소학독본」 「소학독본」 등 국한문혼용체의 교과서들이 출판되었던 것이다.

「국한회어國漢會語」가 바로 이 해에 출판되었고, 「국문정리」와 「국문론」에서 '국'國이 '언'諺 대신 등장한 것은 고종의 언어정책의 '국'에 힘입은 것이었다.

국어·국문은 이봉운을 통해서 "독립 권리와 자주 사무에 제일 요긴한 것"이라고 강조되기에 이른 것이다.

19세기 후반기 서구에서는 물론이고, 일본에서까지도 어문민족주의語文民族主義가 팽배했던 시기였으며, 극심한 전환기 속에서 주시경도 "말과 글은 한 사회가 조직되는 근본이요. 經營의 意思를 발표하여 그 人民을 연락聯絡케 하고 동작케 하는 기관機關"이라고 하고, 이러한 어문語文은 "그 사회가 천연天然의 다름으로 자연 자립됨을 특별히 표하는 것"이라 하여, 어문과 민족자립과 깊은 관련성을 주장하였다. 나아가서 민족·사회·국가에 대하여 "기역其域은 독립의 기基요. 기종其種은 독립의 체體요. 기언其言은 독립의 성性이다"라고 자신의 어문민족사상語文民族思想을 확립하였다. 이러한 어문민족주의가 이와 같이 확립되었음은 박은식·신채호·이종일 등에서도 볼 수 있는데, 국혼國魂의 핵심인 국어 교육을 통해 애국·구국정신도 고취할 수 있다는 것이었다.

1910년 이른바 한일병합이 이루어진 직후에 최남선이 세운 '조선광문회朝鮮廣文會'에서는

…… 수사(修史)와 이언(理言)과 입학(立學)은 실로 삼대표직(三大標幟)이며 사전편찬(辭典編纂)과 문법정리(文法整理)는 이언(理言)의 양대안목(兩大眼目)이오 아(我)의 언어와 관계(關繫)가 심절(深切)한 어문(語文)의 대역사전(對譯辭典)을 작성(作成)함은 사전계획(辭典計劃)의 일요건(一要件)이 되니 ……

라 하여 우선 한한대역사전漢韓對譯辭典인 『신자전新字典』(1915)을 주시경·김두봉(國語 訓釋을 담당) 등으로 하여금 편찬하게 하였고, 1911년부터 우리나라 최초의 국어사전인 『말모이』(辭典)를 편찬하

게 했던 것이다.

『말모이』 편찬에 직접 참여하였던 이들은 주시경·김두봉·이규영·권덕규 모두 넷이었다. 하지만 불행하게도 1914년 여름 주시경이 세상을 떠남에 따라 1916년에는 이 『말모이』의 바탕이 되는 문법책으로 김두봉이 『조선말본』을 간행하기도 하였으나, 그의 상해로의 망명, 이규영의 작고로 『말모이』의 편찬은 거의 완성 단계에서 멈추게 되었다. 그 원고조차 흩어져 잃어버리는 상황이 되어 현재는 그 첫째 권으로 보이는 'ㄱ~걀죽'까지의 표제항이 포함된 한 권이 알려져 있을 뿐이다.

이 『말모이』 고본(稿本 : 원고를 맨 책)은 범례에 해당하는 <알기>, <본문>, 표제항 색인인 <찾기> 및 한자어 색인인 <자획 찾기> 네 부분으로 구성되어 있다. 사전 편찬의 기본 방침을 제시한 <알기>에서 우선 6항을 다음과 같이 보여주고 있다.

이어 문법 용어와 전문 용어의 약호略號를 제시하였다.

『말모이』 표제항의 배열순서는 아래와 같다.

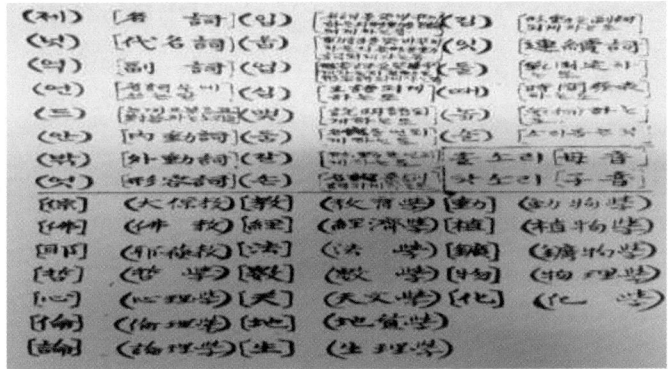

〔첫소리〕ㄱ(ㄲ)ㄴㄷㄹㅁㅂ(ㅃ)ㅅ(ㅆ)ㅈ(ㅉ)ㅊㅋㅌㅍㅎ(두첫소리는 첫첫소리자리대로 둠)

〔가온대소리〕ㅏ(ㆍ)ㅐ(.l)ㅑㅒㅓㅔㅖㅗㅘㅙㅚㅛㅜㅝㅞㅟㅠㅡㅢㅣ

〔받힘〕ㄱ(ㄲ)ㄴㄷ(ㄸ)ㄹㅁㅂ(ㅃ)ㅅ(ㅆ)ㅇㅈ(ㅉ)ㅊㅋㅌㅍㅎ(두받힘은 첫받힘자)

와 같이 함으로써 '와왜워웨'의 배열이 현대 사전들과는 다르고, 오히려 『국한회어國漢會語』와 일치하고 있다.

개개의 표제항은 다음과 같이 구성되고 풀이되고 있다.

(외래어 표시 부호) 표제항(漢字·英字 제시)(문법용어)(전문용어)풀이(예)

예컨대 표제항 중심의 미시구조微視構造는

  가숙(家塾) (제) 한사람의 힘으로 그 집안에 잇는 글방

  가스(gas) (제) ㉠ 尋常한 狀態에서는 液化하기 難한 氣體니 水素沼氣 따위 ㉡ 石炭까스의 俗稱

와 같이 구성되어 있다. 주시경과 그의 제자들은 가능한 범위에서 모든 언어 단위를 분석하고, 그 원소적인 분석 단위들의 합성으로 다시 해석하려는 방법을 즐기곤 했는데, 이에 따라 '씨갈'(품사 분류론)에서도 문법 용어의 약호로 제시한 것처럼 문법형태소들까지도 세분하고 있다. 그리하여 표제항들은 동사·형용사의 어간만을 제시하였는바,

  가 (아) ㉠저쪽으로 옮김 ㉡ 맘이끌림 ㉢ 때가지남 ㉣일이틀림 ㉤ 죽음 ㉥일움(되어-) ㉦닿임(손-) ㉧높아감(갑-)

  까 (밖) ㉠껍질을 벗김 ㉡남이 잘못녀김을 밝힘 (뒤를-)

와 같이 예문들에서 조차 역시 어간만을 제시하였다. 문법형태소의 예를 들면,

  가 (심) 어느임을다만임이되게하는 홀소리밑에쓰는토(배-뜨).

  가 (맺) 꼭알지못함을말할때에어는「때토」와어울어남이밑에쓰는토

     (그이가누군-, 쇠가물에뜰-)

  가지 (돌) 무엇에서무엇에이르기동안

간두루 (돌) 니까. 이니까. 으니까.

들과 같다.

 표제항의 설정은 <알기>에 제시한 "뜻 같은 말의 몸이 여럿 될 때에는 다 그 소리대로 딴 자리를 두되 그 가운데에 가장 흔히 쓰이고 소리 좋은 말 밑에 풀이를 적음"의 규정에 따라 상이한 음성 형식 또는 표기 형식을 가진 단어들을 모두 표제항으로 올리되 다만 풀이는 '가장 흔히 쓰이고 소리 좋은 말밑에' 적었는데, 이는 곧 표준음標準音 또는 표준어標準語를 뜻하는 것이었다. 예컨대

 가느 (엇) 「가늘」에 보임.
 가늘 (엇) ㉠갸름한것의몸피가작음. ㉡일이작음. ㉢사람이짓이작음.

와 같이 이형태표기형異形態表記形에 대한 것도 있고

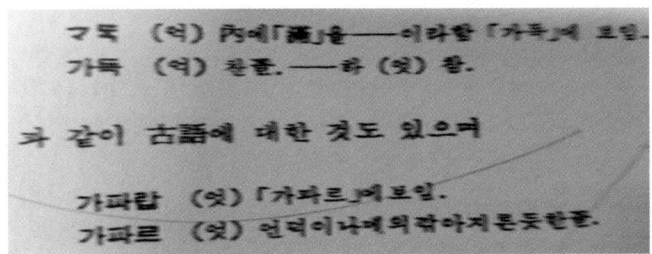

과 같이 방언형에 대한 것도 있다. 김두봉의 『깁더 조선말본』(1923)에서 "표준말은 이제에 쓰이는 우리말 가운데에 가장 흛이 쓰이는

말을 모아 표준 잡은 것"이라 하고, "같은 뜻을 가진 말이 여럿 될 때에 좋은 소리를 뽑아서" 표준말을 삼는다고 한 사실과 일치되는 태도라 하겠다.

『말모이』는 표제항의 맞춤법에서 볼 때에 공시태共時態와 통시태通時態를 완전히 구별하지 않고, 일반적인 언어사전과 같은 발음표시가 전혀 보이지 않는데, 유독 '깨닷'에 대해서는 발음의 설명까지 시도하고 있다.

깨닷 (밖)모르든일을알음(우리사람버릇으로이말밑에홀소리를잇어낼 때에는「ㅅ」을「ㄹ」으로박구어냄).

<알기>의 문법용어들이 말해주듯이 형태소 분석의 극치를 보였던 주시경과 그 제자들에게는 표제항의 제시에 있어서도 분석적일 수밖에 없었다. 예컨대,

> 감-으-스럽 (억) 저럴감음. --하 (엇) 저럴감계함.
>
> 에서와 같이 '-'로 分析單位의 경계를 나타내고 있는데, 이는 周時經의 '늣씨' 즉 씨의 최종적인 分析單位에 해당되는 것이다. 당시에 현실적으로 쓰였던 副詞(억)이었는지는 몰라도 '감울'이란 標題項을 울리고서 複合語·派生語들을 다음과 같이 제시하고 있다.
>
> 감울 (억) 불이꺼지랴고하는들. --하 (엇) 불이꺼어지랴고함. 도「--거터」
> -어-터리 (다) 남울넉이엎지함. -치 (안) 스스로넉울일음.

형태소 분석상의 차이는 사전 편찬자들의 분석방법에 따르는 것이

일반적이지만, 이러한 『말모이』의 태도는 그 후 모든 국어사전의 방식과 같은 것이었다.

『말모이』에서 특이한 것은 '+감(減)'이 표제항으로 올려져 뜻풀이까지 제시되었는데 "+감하(減)「減」에 보임"도 별개의 표제항으로 제시하면서 이를 더 이상 분석하지 않은 점이다. '해바라기'를 '해-바-라-기'로까지 분석했던 그들도 사전에서는 '減하'를 더 이상 분석하지 않은 그들 나름대로의 태도를 보인 것이다.

『말모이』는 그 고본稿本만을 보았을 경우에 전문어들을 포함하고는 있으나, 언어사전의 성격을 강하게 띠고 있다. 고유명사는 일체 표제항으로 올리지 않았으며, '갑오甲午 갑자甲子' 등은 올려 있어도 '갑오경장, 갑자사화' 같은 항목은 올려 있지 않다.

정리하면, 『말모이』는 고유어 및 외래어에다가 전문어를 포함시킨 언어사전의 성격을 지니는 최초의 순수한 국어사전이라 할 수 있는데, 어원 제시 등이 없는 실용적인 성격의 사전이라 할 수 있다.[2)]

또한 순수한 국어사전인 『말모이』를 조선광문회의 주시경과 그의 제자들인 김두봉·권덕규·이규형이 편찬에 참여했다는 점이 인상적이다.

하지만 이 사전이 거의 마무리 단계에 들어섰을 때에 주시경은 갑자기 세상을 떠났고(1914), 이 사전 편찬 사업을 이어받은 김두봉도 끝맺지 못하고 상해로 망명해, 끝내 『말모이』는 간행되지 못하고 일부 원고만 전해오게 되었다.

---

2) 이병근, 「國語辭典 編纂의 歷史」, 국어연구소, 국어생활(7), 1986, 18~25쪽 참조.

이에 대한 깊은 내용은 이병근의 1977년 논문 「최초의 국어사전 '말모이'(고본) ; 《알기》를 중심으로」, (『언어』제2권 제1호, 한국언어학회)와 『2020 한글을 듣다』 「이병근」편 (국립한글박물관)에 '말모이 원고 발견 과정'이란 내용을 참고하기 바란다.

2) 최초의 한국어 학습 사전
- 심의린의 『보통학교 조선어사전』(1925)

개화기부터 시작하여 일제강점기로 접어들면서 '조선어 사전'의 필요성은 두말 할 것도 없이 당면한 과제였다. 그러한 때에 조선어 교사인 심의린이 사전을 펴냈다.

근대 초기 교사들은 새로운 시대를 설계하고 만들어나갔던 지식인들이었다. 이처럼 시대가 교사들에게 요구하는 바가 컸기 때문에 교사들은 단순한 지식 공급자로 머물 수가 없었다. 이는 우리말 교육에서도 마찬가지였다. 교사들은 우리말과 우리글을 가르치는 데 머무르지 않고, 우리말의 연구와 정리를 함께 해나갔다. 교사들이 교육적 필요에 따라 문법서와 사전 발간을 시도한 것은 이 때문이었다.

물론 단순한 어휘집 수준에 머문 것이 대부분이긴 했지만, 교육 현장에서 사전의 필요성을 절감했던 교사들이 만들었던 사전들은, 이후 조선어 사전 편찬의 중요한 기반이 되었다. 특히 개성고보의 조선어 교사 이상춘이 직접 자료를 모아 엮은 조선어 사전 초고가 조선어사전편찬회에서 시작한 사전 편찬 사업의 기본 자료가 되었다는 점은 근대 초기 조선어 교사들이 우리말 사전 편찬에 기여한 바를 추정해 볼 수 있는 사례이기도 하다. 또한 이런 움직임 속에 조선어 교사가 직접 편찬한 사전을 출간했다는 사실 역시 주목할 만하다. 심의린의 『보통학교 조선어사전』(1925)이 바로 그것이다.[3]

초등교원 양성 기관인 경성사법학교의 훈도였던 심의린이 편찬한 『보통학교 조선어사전』은 경성의 주식회사 이문당에서 출판한 것으로 1925년 10월 20일에 초판이 발행되었고, 1928년 2월에 재판이 발행되었으며, 1930년 4월 10일 3판이 발행되었다. 3판 이후의 발행 사정은 현재로서는 확인할 수가 없다.

일반적으로 사전은 표제어의 품사 특징에 따라 분류되는데, 고유 명사를 등재하지 않은 언어사전과 고유 명사를 등재한 백과사전으로 나눌 수 있다. 심의린의 『보통학교 조선어사전』은 백과사전적인 성격을 일부 지니고 있는 언어사전에 속하는 것으로, 현재의 초등학교에 해당하는 일제강점기의 보통학교 학생들을 위한 한국어 학습 사전이다.

이 사전은 한국 사람이 편찬하여 단행본으로 출판한 최초의 한국어 학습 사전이며, 한국 사람이 편찬한 최초로 인쇄된 한국어 단일어 사전이다. 국내에서 최초로 출판되었다는 이러한 기록적인 사항 외에도, 이 사전에 관하여 연구한 사전학 논저나 사전학계의 논의를 하나도 찾아볼 수 없다는 점이다.

---

[3] 최경봉, 『우리말이 탄생』, 책과 함께, 2005, 128쪽.

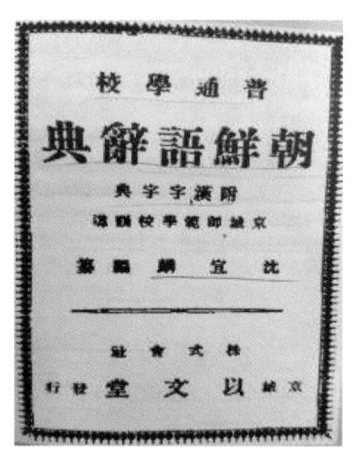

『보통학교 조선어사전』 심의린, 이문당,

 현재까지 이루어진 한국어 연구사나 한국어 사전 편찬의 역사를 기술한 논저들에서 이 사전에 관한 언급이 없었다는 사실을 쉽게 확인할 수 있다. 특히 한국어 연구사를 설명한 논저인 김영황(1996), 고영근 외 편(1992)이 국어학사 연표(1890~1990)와 사전 편찬의 역사를 설명한 조재수(1984)와 이병근(2000) 등에서도 심의린의 『보통학교 조선어사전』에 관해 설명한 내용을 찾을 수 없다.
 그리고 이극로(1932)도 "한 20년 전에 조선광문회에서 고 주시경 씨를 중심으로 하여 조선어 사전 편찬을 시작한 바 있으나, 이것이 조선 사람으로서는 조선어 사전 편찬을 착수한 효시가 되는 것이다"라고 하여 조선어 사전의 편찬을 처음으로 시작한 사실만을 밝혀 놓고 있을 뿐, 심의린의 『보통학교 조선어사전』에 관한 언급은 없다.

한국 사전 편찬사에 관한 대부분의 논저에서는 획일적으로 한자음 사전, 어휘집, 외국인 선교사 등이 편찬한 이중어 사전 등 편찬에 관해 차례로 설명하고, 출간되지 못한 『국어회어』(1895)와 『말모이』(1910), 1910년 『대한민보』에 95회 연재(1910.1.16.~5.10)된 "사전연구초辭典研究草", 조선총독부가 1920년에 펴낸 『조선어사전』, 1929년에 설립된 조선어사전편찬회의 활동 등을 그 다음에 언급하고 있다. 그런 다음에 1938년에 출판된 문세영의 『조선어사전』에 관한 설명으로 훌쩍 넘어간다.

그러면서 한국에서 출판된 최초의 한국어 사전으로 1938년 문세영의 『조선어사전』을 들고 있다. 문세영 사전(1938) 이전에 심의린의 『보통학교 조선어사전』이 1925년에 출판된 사실을 모두 모르고 있었거니와 아무도 공식적으로 언급하지 않았던 것이다.[4]

심의린은 1894년에 심능설(沈能卨)의 차남으로 서울에서 태어나 1951년에 부산에서 사망하였다. 본관은 청송이며, 호는 송운(松雲)이다. 어릴 적에 할아버지와 아버지에게 한문을 배웠으며, 교동보통학교를 졸업하고, 1917년에 한성고등보통학교 사범부 졸업 후, 교동보통학교와 경성사범학교 부속 보통학교 훈도로 있었다.

1921년에 조선어연구회가 만들어지자 학회에 가입하였으며, 1927년에는 조선어연구회의 기관지 『한글』 창간에 참여하였다. 1928년에는 조선광문회 '조선어사전' 편찬사업의 제1차 조사 위원으로 어휘를 조사하였다.

1930년 2월에는 경성사범학교 부속 보통학교 훈도로 언문철자법

---

[4] 박형익, 『한국의 사전과 사전학』, 월인, 2006, 170~171쪽.

3회 개정에 참여, 이 해에 경성여자사범대학 교유敎諭로 자리를 옮겼다. 1931년부터 1932년까지 "중등조선어강좌"를 발표하다가 중지 당했고, 이후 "개정 언문철자법강좌"를 열었다. 그리고 1935년에 조선음성학회에서 정인섭·이종태 등과 같이 아동을 위한 강독과 독서를 담당하였다.

1941년에 일제가 언어 동화 정책의 일환으로 조선어과를 폐지하자 한문을 가르치다 경성여자사범학교를 퇴임하였다. 1943년부터 1945년까지 경성 화산초등학교 교유로 근무하였으며, 1946년에 서울대학교 사범대학 부속 중학교에 복직되었다. 1948년에 국어교육회(회장 조윤제) 부회장에 취임하였다.

1950년 7월에 서울대학교 사범대학 부속 중학교를 의원 면직하였다. 6·25 전쟁 때에 좌경 학생을 도왔다는 혐의로 체포되어 부산 형무소에 수감되어 있던 중에 1951년에 사망하였다.

심의린은 학습 사전을 만들고, 교과서 교육용 음반을 제작하는 데 읽는 방법을 지도하였으며, 음성 언어 교육에 힘을 기울인 것은 모국어로서 언어 교육에 관심을 가지고, 그 분야를 평생 동안 연구하였음을 보여주는 증거이다. 특히 심의린이 제작에 참여하여 만들어진 『보통학교 조선어 독본』의 본문을 녹음한 음반들은 당시 음성 언어를 이해하게 해주는 아주 중요한 자료로 사용되고 있다. 그리고 주시경·최현배 등 다른 여러 학자들이 지은 문법책도 간행되었지만, 1936년에 간행된 심의린의 『중등학교 조선어 문법』은 1929년에 간행된 이완응의 『중등교과 조선어문전』과 더불어 학부 검정을 통과한 당시 유일한 교과서였다.[5)]

이런 점에서 그를 국어교육학의 터를 닦은 최초의 인물이라고 평가할 수 있을 것이다. 심의린이 만든 『보통학교 조선어사전』은 6,106개의 표제어가 실린 소사전이었지만, '조선어사전'이라는 이름으로 출판된 최초의 사전이라는 점에서 주목을 끈다. 그러나 이 사전은 보통학교에서 자습할 때 필요한 사전으로 편찬되었기 때문에, 이후 나온 문세영의 『조선어사전』이나 조선어학회의 『큰 사전』과 대등하게 비교하기는 힘들다. 이 사전이 '최초의 조선어사전'이라는 이름을 문세영의 사전에 내줄 수밖에 없었던 이유도 이 때문이었을 것이다. 그러나 규범 확립을 위해 만든 근대적 사전의 출발이라는 점에서 그 의의는 충분하다고 하겠다.[6]

3) 최초의 국어사전, 문세영의 『조선어사전』(1938)

문세영   『조선어사전』 (초판) 1938

세종의 한글 창제(1443) 이후, 495년 만에 한국인이 만든 최초의

---
5) 박형익, 『한국의 사전과 사전학』, 월인, 2006, 174쪽.
6) 최경봉, 『우리말의 탄생』, 책과 함께, 2005, 130쪽.

우리말 국어사전이 탄생되었다. 그런데 어떤 이유인지 문세영의 국어사전은 온당한 대접을 받지 못하고 있었다. 이에 대해 이병근·박용규[7]의 연구는 우리 국어사전의 편찬사적으로 높은 가치가 있음을 다양한 자료를 통해 제시하였다.

(1) 문세영에 대한 평가

문세영은 근무하던 학교 교사를 그만두고 재산을 다 팔아 생활비를 쓰며 골방에 앉아 10년간 사전 원고를 작성하여 1938년 마침내 『조선어사전』을 출판하였다. 이 사전은 10만 어휘를 수록한 우리말로 된 최초의 권위적인 우리말 사전이었다. 출간 이후 각계각층으로부터 환영을 받았고, 조선어학회가 선정한 우리글을 빛낸 3대 저술로 선정되고 선양되었다.

그런데 1957년 국어학의 대가인 이희승으로부터, 문세영이 이윤재의 사전 원고를 도용했다는 비판의 글이 나온 이래 가치가 퇴색되었다. 이에 이병근·박용규 등의 연구는 일제강점기 조선어 사전을 편찬한 문세영에 대한 이희승의 비판이 객관성과 설득력을 가지고

---

[7] 이병근, 「國語辭典 編纂의 歷史」, 국어연구소, 국어생활(7), 1986. ; 이병근, 「한국 근대사와 책의 사회사(6) : 문세영의 『조선어사전』」, 대한출판문화협회, 출판저널(Vol.127), 1993. ; 박용규, 「문세영『조선어사전』의 편찬 과정과 국어사전사적 의미」, 연세대학교 국학연구원 동방학지(2Vol.0 No.154), 2011. ; 박용규, 「이희승의 문세영『조선어사전』비판에 대한 검토」, 한국국학진흥원 국학연구, (Vol.0 No.18), 2011. ; 박용규, 「『조선어사전』저자 문세영 연구」, 고려대학교 역사연구소(Vol.73), 2011.

있었는지를 검토하고자 하였다.

이희승은 1957년과 1976년에 걸쳐 문세영이 이윤재의 원고를 도용했다고 비판하였다. 하지만 박용규가 살펴본 많은 기록들은 정반대의 상황을 증언해 주고 있는데, 이에 따른 12가지 기록은 문세영의 고군분투한 사실을 밝히고 있었다. 따라서 이희승의 문세영 비판이 설득력이 없다는 것을 확인하였다. 박용규 논문에서는 기존의 문세영에 대한 부정적 평가를 바로잡는데 도움이 되기를 바란다고 했다.8)

하지만 최초로 제대로 된 우리말 사전을 편찬한 문세영(1895~1952)의 생애와 업적은 잊혀졌다. 일제시기 문화운동 부분에서 혁혁한 공로가 있음에도 불구하고 지금까지 독립유공자로 선정되지도 못하였고, 정부로부터 그 흔한 표창장 하나 받지 못하였다.

문세영은 이승만 정권 출범 직후 "일제시기에 이승만은 사과즙만 먹고 살았으나, 나는 된장국만 먹고 독립운동을 했다. 일제시기에 나는 우리말 사전을 만들었는데, 해방 후 대접이 없다"라고 분노하였다고 한다.

문세영의 업적이 지금까지 잊혀 진 이유는 두 가지가 작용하였다.

첫째는 6·25 전쟁 와중에 행방불명되어 그의 자취는 인멸되었다. 문세영의 아들인 문경준(1936년생. 2011년 당시 77세)은 1950년 7월경 아버지 문세영과 헤어진 뒤, 1953년 가을 서울 종로구 누상

---

8) 박용규, 「이희승의 문세영 『조선어사전』비판에 대한 검토」, 한국국학진흥원 국학연구(Vol.0 No.18), 2011.

동 집에 돌아와 보니, 아버지가 없었다고 증언하였다. 실종된 아버지가 돌아오지 않자, 1952년 8월 5일에 사망한 것으로 신고하였다고 한다.

젊어서 목재소에서 노동일을 하고, 노점상을 하며 생계를 꾸려왔던 아들 문경준은 지금까지 아버지가 국가로부터 상을 받은 것도 전혀 없고, 자신을 찾아와 아버지에 대해 묻는 사람이 아직까지 한 명도 없었다고 하였다.

박용규는 여러 조사 끝에 6·25 전쟁 기간에 문세영이 사망한 것으로 판단하였다. 지금까지 문세영의 아들인 문경준이 두 차례나 국가보훈처에 아버지를 독립유공자로 선정하여 달라고 신청을 하였으나, 번번이 선정되지 않았다고 하였다.

둘째는, 우리나라 국어학 관련 단체와 국어학자들의 무관심 때문이었다. 조선어학회 회원으로서 최초로 우리말 사전을 편찬한 인물이고, 그의 국어사전이 1960년대까지 우리나라를 대표하는 사전이었음에도 관심을 가지지 않았다. 특히 그의 사전이 조명되지 못한 배경에는 1957년과 1976년에 걸친 국어학자 이희승의 비판 발언(문세영이 이윤재의 원고를 도용했다고 주장)이 크게 작용하였다.

박용규가 검토한 결과, 이희승의 문세영 비판의 근거는 자신의 발언 밖에 없었다. 이를 뒷받침할 객관적인 방증 자료는 하나도 없었다. 오히려 이희승의 비판과 반대되는 상황을 증언하는 기록은 많았다. 문세영이 사전 편찬을 위해 고군분투한 자료를 많이 확인할 수 있었다. 이에 대한 내용은 박용규가 연구한 「이희승의 문세영 『조선어사전』 비판에 대한 검토」(<국학연구> 제18집, 한국국학진흥원, 2011 봄·여름), 「『조선어사전』 저자 문세영 연구」(<사총>73, 고려대 역사연구소, 2011, 5), 「문세영 『조선어사전』의 편찬과정과 국어사전사적 의미」(<동방학지>제154집, 연세대 국학연구원, 2011, 6)라는 논문에서 상세히 밝혔다.

아마도 문세영이 6·25 전쟁 기간에 행방불명되지 않았다면 사정이 달라졌을 것이다. 국어학 전공자가 아닌 윤리교육 전공자가 우리말 사전을 편찬한 사실이 국어학계에서 불편하게 여겼을 수 있다는 것도 밝혔다.

(2) 1929년, 『조선어사전』 편찬을 시작하다

문세영(1895~1952)은 1895년 12월 30일 서울시 종로구 누하동 173번지에서 태어났다. 배재고보를 졸업한 뒤, 1916년 선진 학문을 배우러 일본 동경으로 건너갔다. 1917년에 동경에 있는 동양대학 윤리교육과에 입학하였으며, 1921년에 졸업하였다. 동양대학 재학 시절 우리 민족에게 우리말과 글이 있음에도 불구하고, 우리말 사전이 없는 것을 수치스럽게 생각하여 당시 현대 서적이나 고대 서적에서 닥치는 대로 말을 뽑아 카드에 적어 우리말 어휘를 수집하기 시작하였다. 대학재학 기간 우리 민족을 각성시키고자 1920년 일시 귀국하여 동경 유학생으로 조직된 문원사文園社 일원으로 방정환·강성주·김진목 등과 함께 여름방학 기간에 전국 순회강연을 하였다.

 1921년 대학을 졸업하고 귀국해, 1922년 9월부터 1925년까지 배재고보에서 수신과목 교원으로 근무하면서, 우리말 어휘 카드 작성을 계속하였다. 또, 1926년에서 1928년까지 근화학교에서 교편을 잡았는데, 이 기간에 우리말 어휘 모음을 어느 정도 끝을 내었다.

 이듬해 1929년 근화학교를 사직한 후부터 자신의 집에 '조선어사전간행회'를 만들고 사전을 본격적으로 편찬하였다. 매일 앉은뱅이 의자에 앉아서 우리말 어휘를 정리·주해하기 시작해 10년 간 정리와 교정 작업을 하였다. 사전 원고 작성을 시작한 지 4년이 될 무렵인 1932년에는 왼쪽 넓적다리에 마비증세가 와 반년동안 다리를 움직이지 못하고 병석에 누워 지내야 했다. 하지만 치료 후 다시 조선어 사전의 뜻풀이를 계속하였다.

 1930년대에 민족주의 학술단체인 조선어학회의 회원이 되었고, 조선어학회가 추진 중인 표준어 사정 작업에 참여하였다. 그리고 1935년 1월과 8월에 각각 열린 표준어 사정 제1독회와 제2독회에 사정위원과 수정위원으로 이극로·최현배·이윤재 등과 함께 활동하였고, 1936년 7월에 열린 표준어 사정 제3독회에 수정위원으로 활약하였다.

 1936년 사전 원고가 주해 된 카드가 완성된 이후, 박문서관 사장인 노익형을 만나 사전 출판 승낙을 받았고, 사전 원고를 대동인쇄소에 넘기고 나서 3년간 교정을 보았다.

 한편 1936년에서 1937년 6월까지 문세영은 우리말 사전을 편찬할 때, 체계와 교정에서 한글학자인 이윤재의 지도를 받았다. 이윤재가

1937년 6월 7일 수양동우회 사건으로 구속된 후, 문세영이 교정을 마무리하여 1938년 7월 10일에 10만 어휘를 뜻풀이 한 『조선어사전』을 발행하였다.

사전 분량은 1,681쪽으로 초판 1천부를 발행하였고, 같은 해 12월 15일 재판 2천부를 찍었다. 동양대학에 입학한 1917년(23세)부터 우리말 어휘 카드를 작성하기 시작한 시기까지 포함하면 사전 편찬에 투여한 기간이 22년이나 걸렸다.

(3) 사전 편찬 위해 전 재산 다 바친 문세영

이 사전이 남긴 국어사전사적 의미는 매우 크다.

첫째, 민족어 규범에 의거하여 최초로 편찬한 우리말 사전으로 조선어학회가 발표한 <한글맞춤법 통일안>(1933)과 <사정한 조선어 표준말 모음>(1936)을 토대로 하여 편찬하였다.

둘째, 한글전용을 실천하였다는 점이다. 일제시기 일한혼용체의 일어 문장과 국한문혼용체의 조선어 문장에서 벗어나지 못한 언어 현실에서, 이 사전이 국문전용을 실천하였다는 데 선구적이다.

당시 <조선일보>와 <동아일보> 그리고 <매일신보>까지 『조선어사전』 출간 사실을 자세히 소개하였다.

1938년 문세영의 『조선어사전』이 처음 나오자, 소설가 현진건은 그 책에 실려 있는 어휘를 연구하려고 수십 번을 읽었다고 한다.

또 이 사전은 중국 관내 조선의용군에서 활약하는 독립군의 사기를 높이는 빛나는 역할을 하였다고 독립운동가 김학철의 저서에서도 발견할 수 있었다.

문세영은 다시 1만 어휘를 추가하여 1940년에 11만 어휘의 『수정증보 조선어사전』을 편찬하였다. 분량은 1,902쪽에 달하였는데 1942년 5월 20일에 재판하였다.

이처럼 사전 편찬을 위해 그는 자신의 심력과 전 재산을 바쳐 가정생활은 가난에서 벗어나지 못하였고, 빚으로 생계를 이어나갔다. 문세영은 나라 잃은 암울한 시기에 오직 우리말 사전 편찬이라는 민족적 과업을 성취하기 위해 여타의 모든 개인적 삶을 포기하고 오로지 그 하나의 일에 고군분투했다.

문세영이 편찬한 우리말 사전

이후 1940년에서 1945년에 걸쳐 우리말 6만여 어휘를 수집해 두었다.

 해방 뒤 조선어학회는 1946년 7월 8일 우리글을 빛낸 3대 저술가를 발표했는데, 3대 저술가는 『조선문자급어학사』의 저자 김윤경, 『우리말본』의 저자 최현배, 그리고 『조선어사전』의 저자 문세영이었다. 또 1949년 10월 25일 국어학자들이 열어준 '국어학도서 출판기념 축하회'에서 문세영의 『조선어사전』이

 "일제의 잔인무도한 국어 말살정책 밑에 무서운 감시와 위협과 학대 속에서 일편단심 민족 문화를 이어 살리고, 민족 만대의 행복을 위하여 날로 엄습하는 가지가지의 고초를 능히 이기어 눈물과 피로써 엮어낸 책들"

가운데 하나로 선정되었다.
 문세영의 『조선어사전』(1938)은 해방 뒤에도 사용되다가, 1950년 『우리말 사전』으로 제목이 바뀌어 삼문사에서 발행되었고, 1954년 4월 7판까지 나왔다. 『수정증보 조선어사전』(1940)도 1946년에 다시 영창서관에서 발간되었고, 1954년에는 『수정증보 국어대사전』으로 이름만 바꾸어 출간되었다.
 1950년 5월에는 기존의 사전을 보완하여 새로운 말, 현대어 등을 넣어 놓은 『최신판 표준 국어사전』이 1954년 3월에 발간되었다. 아울러 1951년 9월 2만 4천여 어휘가 수록된 우리말만으로 이루어진 『순전한 우리말 사전』을 출간하여 우리말 보급에 헌신하였는데, 이 사전은 1958년에 16판까지 나왔다.

문세영이 타계한 뒤에도 무려 17종에 달하는 우리말 사전과 국어사전이 출간되었다. 여러 종류의 문세영 사전은 1957년 한글학회가 편찬한 『큰 사전』 출간 이전까지 국어사전의 역할을 담당하였다. 35년간 일관되게 민족어 사전 완성을 위해 매진하였다고 볼 수 있다.

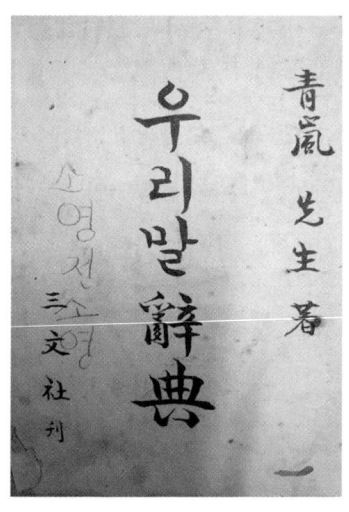

문세영의 『우리말 辭典』(1950)

 문세영의 우리말 사전은 1945년 해방된 조국에서 우리 민족이 곧바로 국어사전을 사용할 수 있게 했고, 1957년 조선어학회의 『조선말 큰사전』과 1961년 이희승의 『국어대사전』이 나오기 전까지 우리 민족의 대표적 국어사전이었다.
 그럼에도 불구하고 문세영은 저평가되어 그의 업적은 묻혀버렸다.

문세영의 『우리말 辭典』(1950)

　이에 박용규는 문세영 연구를 통해 문화체육부와 서울시와 종로구청에 건의하여, 그의 생가(서울시 종로구 누상동 159의 9)에 최소한 '최초의 국어사전인 『조선어사전』(1938) 저자 문세영 선생의 생가 터'라는 표지석을 세워 줄 것을 건의하고, '이달의 문화 인물'로 문세영 선생을 선정하도록 건의하는 등 활동을 펼쳤다.
　앞으로 '한국인 최초의 국어사전 편찬자 문세영'에 대해 정당한 예우를 기대한다.
　사전을 발간하며 쓴 저자의 '지은이 말슴'은 문세영의 우리말에 대한 자긍심과 사전 발간 취지를 다시한번 확인한다.

지은이 말슴(문세영)

  우리는 수많은 말이 있습니다. 배우기와 쓰기 쉽고 아름다운 글을 가졌습니다. 그러면서도 아직까지 말을 하는데 앞잡이가 되고 글을 닦는데 가장 요긴한 곳집이 되는 사전(辭典)이 하나도 없습니다. (외국 사람들이 조선말을 배우려고 만든 몇 가지 대역체(對譯體)로 된 것은 있지마는)
 반만년의 역사가 있고 찬란한 문화를 가진 우리로서 이 얼마나 섭섭한 일이며 또 중외(中外)에 대하여 이보다 더 큰 부끄러움이 어디 있겠습니까. 이것은 과연 한 두 사람의 부끄러움이 아니요 참으로 우리 겨레의 치욕이라 아니할 수 없습니다.
 이에 느낌이 간절한 지은이(著者)는 안타깝고 애타는 마음을 하소연할 곳이 없으므로 평일에 모아 두었던 어휘(語彙)로 밑천을 삼고 그 위에 널리 고금을 통하여 많은 문헌(文獻)에서 조선말과 인연이 있는 어휘를 두루 뽑아 한 체계(體系)를 세워 이 『조선어사전』을 만들기로 스스로 맹서하였습니다.
 그러나 본디 재주가 둔하고 게다가 물질의 여유 없는 몸으로 더군다나 혼자 하는 노릇이라 이 일을 가을말기에는 너무도 힘이 벅찼었습니다. 그러나 한 조각의 성심은 각계 인사(各界人士)의 많은 동정을 받게 되어 어려운 어휘 설명에 가르치심을 아끼지 아니하신 결과로 만난을 무릅쓰고 이 책의 편찬을 마쳤습니다.
 원래 사전의 편찬은 책을 짓는 가운데 가장 어려운 일입니다. 그러므로 편찬이 끝났다고 허둥지둥 사회에 공포하기는 너무나 외람한 일인줄 모르는바가 아니오나 "우리의 사전이 얼른 나왔으면……" 하는 여러분의 바라심에 이바지 하고저 불완전하나마 우선 발행하기로 하고 앞으로 고침과 보탬에 힘을 다하여 완전한 대사전(大辭典)까지 만들어 놓기를 지은이의 일생 할 노릇으로 삼겠사오니 이 책을 보시고 가르치실 점이 있는 분은 괴로움을 아끼지 마시고 편단(鞭撻)하시어 이 사업의 완성을 꾀하시면 이것이 어찌 이 사람 한 개인의 사업이라고만 하겠습니까.

 끝으로 이 책을 만들 때 편찬의 체계로부터 교정(校正)에 이르기까지 애써 주신 환산 이윤재(桓山 李允宰)님의 지도(指導)와 교정에 책임을 져주신 효창 한징(曉蒼 韓澄)님과 운향 홍달수(雲香 洪達秀)님과 해성 이현규(海星 李顯奎)님과 송석 최창하(松石 崔昌夏)님 네 분의 열렬한 동정과 또 이책을 발행하는 물자(物資)를 담당한 신태화(申泰和)님의 두터운 뜻과 대한인쇄공사(大韓印刷公社) 여러분의 수고하여 주심과를 고맙게 여기지 아니할 수 없습니다.

훈민정음이 발표된 지 사백아흔 돌을 맞는 병자년
시월 스무 여드렛날

서울 인왕산 밑에서 총람 문세영 삼가 씀

지은이 말슴 끝

4) 이영철의 『학생조선어사전』(수정판, 1948)

1945년 8·15 광복 후 나온 개인이 발행한 사전으로 이영철9)이 책임 편찬하고, 이희승 박사가 책임 감수한 전체 223쪽 분량으로 부록에 '사이시옷' 일람표가 있다. 이 일람표는 사전에 나오는 것과 한글맞춤법통일안, 소학교 교과서에서 추려낸 것들이다.
이희승은 머리말에서 다음과 같이 감수의 말을 남겼는데, 당시 시대적인 상황과 함께 이 사전의 특징을 잘 말해주고 있다.

거듭 난 우리나라는 모든 방면에서 새로운 출발을 하지 않으면 안 되게 되었다. 그러므로 문화 방면에 있어서도 새로이 바르고 굳건하고 씩씩한 걸음을 힘 있게 내여 디디지 않으면 안 될 것이다. …… 특별히 모든 문화의 기초가 되는 말과 글에 있어서는 더욱 건실한 보조로 돌진하여야 할 것이다. 때는 바야흐로 해방의 첫 돌을 맞이하고 한 해 동안 어찌 할 줄을 모르고 어리둥절하여 헤매던 사회의 각 방면이 이제야 겨우 나아가야 할 목표를 확실히 찾아낸 듯이 그 목표를 향하여 무섭게 줄말음질을 치는 아우성 소리가 들려 온다. …… 다행히 내가 평소에 가장 존경하는 벗 이영철씨가 오래 전부터 이 방면에 큰 뜻을 두시고 깊이 연구하신 결과 우선 학생 여러 동무를 위하여 우리말 사전을 지어 내었다. 이것은 우리말과 글의 표준을 보이는 밝은 등불이 되고, 장래에 우리 문화 탑을 쌓아 올릴 착실한 일군이 될 여러 동무들의 좋은 벗이 될 것을 확실히 믿는다.
[단군기원 4276년(1946) 8월 30일 이희승]

---

9) 이영철(1909~?)은 문법학자다. 1945년 해방 후에 나온 당시 문법 교과서가 8종 이었는데, 이영철은 『국어 참고서 틀리기 쉬운 말』, 『중등 국어 문법』(1948, 을유문화사)이 발행되었다(김민수, 『국어학사의 기본 이해』, 집문당, 1987, 367쪽.

이 사전 편찬자인 이영철도 다음과 같은 글을 남겼다. 해방과 동시에 학생들에게 우리말을 새롭게 가르쳐야 한다는 사명감이 담겨져 있다.

정다운 우리 말, 예쁜 우리 글자가 꼴도 꼴 같지 아니한 왜말에 억눌리어, 보고 싶어도 보지 못하고 쓰고 싶어도 쓰지 못한지 이미 36년이다.
이제 그립던 우리글을 다시 찾아 쓰게 되니, 기쁘기 그지없어 서 쓰고 싶지마는 삼십 육년 긴 세월에 눈도 설고, 손도 설어, 붓을 들고 헤맬 뿐이다. 더욱이 새로 배우는 학생들이야 그 얼마나 안타까우랴. 교과서도 있어야 하고, 맞춤법도 배워야 하고, 문법책도 나와야 하겠지마는 제일 필요한 것은 사전이다.
한 줄 두 줄 글을 써 가다가 한 자 두 자 어떻게 써야 좋을는지 붓 방아만 찧을 때에, 얼른 이렇게 써라 하고 가르쳐 주는 벗이 그 옆에 있다면 얼마나 좋으랴.
사전이 곧 그 벗이다. 이 사전이 비록 두껍지는 못하나, 그래도 일상 쓰는 우리 말은 대개 모아 놓았고, 그리고 또 표준말, 맞춤법에 특별히 애를 써서 편집하였으니, 글을 쓰고 배우려는 우리 학생들에게 좋은 벗이 될 줄 믿어 의심하지 아니한다.

그 후 1946년 여름
해방 기념일을 앞두고 또 한 밤 이영철

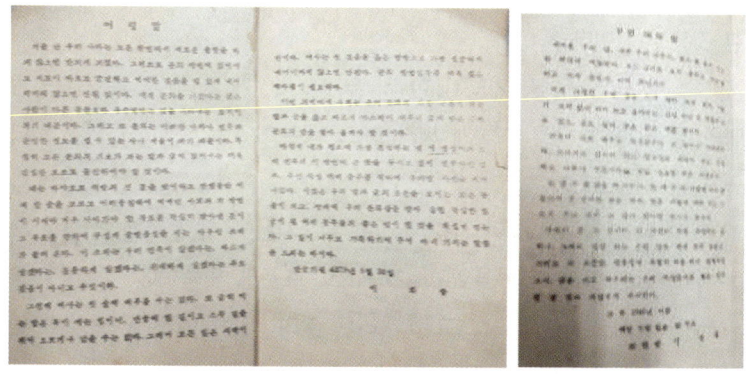

이영철, 『학생 조선어 사전』(1948)

5) 국어국문학회, 『국어 새 사전』(1958)

 국어국문학회는 1952년에 설립된 이래, 70년에 이르기까지 국어문학 분야의 대표적인 학회로서 역할을 해왔다.

 1952년 11월에 학회지 『국어국문학』 1집을 간행한 이후 2013년까지 1년에 세 차례 간행하였고, 2014년부터 네 차례 간행되고 있다. 또한 그동안 100여 차례에 걸쳐 대단위 전국 국어문학 학술대회를 개최하는 등의 활발한 학술활동을 통해 국어국문학의 발전에 이바지해 왔다. 이 학회에서는 1958년 3·1절을 기해서『국어 새 사전』을 펴냈다.

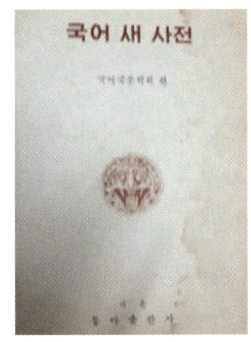

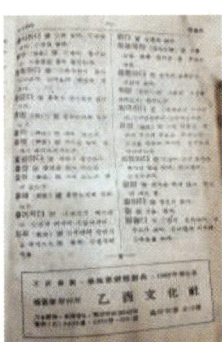

국어국문학회,『국어 새 사전』(1958)

이 사전을 발간하게 된 그동안의 경위를 자세하게 적었는데, 특히 다른 나라(영국·미국·프랑스)에서 발간된 사전을 언급한 것과 국어 사전도 시대변화에 따라 새로운 사전이 나와야 함을 강조하였다. 이 사전의 중요한 내용을 옮겨본다.

이 사전은 "바르고 합리적인 국어 생활을 지향하는 사회 각층의 모든 국민에게 가장 친근하고 미더운 조언자가 될 수 있도록, 그 내용과 체재에 일대 혁신을 기한 새로운 국어사전" 임을 자부하였다.

사전의 편찬 사업이란 워낙 막대한 시간과 노력과 재력이 소요되는 것이어서 좋은 사전의 출현을 쉽게 바라기란 극히 어려운 일인 바, 다행히 우리도 선각자 여러분의 희생적 노력의 결정으로 몇 가지의 우리말 사전을 가지게 되었음은 온 겨레가 함께 기뻐하며 마지않던 바입니다.

영국의 옥스퍼드나 미국의 웹스터, 프랑스의 라루수 등의 사전이 오랜 역사를 자랑하면서도 늘 시대의 변천에 대한 예민한 감각을 가지고 탈피 작용을 꾸준히 거듭해 나감으로써 한결같이 그 시대 국민의 광범한 신뢰와 애용을 받고 있음을 알고 있는 우리들은 이에 견줄 만한 우리말 사전이 없음을 적이 아쉽게 생각해 왔던 것입니다.

본 학회에서는 일찍부터 현대의 언어를 재정리하고 이에 하나의 새로운 체계를 줌으로써 현대인의 욕구에 응할 수 있는 새로운 국어사전을 편찬할 계획을 가지고 있었습니다. 그러던 가운데 다행히 동아출판사에서도 우리와 같은 취지의 사전 간행에 뜻을 두고 이미 6년 전부터(1952) 어휘의 수집과 카드의 작성에 착수하여 그 기초 작업을 거의 끝내고, 나아가 사전 용 자모의 개혁에도 몇 해 동안의 꾸준한 노력 끝에 이의 완성을 보았을 뿐 아니라, 최신 정밀 인쇄 기계를 도입 설치하는 등, 사전 간행의 준비에 만전을 기해 오던 중, 드디어 그 뜻하는 바가 우리 학회와 서로 통하게 되어, 이 어렵고 보람 있는 사업을 손잡고 완성시켜 보자는 약속이 이루어진 것입니다.

우리는 먼저 선진 제국의 대표적인 사전을 본받아, 다루기에 알맞은 간편성과 널리 사용될 수 있는 실용성 등을 참작하여 사전의 크기를 46배판 3단 조판 1,000면으로 한정하고, 새로 만든 사전 전용 신체 6포인트 활자로 짜서 이에 담을 수 있는 최대의 어휘 수를 15만으로 잡았습니다. 이미 수집된 20여 만의 어휘는 전면적으로 재검토 재정선 되었으며, 다시 국내외의 주요 간행물을 널리 조사한 결과 새로운 학술 전문어와 신어가 대폭적으로 보충되어 아마 단권 사전으로서는 이 정도가 극한에 가까운 숫자가 아닐까 자부하기에 이르렀습니다.

  풀이의 방식에 있어서는 주관적 독단적인 것을 피하고 과학적 합리적인 것을 취하였으며, 학술 전문어는 각 부문 전문가의 의견을 널리 물어 가장 새로운 해석에 따르도록 하였고, 학생층의 광범한 이용을 고려하여 되도록 쉬운 말을 썼을 뿐 아니라 동의어나 용례도 풍부히 덧붙여, 말의 개념 파악의 정확성을 기하도록 하였습니다.

  끝으로 학술전문 각 분야에서 귀한 조언과 고견을 베풀어 주신 여러 어른들에게 사의를 표하며, 이 어려운 사업을 열성적으로 추진해 주신 동아출판사 사장 김상문 님을 비롯한 편집부원, 공무부원 여러분과 어휘 수집 및 편집의 기초 작업을 담당하셨던 최창국 님의 노고에 대하여 깊은 감사를 드립니다.

4291년(1958) 3·1절
국어국문학회

  이 사전은 1958년 동아출판사에서 발행되었는데, 발간 6년 전(1952) 학회가 창립될 때부터 어휘 수집과 카드 작성에 착수해 6·25 전쟁이후 혼란기에서도 우리말에 대한 집념으로 사전편찬에 매진했다는 점을 시사한다.

  그리고 '최근 국어의 어휘를 반영하여 새롭게 편찬한 사전', '현대인의 욕구에 부응하기 위해 실용성과 간편성'을 추구하였다는 점에서 사전 편찬 목적이 뚜렷하다.

  아직 『큰 사전』(전6권)이 완성되기 이전임을 고려했을 때, 그리고 개인 연구자가 아닌, 국어국문학회 차원에서 기획하고 실행했다는 점이 매우 놀랍다.

한편 한글학회에서 『조선말 큰 사전』(1권)을 을유문화사에서 발간하자, 동아출판사에서도 나름의 특별한 사전이 필요했을 가능성이 있다. 이에 국어국문학회와 뜻을 같이하여 『국어 새 사전』 편찬 사업에 열성적으로 추진한 것으로 보여 진다.

일상 생활어를 중심으로 고어·학술전문어·외래어 등을 망라하였고, 약 15만 개의 어휘를 수록하고, 인명·서명·지명은 부록으로 실었으며, 신어·시사어·속담 등도 수록하였다.

자모의 배열은 초성(初聲)은 ㄱ(ㄲ, ᄢ, ᄭ)·ㄴ(ㄴㄴ)·ㄷ(ㄸ, ᄠ, ᄣ, ᄱ)·ㄹ·ㅁ·ㅂ(ㅃ, ᄲ)·ㅅ(ㅆ, ㅿ, ᄡ)·ㅇ(ㅇㅇ, ㆆ, ㆁ)·ㅈ(ㅉ, ᄧ, ᄶ)·ㅊ·ㅋ·ㅌ(ᄩ)·ㅍ·ㅎ의 순으로, 중성(中聲)은 ㅏ(·, ㅐ, ○)·ㅑ(ㅒ)·ㅓ(ㅔ)·ㅕ(ㅖ)·ㅗ(○, ㅙ, ㅚ)·ㅛ(ㆉ)·ㅜ(ㅝ, ㅞ, ㅟ)·ㅠ(ㆌ)·ㅡ(ㅢ)·ㅣ의 순으로, 종성(終聲)은 ㄱ(ㄲ, ㄳ)·ㄴ(ㄵ, ㄶ)·ㄷ·ㄹ(ㄺ, ㄻ, ㄼ, ㄽ, ㅀ)·ㅁ(○)·ㅂ(ㅄ)·ㅅ(ㅿ, ㅺ, ㅆ)·ㅇ·ㅈ·ㅊ·ㅋ·ㅌ·ㅍ·ㅎ의 순으로 하였다.

풀이는 현대에 쓰이는 뜻을 정확히 잡아 쉽고 간명하게 밝혔으며, 풀이 외에 동의어·용례·삽화를 싣고 원말과 변한말, 준말과 본말, 큰말과 작은말, 센말과 거센말, 상대말 등의 관계도 밝혔다. 고어는 풀이 다음에 출전에 있는 원문을 보이고 책 이름도 밝혔다.

한자말과 외래어는 그 나라 원 글자를 표시하고, 발음이 편하게 바뀐 것은 (←)표를 앞에 넣었으며, 잘못 읽기 쉬운 말에는 옆에 발음을 표시하고 장음표시는 [:] 표를 사용하였다.

 순 국어와 한자말의 맞춤법은 한글학회의 「한글맞춤법통일안」(1940)에 의거하였으며, 외래어 표기는 한글학회의 「외래어표기법통일안」(1940)에 따름을 원칙으로 하고, 문교부 외래어표기분과위원회의 「로마자의 한글식 표기방안」(1957)을 참조하였다.

2. 『조선말 큰 사전』과 『큰 사전』

1) 『조선말 큰 사전』 1권의 탄생

『조선말 큰 사전』 발간 이전에 우리나라 '최초의 국어사전'들과 국어 연구를 목적으로 설립된 기관·단체들이 탄생시킨 사전을 살펴보았는데, 본격적으로 살펴볼 사전은 『조선말 큰 사전』(조선어학회)과 『큰 사전』(한글학회)이다. 우리말 『큰 사전』(전6권)이 조사·편찬과 완간에 이르기까지 수많은 사전 연구자들과 이들이 결성해서 만든 '조선어학회'의 수난사는 곧 한글의 수난사와 함께 해 왔다.

  1947년 『조선말 큰 사전』 1권이 발간됐다. 1929년에 시작된 조선말사전 편찬 작업이 18년 만에 열매를 맺은 것이다.

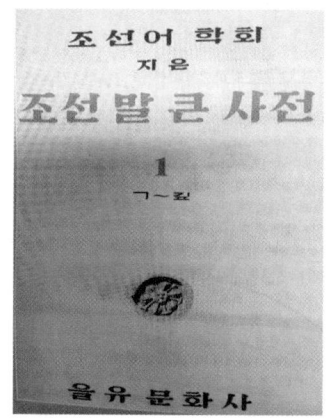

『조선말 큰 사전』(1947)

1945년 8·15 해방과 함께 함흥형무소에서 나온 최현배·정인승·이희승·이극로는 8월 18일 함흥역에서 기차를 타고 서울로 향했다. 8월 19일 서울역에 도착한 이들은 기다리던 조선어학회 동지들과 함께 안국동 풍문여고 뒤편에 있는 선학원에 모여 향후 행보를 의논했다. 26년 동안 일제가 시행한 국어 말살 정책으로 잃어버린 우리말을 되찾으려면 할 일이 산더미였다.

여기에는 사전 원고를 찾는 일뿐만 아니라 교과서 편찬, 한글 강습회, 잡지 『한글』 발행, 국어 교사 양성 등을 추진해야 했다. 이들은 진지한 토론 끝에 세 가지 방침을 정했다.[10]

첫째, 정치 운동에 가담하지 말 것.
둘째, 철자법을 보급하고 사전 편찬을 계속할 것.
셋째, 국어교과서를 편찬하고 국어 교사를 양성할 것.

조선어학회 회원들은 새로운 건물(구 경성보육학교 건물, 이종회가 청진동 188번지에 있는 건물과 함께 터를 기증함)에 입주해서 사전 편찬 작업을 다시 시작했다. 장지영과 최현배는 군정청 문교부 편수국에 들어가 어문정책에 참여했고, 나머지 회원들은 사라진 조선어 사전 원고의 행방을 찾는 데 주력했다.

---

10) 그해(1945) 8월 25일 긴급 임시 총회를 서울 안국동 예배당에서 열고 진용을 새로 갖추어 종전의 사전 편찬사업을 계속하는 한편, 우선 초·중등학교 임시 국어 교재 편찬의 일과 국어 교사 양성 단기 강습회 연속 개최의 일들을 곧 실시하기로 결정하고, 진용을 새로 갖추었다(한글학회 편, 『한글학회 50년사』, 한글학회, 1971).

사전 원고는 조선어학회 사건이 시작될 무렵 일본 경찰이 화동 사무실에서 증거물로 압수했기 때문에 이를 되찾기는 쉽지 않았다. 서울에서도, 함흥에서도 증거물은 발견되지 않았다. 1929년부터 1942년까지 13년 동안 말을 모으고 정리한 원고들이 모두 사라지고 말았는데, 어찌 사전을 편찬할 수 있을까? 13년 동안 피땀 흘리며 작업한 원고가 없으면 또다시 10년이 더 걸릴 것이다. 애간장이 바짝바짝 타들어가던 어느 날, 1945년 9월 8일, 운수창고를 정리하던 서울역 역장이 이상한 종이 뭉치들을 발견했다. 겉장에 큼지막하게 한글로 '큰 사전'이라고 적혀 있었다. 1929년부터 시작된 조선어사전편찬사업의 결실인 원고지 2만 6천 5백여 장 분량의 조선어사전 원고가 조선어학회 사건의 증거물로 압수당한 지 3년 만에, 해방 후 사전 원고의 행방을 수소문한 지 20여 일만에 조선어학회의 품으로 돌아오는 순간이었다.

원고가 발견되면서부터 사전 출판에 대한 기대는 한층 커졌고, 조선어학회는 사전 출판을 위한 준비 작업을 서둘렀다. 다시 시작한 지 얼마 되지 않은 조선어학회로서는 한글 보급을 비롯한 우리말 교육 운동을 하는 것만으로도 턱없이 손이 모자랐지만, 사전 출판을 미룰 수는 없었다. 제대로 된 우리말 교육을 위해서라도 조선어사전은 반드시 필요했기 때문이다.

따라서 조선어학회에서는 사전 발간 사업을 첫째 목표로 삼고 작업에 몰두했다. 연구비는 조선총독부 경무국 도서과 직원이던 김영세가 해방 직전 조선인 관리들의 월급에서 징수한 국방헌금 82만원을 보관했다가 학회에 희사함으로써 일부 해결되었다.

사실 사전을 출판하는데 드는 비용도 큰 난관이었다. 이 때 국방헌금이 조선어학회에 기부되었는데, 그 배경은 다음과 같다

국방헌금은 왜 조선어학회에 기부되었을까?[11]

　국어사전 원고의 수정 작업이 어느 정도 이루어지자 사전을 출판하는 문제가 대두되었다. 당시 원고의 수정이 이루어지더라도 사전의 출판을 낙관할 수 없는 상황이었다. 물자난으로 인쇄할 종이가 심각하게 부족하였으며, 이 때문에 해방 이후 늘어나는 책의 수요를 출판계가 감당하지 못하고 있는 실정이었기 때문이다.
　종이 부족 현상이 더욱 심각해지자, 미군정에서 직접 출판 문제에 개입하였다. 모든 인쇄 출판을 간단한 등록만으로 인정했던 초기의 제도를 바꿔, 정기 간행물의 발간을 허가제로 변경한 것이다. 그리고 1946년 9월부터 신규 간행물 허가를 중단시킨 미군정은 반드시 필요한 책이 우선적으로 출판될 수 있게 한다는 명분을 내세워 종이 배급제까지 실시하였다.
　이러한 상황에서 상업성이 거의 없는 조선어사전을 우선적으로 출판하겠다고 나서는 출판사가 없던 것은 어찌 보면 당연한 일이었다. 출판사로서는 어렵게 할당받은 종이를 최대한 이윤을 많이 남길 수 있는 책을 만드는 데 써야 했기 때문이었다. 식민 지배를 받던 시기에도 이루 헤아릴 수 없는 난관을 뚫고 사전 편찬사업을 지속했던 조선어학회로서는 이러한 현실을 받아들이기 힘들었을 것이다. 사전 편찬원들은 독립을 이룬 민족의 민족어를 정리하는 일이 이 정도 대접밖에 못 받는 게 섭섭하기만 했다.
　그러나 우리말과 우리글의 회복이라는 대의명분이 있었기 때문에 크고

---

11) 최경봉, 『우리말의 탄생』, 책과 함께, 2005, 46~49쪽 옮김.

작은 지원에 힘입어 조선어사전 출판이 시작될 수 있었다. 특기할 만한 일은 조선어학회에 특별 기금 형식의 거액이 기부되었다는 사실이다. 이 돈은 조선총독부의 조선인 관리들이 모아 일본에 바치기로 되어 있던 '국방헌금' 82만 원이었다. 해방이 되자 조선인 관리들은 일본에 협력했던 자신들의 과거를 반성하는 뜻에서 이 돈을 민족을 위한 사업에 기부하기로 결정하였다.

그리고 그들은 가장 적절한 기부처로 조선어학회를 선택했다. 당시 조선어학회는 가장 유력한 문화단체였을 뿐만 아니라 좌파와 우파를 가리지 않고 전 민족적인 지지를 받는 단체였기 때문에, 이들은 조선어학회에 기부하는 것이 특정 정치단체에 기부하는 것보다 그 의의가 더 크리라고 판단했던 것이다. 국방헌금을 보관하고 있던 조선총독부 학무국 도서과 직원 김영세가 이 돈을 조선어학회에 전달하였고, 조선어학회에서는 민족 사업에 써달라는 기부자의 희망에 따라 사전 출판을 위한 자금으로 이를 활용하기로 하였다.

일본의 전쟁 비용으로 쓰였을 돈이 조선어사전 원고를 검열했을 총독부 관리를 통해 전달되어, 일본의 탄압으로 좌절되었던 조선어사전 출판에 쓰인 사실은 역사의 아이러니였다.

『조선말 큰 사전』원고는 표제어 뒤에 뜻을 해설하는 일반적인 형태를 띤다. 이 원고지에는 연필과 펜으로 표제어와 뜻이 쓰였고, 붉은색과 푸른색으로 곳곳에 첨삭한 흔적이 많으며, 크고 작은 종이를 덧붙여 내용을 부가 설명했다. 때에 따라 발음과 한자어를 병기하기도 했고, 사전의 뜻은 현대 국어로 표현되었다.

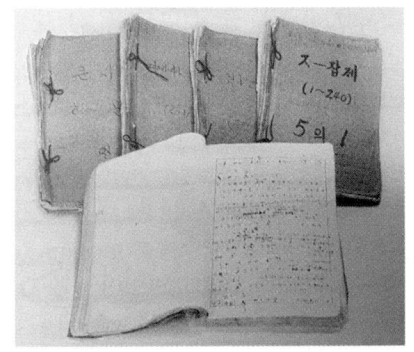 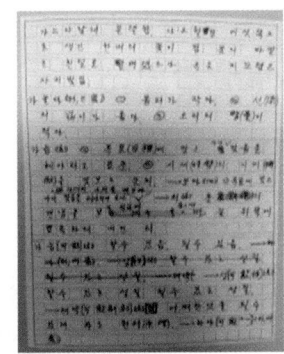

『조선말 큰 사전』 원고

원고 뭉치를 찾고 교정 작업을 시작했지만, 당시 학회 재정 형편으로는 자력 출판이 불가능 했다. 1947년 봄, 이극로와 김병제는 원고 보따리를 들고 을유문화사 정진숙 사장에게 찾아가 출판을 부탁했다. 하지만 을유문화사 형편도 좋지 못해 고개를 저었다. 당시 열악한 출판 환경에서 사전 편찬이라는 대규모 사업을 도맡는다는 것은 회사의 운명을 좌우하는 모험이었기 때문이다. 이극로는 원고 뭉치로 책상을 두드리며 탄식했다.

"우리나라가 해방된 게 확실합니까? 우리가 일본 놈에게 찾아가서 사정해야겠습니까?"

이극로의 열정에 감복한 정진숙 사장이 백기를 들었다.

"박사님, 우리도 어렵습니다. 정 그렇다면 우선 한 권이라도 시작해보지요."

위 내용의 근거가 되는 아래의 내용은 을유문화사 정진숙 회장의 인터뷰 글에서 여실히 보여 진다. 2005년 창립 60주년 을유문화사

정진숙 회장 인터뷰'(조선일보, 2004년 12월 31일자) 기사 중 일부이다.

기자 : 그동안 7,000여 종의 책을 내셨는데 그 중 가장 애정이 가는 책은 어떤 것입니까?

정진숙 : 그거야 『큰 사전』이지. 해방 후 조선어학회의 학자들이 일제하 조선어학회 사건 때 법정증거물로 압수당한 사전 원고를 1945년 9월 서울역 운송회사의 창고에서 마침내 찾아낸 거야. 당시 학회 이사장을 맡고 있던 이극로(李克魯)씨가 원고 뭉치로 책상을 두드리며 울분을 토하더라구. '누구 하나 『큰 사전』에 관심조차 보이지 않으니 우리나라가 해방된 의의가 어디 있단 말이요? 그래 이 원고를 가지고 일본 놈들한테나 찾아가서 사정해야 옳단 말이오?' 이극로 씨의 별명이 '물불'이었어. 그의 열정에 감동해 일단 1권만이라도 내보기로 결심했지. 이렇게 시작한 게 한글학회로 이어져 10년 만인 1957년 6권으로 완간되었어요. (이하 생략)

이후 1947년 5월 13일 조선어학회와 을유문화사는 정식으로 출판계약을 체결하고, 1947년 10월 9일 한글날을 맞아 드디어 『조선말 큰 사전』 1권을 간행했다. B5판(4×6배판) 600면에 특가 1,200원으로 예정된 여섯 권 가운데 첫 권이지만 우리 민족의 힘으로 만들어진 본격적이고 체계적인 사전이다. 8·15 해방 직후부터 사전 편찬에 종사한 사람들을 정리하면 아래와 같다.

> 편찬원 겸 간사장 : 이극로
> 편찬주무 겸 간사 : 정인승
> 편찬원 겸 간사 : 김병제·이중화·정태진·권승욱
> 편찬원 : 한갑수·신영철·유열·정희준·김진억·김원표·안석제·
> 　　　　 이강로·한병호·최창식·유제한

『조선말 큰 사전』 제1권이 탄생하기까지 복잡했던 양상은 <머리말>(1947, 조선어학회), <편찬의 경과>(1947, 조선어학회)에 오롯이 기록되어 있다. 그리고 제6권 마지막에는 <큰 사전의 완성을 보고서>(1957, 한글학회)가 대미를 장식한다. 이 세 개의 글은 매우 큰 역사적 의미가 담겨 있는 내용이라 전문을 싣는다.

그리고 『조선말 큰 사전』(1~2권)과 『큰 사전』(3~6권) 이후, '한글학회'는 44년 만에 『우리말 큰 사전』(전4권, 1991, 어문학)을 새롭게 완성시킨다. 여기에도 제1권에 머리말, 편찬의 경과, 큰 사전의 완성 보고서를 실으면서 그 정신을 계승하고 있음을 기록을 통해 남겼다.

『조선말 큰 사전』 제1권에 실린 머리말 전문이다.

머리말 : 1권

말은 사람의 특징이요, 겨레의 보람이요, 문화의 표상이다. 조선말은 우리 겨레가 반 만 년 역사적 생활에서 문화 활동의 말미암던 길이요, 연장이요, 또 그 결과이다. 그 낱낱의 말은, 다 우리의 무수한 조상들이 잇고 이어 보태고 다듬어서 우리에게 물려 준 거룩한 보배이다. 그러므로 우리말은 곧 우리 겨레가 가진 정신적 및 물질적 재산의 총 목록이라 할 수 있으니, 우리는 이 말을 떠나서는, 하루 한 때라도 살 수 없는 것이다.

그러나 조선말은 조선 사람에게 너무 가깝고 너무 친한 것이기 때문에, 도리어, 조선 사람에게서 가장 멀어지고 설어지게 되었다. 우리들이 항상 힘써서 배우고 닦고 한 것은 다만 남의 말, 남의 글이요, 제 말과 제 글은 아주 무시하고 천대해 왔다. 날마다 뒤적거리는 것은 다만 한문의 자전과 운서뿐이요, 제 나라 말의 사전은 아예 필요조차 느끼지 아니하였다. 프랑스 사람이 와서는 프랑스 말로써 조선어 사전을 만들고, 미국, 영국 사람이 와서는 각각 영어로써 조선어 사전을 만들고, 일본 사람이 와서는 일본 말로써 조선어 사전을 만들었으나, 이것은 다 자기네의 필요를 위하여 만든 것이요, 우리의 소용으로 된 것이 아니었다.

제 말의 사전을 가지지 못한 것은 문화 민족의 커다란 수치일 뿐 아니라, 민족 자체의 문화 향상을 꾀할 수 없음을 절실히 깨달아, 이 수치를 씻고자, 우리 문화 향상의 밑천을 장만하고자, 우리가 우리 손으로, 조선 말 사전의 편찬 사업을 처음으로 계획한 것은 융희 4(서기 1910)년부터의 일이었으니, 당시 조선 광문회에서 이 일을 착수하여, 수년 동안 재료 작성에 힘을 기울였던 것이다. 그러나 사정으로 인하여 아깝게도 열매를 맺지 못하였고, 십여 년 뒤에 계명 구락부에서 다시 시작하였으나, 이 또한 중도에 그치고 말았었다.

이 민족적 사업을 기어이 이루지 않고서는 아니 될 것을 깊이 각오한 우리 사회는, 이에 새로운 결의로써 기원 4261(서기 1928)년 한글날에 조선어 사전 편찬회를 창립하였다. 처음에는 조선어학회와 조선어 사전 편찬회가 두 날개가 되어, 하나는 맞춤법, 표준말의 기초 공사를 맡고, 하나는 낱말을 모아 그 뜻을 밝히는 일을 힘써 오다가, 그 뒤에는 형편에 따라 조선어학회가 사전 편찬회의 사업을 넘겨 맡게 되었으니, 이는 조선어학회가 특별한 재력과 계획이 있어서가 아니라, 다만 까무러져가는 사전 편찬회의 최후를 거저 앉아 볼 수 없는 안타까운 심정과 뜨거운 정성이 있기 때문이었다.

포악한 왜정의 억압과 곤궁한 경제의 쪼들림 가운데서, 오직 구원한 민족적 정신을 가슴 속에 깊이 간직하고, 원대한 문화적 의욕에 부추긴바 되어, 한 자루의 모지라진 붓으로 천만 가지 곤난과 싸워 온 지 열 다섯 해만에 만족하지 못한 원고를 인쇄에 붙이었더니, 애닯도다, 험한 길은 갈수록 태산이라, 기어이 우리말과 글을 뿌리째 뽑아 버리려는 포악무도한 왜정은, 그 해, 곧 기원 4275년(1942)의 시월에, 편찬회와 어학회에 관계된 사람 삼십여 명을 검거하매, 사전 원고도 사람과 함께 홍원과 함흥으로 굴러다니며 감옥살이를 겪은 지 꼭 세 돌이나 되었었다.

  그 간에 동지 두 분은 원통히도 옥중의 고혼으로 사라지고, 마지막의 공판을 받은 사람은 열 두 사람이요, 끝까지 옥에서 벗어나지 못한 다섯 사람은 그 실낱 같은 목숨이 바람 앞의 등불 같이 바드러워, 오늘 꺼질까, 내일 사라질까, 하던 차에 반갑다, 조국 해방을 외치는 자유의 종소리가 굳게 닫힌 옥문을 깨뜨리어, 까물거리던 쇠잔한 목숨과 함께, 흩어졌던 원고가 도로 살아남을 얻었으니, 이 어찌 한갓 조선어학회 동지들만의 기쁨이랴?

  서울에 돌아오자, 곧 감옥에서 헤어졌던 동지들이 다시 모여, 한 편으로는 강습회를 차려 한글을 가르치며, 한 편으로는 꺾이었던 붓자루를 다시 가다듬어 잡고, 흐트러진 원고를 그러모아, 깁고 보태어 가면서 다듬질하기 두 해만에, 이제 겨우 그 첫 권을 박아, 오백 한 돌인 한글날을 잡아, 천하에 펴내게 된 것이다. 그 내용에 있어서는 다시 기움질을 받아야 할 곳이 많으매, 그 질적 완성은 먼 뒷날을 기다릴 밖에 없지마는, 우선 이만한 것으로, 하나는 조국 광복, 문화 부흥에 분주한 우리 사회의 기대에 대답하며, 또 하나는 문화 민족의 체면을 세우는 첫 걸음을 삼고자 한다.

  돌아보건대, 스무 해 전에, 사전 편찬을 시작한 것은 조상의 끼친 문화재를 모아 보존하여, 저 일본의 포학한 동화 정책에 소멸됨을 면하게 하여, 자손만대에 전하고자 하던 일에, 악운이 갈수록 짓궂어, 그 소극적 기도조차 위태

한 지경에 빠지기 몇 번이었던가? 이제 그 아홉 죽음에서, 한 삶을 얻고 보니, 때는 엄동설한이 지나간 봄철이요, 침침칠야가 밝아진 아침이라, 광명이 사방에 다극하고, 생명이 천지에 약동한다. 인제는 이 책이 다만 앞사람의 유산을 찾는 도움이 됨에 그치지 아니하고, 나아가서는 민족 문화를 창조하는 활동의 이로운 연장이 되며, 또 그 창조된 문화재를 거두어 들여, 앞으로 자꾸 충실해 가는 보배로운 곳집이 되기를 바라 말지 아니한다.

끝으로, 이 사업 진행의 자세한 경과는 따로 밝히기로 하고, 여기에서는 다만 이 사업을 찬조하며 후원하여 주신 여러 분에게 삼가 감사의 인사를 드리는 바이다.

기원 4280(서기 1947)년 한글날
조선어학회

책을 발간하면서 머리말을 통해 그 간의 과정이나 어려움을 밝히고 있어 당시 사전을 발간했던 시기의 상황과 시대적 배경을 이해하게 되는 글이다. 이어서 책을 편찬하는 과정 속에서 겪게 되는 일들에 대해서는 편찬 경과를 통해 밝히고 있다. 그 내용을 보면 다음과 같다.

편찬의 경과 : 1권

기원 4262(서기 1929)년 시월 31일, 서울 수표동 42, 조선어학회 회관에서, 훈민정음 반포 483주년 기념식에 이어, 사회 각계 인사 108 사람의 발기로, 조선어사전편찬회를 조직하여, 집행위원 다섯 사람을 두어 모든 준비를 갖추어 가지고, 이듬해 일월 6일부터 다섯 분이 편찬위원을 두고, 사전 편찬의 역사적 사업을 착수하였으니, 이것이 곧 이 『조선 말 큰 사전』의 배태 된 보금

자리였다.

 그 때의 어려운 일은 한 두 가지가 아니었다. 첫째, 이러한 대 사업을 경륜하면서 재정적 기초가 빈약하였고, 둘째로는, 확정한 표준말과 통일된 맞춤법이 없었다. 그래서, 재정적으로는 사회 특지 여러 분의 원조를 바랄 수밖에 없었고, 표준말과 맞춤법 관한 일은 조선어학회에서 하기로 하였다.

 이리하여, 4266년(1933) 한글날에 이르러, 조선어학회에서는 우선 만난을 무릅쓰고 한글 맞춤법 통일안을 제정 발표하였다. 그러나, 시대와 환경은 해가 갈수록 우리에게 각일각으로 조급한 느낌을 주게 되매, 사전 편찬회와 조선어학회의 힘을 한 곳으로 모을 수밖에 없어, 4269년(1936) 삼월에 편찬회는 그 업무 전부를 조선어학회에 넘길 수밖에 없게 되었다.

 이에 조선어학회는 이 업무를 전적으로 넘겨 맡아, 그 해 사월 일일부터 새로운 진용으로 다섯 분의 편찬위원을 두어, 사전의 일을 맡게 하였으니, 이것이 조선어학회로서의 직접 이 『큰사전』을 짓기 시작한 첫 출발이었다. 물론 조선어학회인들 무슨 이렇다 할 성산이 있어서가 아니라, 애틋한 마음과 뜨거운 정성으로 우선 목숨 보전이나 하려는 비정한 결의에서이었다.

 그래서, 갖은 고난을 거듭하면서, 그 해 한글날에는, 과거 이태 동안 심사하여 얻은 『사정한 조선어 표준말 모음』을 결정 발표하고, 4271년(1938) 가을에는 과거 십년 동안 조사 심리하여 오던 『외래어 표기법 통일안』을 작성하여 4273년(1940) 유월에 결정 발표하였으니, 이로써 사전 편찬의 기초 공사가 대략 정리를 보았다.

 그리하여, 4272년(1939) 여름부터는 사전 원고 전체의 체계적 정리를 급히 하여, 4273년(1940) 삼월에는 비로소 당시의 어렵고 어려운 소위 "출판 허가"라는 난관을 일부분 통과하게 되었으니, 그 동안의 고심참담은 실로 형언하기 어려운바 많았다. 휘황한 전등 불빛이 낮과 같은 대도시 서울의 한복판에서, 다만 조선어 사전 편찬실만이 침침 철야에 잠기어 희미한 불빛으로 까물거리기를 몇 해나 하였으며, 석탄의 연기가 천공을 가리는 장안에서 오직 사전 편찬실만이 식은 난로로 엄동을 지내기 한 두 번이 아니었으나, 시들어 가는 배달겨레의 얼을 불러일으키기 위하여, 찬연한 민족 문화의 유지 발전을 위하는 단심으로 온갖 어려움을 참고 견디었으며 고달픈 살림살이 가운데도 언제나 웃음소리가 들리었던 것이다.

 간난과 신고는 이것뿐이 아니었다. 왜정의 탄압은 날이 갈수록 심하여서 나중에는 조선말과 글을 없애려고 갖은 애를 썼으며, 무서운 탄압이 내리기 시작하였다. 그러므로 하루 바삐 조선말 사전을 내 놓고야 말겠다는 조급한 생각으로 4274년(1941) 봄에 사전 원고의 일부를 대동 인쇄소에 넘기어, 모든 설비를 갖추어 가지고 백여 페이지의 조판 교정까지 되었을 때에, 조선어학회에는 악마의 손이 뻗히어, 4275년(1942) 시월에 간부 및 편찬원 전부와 회원 및 관계자 대부분의 33인이 함경남도 흥원 경찰서로 잡혀 가게 되었으니, 이에 조선어학회의 회관은 폐허와 같이 쓸쓸한 빈집이 되고 말았다.

 사람이 검거되매, 모든 문서와 사전 원고까지도 증거물로 사람과 함께 흥원으로 가져가게 되었으며, 다시 사건과 함께 사람들이 함흥 형무소로 넘어간 뒤 동지 두 분은 드디어 옥중의 원혼이 되고 말았으며, 남아 있는 사람들도 또한 언제 어떻게 될는지 누가 예측하였으랴? 그러는 동안, 왜정의 법정에서 재판을 받은 열 두 사람 가운데 최후까지 남아 있던 분들이 제 일심의 판결을 불복하고 상고하게 되었으므로, 증거물로 압수되었던 사전 원고를 서울로 보내게 되었던 바, 며칠이 못 되어 4278년(1945) 팔월 15일은 왔다.

 온 민족이 해방되자, 갇혔던 사람들은 함흥으로부터 서울로 돌아왔으나, 사전 원고의 간 곳은 알지 못하였다. 비단 조선어학회의 동지들뿐만 아니라, 온 사회 인사들이 염려와 수심을 금하지 못하였다. 그래서 뜻 있는 인사의 협력을 얻어, 그 해 구월 팔일 서울 정거장 창고에서 사전 원고를 찾게 되었으니, 이십 년 동안 쌓고, 쌓은 공이 헛되이 돌아가지 않았음은 하늘의 도움이 아니고 무엇이랴!

 이 날 원고가 든 상자의 뚜껑을 여는 이의 손은 떨리었으며, 원고를 손에 든 이의 눈에는 더운 눈물이 어리었다. 해방된 기쁨을 안고 모여 든 사전 편찬원들은 해방 조선에 이바지하고자 수정과 보유의 붓을 들게 되어, 거의 완성에 이르렀으나, 언제나 가난한 조선어학회에서는 재정의 곤난으로 예정보다 늦어, 이제야 겨우 그 첫째 권을 찍어 내게 되었다.

 이제 옛 일을 돌아보건대, 이 사전을 편찬하는 동안에, 직접으로 간접으로, 혹은 정신적으로, 혹은 물질적으로, 혹은 유형하게, 혹은 무형하게, 여러 가지 각도로 이 사업의 달성을 위하여 힘써 온 인사들이 얼마나 많은지, 실로 이루 헤아릴 수 없다. 사전 편찬회 발기인 여러분을 비롯하여, 어휘의 재료 수집, 편찬 사무의 직접 집필, 편찬 진행의 사무적 협력, 맞춤법 제정, 표준말 사정, 전문어 주석, 방언 채집, 재정적 후원, 언론적 성원 및 인쇄 교정에 이르기까지의 직접 관계자 여러 분의 힘과 또한 요즈음의 여러 가지 난관을 불구하고 이 책의 출판을 맡아 준 을유문화사의 특지와 짧은 시일에 최대의 능력을 기울여 준 협진인쇄공사 여러 분의 성의가 모두 한데 뭉치고, 널리 우리 사회 전체의 민족적 성원과 편달에 의하여서, 이 책이 이루어진 것임을 생각하매, 실로 무한한 감사와 함께, 도리어 이 책의 너무나 불완전함에 대하여 송축함을 금할 수 없다. 앞으로 더욱 많은 편달과 성원이 있기를 아울러 바라는 바이다.

기원 4280(서기 1947)년 한글날
조선어학회

사전을 편찬하는 동안에 직간접적으로 혹은 정신적으로나 물질적으로 여러 가지 각도에서 애쓰는 사람들에 대한 이야기며, 어휘의 재료 수집, 편찬 사무의 직접 집필, 편찬 진행의 사무적 협력, 재정적 후원, 언론의 성원 및 인쇄 교정에 이르기까지 직접 관계자들에게 감사하다는 글을 밝혔다. 이어『조선말 큰 사전』제1권이 발간되면서 기념 축하의 글을 밝혔다.

『조선말 큰 사전』(1권) 간행 기념 축하

조선어학회의 사전 간행은 이 학회만의 기쁨이 아니었다.『조선말 큰 사전』1권의 간행은 당시 인문학 분야의 사람들이 갈망한 일이었기 때문이다. 사전의 간행 소식은 문화계 전체를 들뜨게 할 만한 사건이었다. '말의 표준', '표기의 표준'이 절실했던 상황에서 이 사전 1권은 되찾은 우리말 문화를 떠받쳐줄 새로운 희망 그 자체였다.

이 사전 1권은 1947년 10월 9일 간행되어 조선어학회 주최로 반포 기념을 했지만, 이윤재의『표준 조선말 사전』출간에 맞춰 다시 사전의 간행을 축하하는 축하회가 1948년 4월 6일 서울 기독교 청년회 회관에서 조선문학가동맹 주최로 열렸다. 하나의 사전에 대한 출판기념회가 주최와 일시와 장소를 달리하여 두 번 열리게 된 것이다.

이 두 번의 출판기념회는『조선어 큰 사전』(1권)이 조선어학회만의 것이 아닌 우리 민족의 자산임을 선언하는 의미를 띠고 있었다. 첫 번째 축하회는 조선어학회가 주최해서 천도교 회관에서 열렸고, 두 번째는 기독교 청년회 회관에서 조선문학가동맹에서 행사를 주최한 것이다. 이는『조선말 큰 사전』의 위상을 상징적으로 보여주는 일이었다. 종교와 정치적 지향을 떠나 문화계는 『조선말 큰 사전』을 우리 민족이 거둔 자랑스러운 문화적 결실로 받아들인 것이다.

이제 막 첫째 권이 발간된 것에 불과했지만, 축하회의 참석자들은 이 일이 우리 문화의 기반을 마련하는 계기가 될 거라는 확신을 갖고 있었다. 이러한 확신과 자신감은 우리 민족이 당면하고 있는 문제에 대한 적극적인 대응으로 발전하였다. 시인 정지용의 사회로 『조선말 큰 사전』 발간 축하회가 진행되는 동안에 청중으로부터 긴급동의가 두 번 있었고, 이것은 모두 우레 같은 박수와 함께 만장일치로 가결되었다.

첫 번째 긴급동의는 일본 내 한인학교의 우리말 교육을 금지시키고 있는 일본 정부의 조치를 철회하도록 촉구하는 글을 일본 정부와 맥아더 사령부에 보내자는 제의였다. 당시 일본은 일본 교육법에 따라 학교에서는 일본어로만 교육하도록 하였고, 이를 근거로 한인학교에서의 우리말 사용도 금지시켰다. 그러나 1947년 10월 당시 재일교포들이 세운 한인학교는 소학교 541개교, 중학교가 7개교, 청년학교가 22개교, 그리고 학원이 3개교에 이를 만큼 재일교포들의 민족교육에 대한 열망이 높았었다. 따라서 한국어를 금지시킨 일본 정부와의 충돌은 피할 수 없었다. 재일교포들은 1948년 3·1절을 기하여 '조선인교육대책위원회'를 결성하고 조직적인 반대운동을 전개하였다. 일본 정부는 한인학교 폐쇄령을 내리는 등 전면적인 탄압을 자행했다. 이는 독립 국가를 준비하는 우리 민족의 자존심을 짓밟는 일이었다. 사전 출판 축하회에 참석한 사람들이 조선어학회와 조선문학가동맹을 통해 이에 대한 문제 제기를 한 것은 당연한 일이었다. 유열, 정태진, 김진억 등 조선어학회 사전 편찬원들은 일본의 형태를 강력히 비판하고, 우리말과 우리글의 수호를 주장하는 칼럼을 각 신문에 실으면서 전 민족의 여론을 일으켰다.

두 번째 긴급동의는 남북 협상 요인들이 북으로 떠날 때에 『조선말 큰 사전』을 보내자는 제안이었다. 김구와 김규식 등 민족주의 인사들은 단독 정부 수립을 막기 위해 1948년 4월 19일부터 평양에서 열린 '전조선정당사회단체대표자연석회의'와 '남북조선제정당사회단체지도자협의회' 등의 정치회담에 참여하면서 통일 정부 구성을 위한 협상에 임할 예정이었다. 이들 협상 요인들을 통해 북에 『조선말 큰 사전』을 보내는 것은 북에 있는 조선어학회 회원들과 어렵게 거둔 결실을 함께 나누자는 의미뿐만 아니라, 전 민족적 자산인 『조선말 큰 사전』을 통해 통일 정부 수립의 당위성을 상징적으로 보여주자는 의도도 있었을 것이다. 같은 말에 같은 사전을 쓰고 있다는 사실만큼 통일의 당위성을 말해주는 것도 없었기 때문이다. 이처럼 『조선말 큰 사전』은 언어생활을 통일시킬 수 있는 표준이 되기도 했지만, 다른 한편으로는 민족적 자존심을 세울 수 있게 하는 것과 분열을 극복하고 통일 국가를 수립하는 데 있어서 매개가 되는 존재이기도 했다. 당시 사람들이 이 사전을 만든 조선어학회에 거는 기대 또한 이러한 것이었을 것이다.

『조선말 큰 사전』 1권의 출판이 시작되었지만 완간되기까지 많은 시간이 걸릴 것이라는 건 누구나 예측할 수 있는 일이었다. 그런데 1947년 『조선말 큰 사전』 1권이 출판되자 표준으로 삼을 만한 사전에 대한 갈망은 더욱 커졌다. 이 때문에 조선어학회에서는 대사전 편찬사업을 진행하면서도 소사전 편찬의 시급함을 절감할 수밖에 없었다.

 조선어학회의 사전이 대사전을 목표로 하는 만큼, 우리말 교육에 곧바로 활용할 수 있는 소사전은 실용적인 면에서 보더라도 반드시 필요한 것이었다.

조선어사전 편찬원 김병제(1905~1991)가 학회 편찬실에서 사전 편찬 작업에 몰두하면서, 동시에 이윤재가 미처 완성하지 못한 사전 원고를 재정리하는 데 열성을 다한 것은 이 때문이다. 이 작업이 성공적으로 완결되면서 『표준 조선말 사전』이라는 이름의 사전이 탄생하였으며, 1948년 4월 6일에 『조선말 큰 사전』 첫째 권 출판기념회에서 『표준 조선말 사전』의 출판을 함께 기념할 수 있게 되었다.

따라서 조선어학회의 『조선말 큰 사전』이 완성되기까지 실질적인 규범 사전의 역할은 이윤재와 김병제가 편찬한 『표준 조선말 사전』이 맡아하였다. 특히 조선어학회 사전 편찬의 책임자였던 이윤재가 만들었다는 점에서 이 사전은 조선어학회 사전에 준하는 규범성을 인정받을 수 있었다.

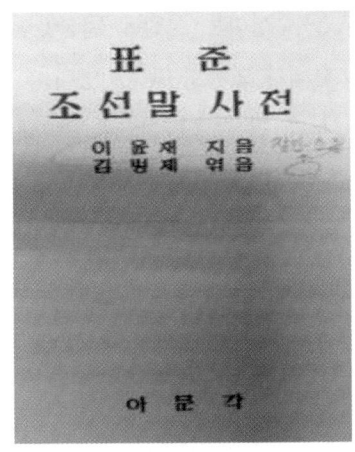

『표준 조선말 사전』(1948)

사전의 제목에 붙은 '표준'이라는 수식어는 이 사전의 역할과 의미를 함축적으로 표현하는 말이었다. 『조선말 큰 사전』을 시작으로 해서 최종적으로 『우리말 큰 사전』(전6권)이 1957년에 가서야 완성되었지만, 그때까지 표준적인 언어생활이 어느 정도 가능했던 것은 바로 이 『표준 조선말 사전』이 있었기 때문이다.12)

김병제는 조선어학회 사건으로 그의 장인이자 스승이었던 이윤재를 잃었다. 1943년 12월 8일 함흥형무소에서 옥중고혼이 된 것이다. 이윤재는 조선어사전 편찬사업을 기획하였고, 그 진행에도 주도적으로 참여했던 조선어학회의 핵심 인물이었다. 철자법 논쟁이 한창이던 때, 조선일보 기자로 이윤재를 만났던 김병제는 그 후 표준어사정위원회에 참여하는 한편, 조선어사전 편찬의 실무를 맡아 활동하였으며, 이윤재와는 가족의 인연까지 맺게 되었다.

김병제는 스승이면서 장인이었던 이윤재가 개인 작업으로 만든 『표준 조선말 사전』을 수정하는 작업에 열중했던 것도, 조선어사전이 그들의 인생 그 자체가 되었기 때문이었다.

『조선말 큰 사전』 첫째 권을 출판한 뒤 김병제는 북으로 가 북한 조선어문연구회의 사전 편찬사업에 참여하였다. 그리고 남한의 『큰 사전』(전6권)이 완간되던 1957년에는 북한 사회과학원의 『조선말대사전』 편찬 사업 책임자로 활동하고 있었다. 그의 책임 하에 완간된 『조선말대사전』은 전6권으로 1962년에 발행되었다.13)

---

12) 최경봉, 『우리말의 탄생』, 책과 함께, 2005, 58쪽.
13) 위 책, 44쪽.

2) 『조선말 큰 사전』 2권(1949)과 『큰 사전』 3권(1950) 발간

『조선말 큰 사전』 1권을 출간했으나, 자금 사정 때문에 후속 작업은 더디기만 했다. 그러다가 1948년 6월 가뭄에 단비 같은 소식이 전해졌다. 문교부 편수국 고문 앤더슨(Paul S. Anderson) 대위가 미국 록펠러(Rockefeller) 재단과 교섭하여 『조선말 큰 사전』 발간에 필요한 4만5,000달러어치 물자 제공을 약속받은 것이다. 기쁘고 반가운 소식을 들은 조선어학회 회원들은 만세를 부르며 기뻐했다.

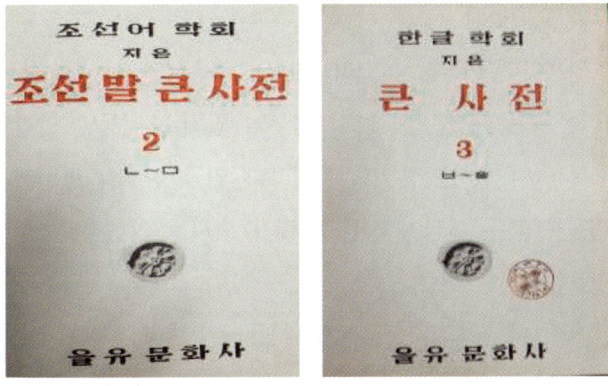

『조선말 큰 사전』 2권(1949)과 『큰 사전』 3권(1950) 발간

1948년 12월 록펠러재단에서 제공한 종이와 잉크 등 각종 재료가 인천항에 도착했다. 물자를 인수하러 간 이강로는 눈이 휘둥그레졌다. 기차로 13화차인데 종이만 9화차였다. 화차를 떼어 통째로 훔치는 쌩쌩이 판이라는 도둑이 들끓던 시기라, 그는 수산경찰서에

부탁하여 화차마다 경찰관을 배치했다. 이때 제공받은 물자는 『조선어 큰 사전』 전 6권의 사전을 2만 권씩 발간할 것을 계산하여 인쇄용 물품 일체를 보낸 것이다.

조선어학회는 후속 사전 발간작업에 박차를 가했다. 이로써 1949년 봄부터 둘째 권 인쇄를 시작하여, 5월 5일 발행하였다. 그리고 곧바로 셋째 권 조판 교정이 끝나는 대로 인쇄를 서둘러서 1950년 6월 1일 셋째 권 2만 권의 인쇄를 마치고 제본에 들어갔다.

그러나 1950년 6월 25일 전쟁이 발발하였고, 전쟁 중에 록펠러 재단의 지원 물품이 사라져버렸다. 전쟁으로 인해 사전 출판은 기약할 수 없게 되었다.

다행히 전쟁이 끝난 후, 록펠러 재단이 계속적인 지원을 결정함으로써 출판은 가능해졌지만, 당시 정부의 방해로 한동안 출판이 지체되기도 하였다. 일본 정부도 아닌 대한민국 정부가 한국어 사전 출판을 방해했다는 사실이 선뜻 이해가 되지는 않겠지만, 실제 이런 일이 있었다.

이 일은 이승만 정부와 한글학회(1949년 9월 5일 조선어학회는 한글학회로 이름을 바꿈) 사이에 있었던 철자법에 대한 의견 충돌에서 비롯되었다. 일명 '한글파동'이라 불리는 이러한 일련의 사태는 1954년 9월 정부가 철자법 개정 방침을 철회하면서 일단락되었고, 『큰사전』 간행 사업은 다시금 활기를 띠었다.

록펠러 재단의 재원조가 확정되었고, 1956년 4월 1일 인쇄 물자가 도착했다. 학회는 종로 관훈동에 임시로 얻은 셋방에 편찬실을 차리고 업무를 다시 시작했다. 정인승이 주무를 맡고, 권승욱·이강로·유제한·김민수 등이 편찬을, 한종수·이승화 등이 교정을 맡았고, 정재도는 편찬과 교정 양쪽에 모두 참여했다.

 1957년 한글학회는 오랫동안 절판되었던 1, 2, 3권을 먼저 순차로 찍고, 이어서 4권과 5권을 찍은 뒤, 드디어 한글날인 10월 9일에 맞춰 부록까지 전체 6권을 펴냄으로써 『큰 사전』 완간의 위업을 이루었다. 총 6권의 국어사전은 곧 위대한 탄생이었다.

 『큰 사전』은 본문 3,558쪽(+찾기 114쪽)에 총 어휘 수 16만 4,125개에 이르는 방대한 사전으로 순우리말 7만 4,612개(45.5%), 한자말 8만 5,527개(52.1%), 외래어 3,986개(2.4%)가 실렸다.

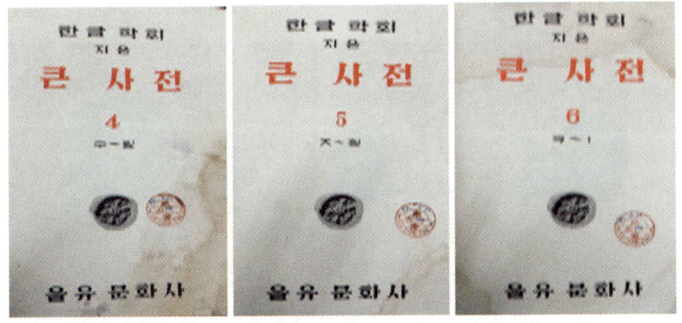

『큰 사전』(4·5·6권) 완간(1957)

 사전 편찬원으로 헌신했던 이강로는 완성된 『큰 사전』을 가리켜 '애국심의 혼화요, 피의 결정이요, 고난의 알맹이'라고 했고, 당시 <경향신문>은 『큰 사전』 완간의 의미를 다음과 같이 썼다.

우리말『큰 사전』여섯 권의 출판이 완료되었다는 것은 한국 문화사상의 획기적인 대사건으로서 후대에까지 기념할 만하다. 세종대왕이 정음을 제정 반포한 지 만 510년 만에 순전히 우리글로 우리말을 해석한 사전이 완성된 것이다.14)

언론의 보도처럼『큰 사전』완간은 한국문화사상 획기적인 대사건이었다. 자기 나라 말을 풀이한 사전 한 권조차 없다는 문화적 수치를 씻고자 1929년 사전 편찬에 착수한 지 무려 28년 만에 온갖 시련과 난관을 극복하고 이룬 감격적이며 장한 일이었다. 해방 이후 출판을 목적으로 부단히 애쓴 지 12년 만의 일이었다.

『큰 사전』(1·2·3·4·5·6권) 완간(1957)

---

14) "『큰 사전』출판 완성의 역사적 의의", 경향신문, 1957년 10월 3일.

 국어사전이 탄생하기까지 두 번의 큰 시련을 겪어야 했는데, 첫 번째가 정부 수립 직후인 1948년 10월 9일, 이승만 대통령은 한글날 담화에서 한글 표기법이 시대에 맞지 않는다며, 신문이나 문화계에서 쓰는 국문이 쓰기도 더디고 보기에도 괴상하다면서 개정을 종용했다. 1950년 2월 3일에는 기자회견을 통해 구체적으로 철자법 개정을 요구했는데, "ㅅ을 둘이나 쓰는 아무 소용없는 받침을 하고 있으니 고쳐야 할 것이다. '잇다'와 '있다'가 무엇이 다르단 말인가. 민간에서 따르지 않으면 정부에서 시행할 것이다"라고 했지만 이 문제는 6·25 전쟁 발발과 함께 잊혀졌다.

 두 번째 시련은 휴전 협상이 한창이던 1953년 4월 27일, 이승만 대통령은 특별 담화를 통해 정부 문서와 교과서에 옛날대로 쓰기 철자법을 사용할 것을 지시했다. 석 달 이내에 현행 맞춤법을 버리고 구한말 기독교에서 가르치던 성경 맞춤법으로 돌아가라는 것이었다. '구한말 성경 맞춤법'은 표음주의적 맞춤법으로 받침, 철자, 띄어쓰기 등 모든 규제를 풀어 소리 나는 대로 적자는 것이었으나 이 또한 철회되었다.

8·15 해방과 함께 새롭게 편찬 작업에 몰두하면서, 두 번의 한글 파동을 겪어야 했으며, 그리고 6·25 전쟁을 전 국민이 경험하면서 결국은 남북으로 나눠지고 한국어의 통일을 희망하면서『큰 사전』6권의 완성을 보게 된 것이다. 그 완성 보고서의 전문을 살펴본다.

『큰 사전』의 완성 보고서(6권)

큰 사전 여섯 권이 이에 완성되어, 한글날 기념식장에서 이를 발표하고 우리 국민에게 바치는 식을 행하게 되었다. 이 편찬 사업에 직접으로 종사하여 온 여러분의 수고가 헛되지 아니하여 드디어 그 열매를 맺게 된 것을 한글학회 회원으로 더불어 함께 기뻐하며, 우리 배달겨레도 제 말씨의 사전을 가진 버젓한 문화 겨레의 반렬에 참여하게 된 것을 삼천만 동포로 더불어 함께 축하한다.

돌아보건대, 일제의 학정 밑에서 겨렛말을 보존하며, 겨렛넋을 잃지 않기 위하여, 4262(서기 1929)년 한글날에 우리 사회의 문화인 108명이 한 자리에 모이어, 우리말 사전 편찬회를 발기한 지 이제 28년을 지내었다. 이 동안에 밖으론 두 번째 세계 대전이 있었고, 강포 일본의 무조건 항복에 따라, 배달겨레의 해방이 되었고, 6·25 사변이 있었으며, 안으론 한글 학회 회원 삼십여 명이 일제의 감옥 속에서 고생하였고, 사전 원고는 혹은 회원을 따라 함흥 경찰에게 몰수되었고, 혹은 6·25 사변 당시에 땅속에 묻히었고, 혹은 1·4 후퇴로 천안과 부산으로 피란하였다. 이렇듯 중첩한 파란 속에서 사전의 원고가 보존

되었음은 천만 다행이라 하겠지만는, 앞에는 이윤재, 한징 두 동지가 함흥에서 옥사하였고, 뒤에는 이중화 선생이 북한으로 끌리어 가서 불귀의 객이 되었고, 정태진 동지는 비워진 서울에 돌아와서 고적히 사전의 준보기를 계속하다가 불의의 변고로써 순직하였다. 맨처음 발기회에 참석하였던 108인 가운데 사나운 세파에 이승을 하직한 이가 다수이요, 최초의 편찬한 사업추진 상임 위원 5인 중 둘이(李重乾·申明均)는 저승으로 가고, 둘이(安在鴻·李克魯)는 북한으로 가고, 한이만이 아직 이 자리에 남아 이 글을 씨고 있다.

이러한 거친 세파 속에서 이 편찬 사무에 관여한 여러 사람들 가운데 천우의 건재(健在)로써 가장 오랫 동안 중심적으로 각고면려하여 오늘의 성과를 이룬 이는 정인승님이요, 일제 때로부터 오늘까지 한결같이 일한 이는 권승욱님이요, 해방 후로부터 오늘까지 편찬에 힘쓴 이는 이강로님이요, 주창 사전 사무를 맡아본 이는 유제한님이다. 오늘의 성과는 이미 저승으로 간 이윤재, 한징, 이중화, 정태진 네 분의 글자 그대로의 헌신의 적공과 정인승, 권승욱, 이강로, 유제한 네 분의 꾸준한 노력과 이 밖에 각 분야 전문어의 뜻매김에 직접 간접으로 관여하여 준 50여 전문가의 고마운 협력 및 편찬과 교정에 종사한 여러분의 성스러운 협력의 결정이라 할 것이며, 맨 처음 발기회에서 위임된 상임 위원의 한 사람으로서 사전 편찬 사업과 그 원고로 더불어 끝까지 운명을 같이 하다가 마침내 그 완성을 보게 된 나 스스로의 기쁨도 비길 데 없다.

이상은 『큰 사전』 완성에 심신의 정력을 기울인 이들이어니와 다른 쪽에는 또 물질적 원조가 아니었더면, 도저히 오늘의 결과가 있을 수 없음을 또한 사실이다. 맨 처음 발기 때로부터 일제 때 사전 첫쨋 권의 원고가 인쇄에 붙여지기까지 최대의 물적 공헌자는 이우식님이요, 또 사전 사업 찬조회 김양수, 장현식, 김도연, 신윤국, 이인, 서민호, 김종철, 민영욱 임혁규 등 여러분의 원조도 적지 아니하였다. 또 재단법인 한글집 창설자 이중화, 정세권, 장세형,

공병우, 최현배 여러분의 힘 보탬도 적지 아니하였으며, 이밖에 사회 각 방면에서 많은 성원과 다소의 자금을 보내어 온 이도 적지 아니했다. 그리고 끊임없는 여러 가지 난관을 불구하고 끝까지 출판의 수고를 맡아 준 을유문화사의 특지와 조판 인쇄에 노력을 기울여 준 박문, 협진, 서울신문, 선미 각 인쇄소 여러분의 성의가 갸륵하였다. 이에 『큰 사전』 편찬 사업의 완성을 봄에 다다라 한쪽으로, 순직한 여러 동지에게 보고와 감사를 올리며, 다른 한쪽으로, 이 사업에 전력을 다한 여러분의 공적을 찬양하며, 물심 두 쪽에서 협조를 아끼지 아니한 분들에게 깊은 감사를 드리는 바이다.

그리고, 『큰 사전』의 오늘의 완성을 얻게 한 도미의 최대 원조자는 미국의 록펠러 재단임을 명기한다. 이 재단이 8·15 해방 뒤 한국 재건의 원조를 주고자 하는 뜻에서 한글학회의 사전 사업을 선택하여, 『큰 사전』 둘쨋 권에서 여섯쨋 권까지 각 권 이만 책씩 도합 십만 책 발행에 필요한 문자를 기증하여 주었으므로, 우리는 이를 받아쓰는 도중에, 불행히 6·25 사변으로 인하여, 다시 일어설 힘을 얻지 못하고 있던 차에, 이 재단에서 또다시 오만 삼천 책 발행의 물자를 기증하여 주었음을 힘입어, 작년 사월부터 편찬 및 간행 사무를 시작하여 이제 완성을 고하게 된 것이다. 이에 그 전말을 적어 한결같은 우방 원조의 후의로써, 이 사업의 유종의 미를 거두게 하여 준 록펠러 재단 이사 여러분과 이 원조를 주기 위하여 물물 수만리의 먼 길에 여러 차례나 한국을 찾아오는 노고를 아끼지 아니한 그 재단 인문 과학 부장 파스 박사와 이 원조의 길을 인도하여 준 미국 대사관 공보원의 슈바커 님에게 깊은 감사의 뜻을 표하는 바이다.

끝으로, 우리가 이 사전의 완성을 기뻐함은 그것이 배달 겨레 역사상 처음으로 이뤄진 문화 공탑인 때문이요, 결코 그 최선의 내용을 가진 때문은 아니다. 비록 28년의 긴 세월을 허비하였다 하더라도, 모든 악조건 아래에서 간신간신히 이뤄진 것인 이만큼, 그 체제와 올림말수(현재 164,125 낱말)와 뜻매김에 많은 틀림과 부족이 있을 줄로 생각한다. 속담에 "첫 술에 배부를 수 있나?"하는 말과 같이, 오늘의 완성이 완전이 아님은 당연의 일이 아닐 수 없다. 다만 천하의 식자 여러분이 친절한 가르침을 주시어 이 겨레스런 문화탑의 광휘를 갈수록 더욱 빛나게 하여 주시기를 바랄 뿐이다.

4290(서기 1957)년 한글날
한글학회 이사장 최 현 배 적음

『큰 사전』6권은 우리말을 우리글로 풀이한 본격적인 국어사전이었고, 일제의 우리말 억압 정책에 맞서 우리말을 수호하고 보존하고자 한 민족정신의 산물이었다.

『큰 사전』은 우리 언어문화의 결정이자 과학적 체계를 갖춘 근대어의 탄생을 의미했다. 『큰 사전』 간행 사업은 학회 학자들뿐만 아니라 당시 좌익과 우익을 망라한 민족 지사들이 함께 참여한 민족 공동의 사업이었고, 온 한국인들의 염원이 담긴 민족의 숙원 사업이었다는 점에서 민족운동사에 길이 빛날 기념비적인 사건이었다.

국어사전 편찬의 대장정 속에서 이윤재와 한징이 조선어학회 사건으로 옥사했으며, 이중화와 정태진이 6·25 전쟁 중에 목숨을 잃었다.

	순우리말	한자말	외래어	모두
표준말	56,115	81,362	2,987	140,464
사투리	13,006	—	—	13,006
고유명사	39	4,165	999	5,203
옛말	3,013			3,013
이두	1,449	—	—	1,449
마디말	990	—	—	990
모두	74,612	85,527	3,986	164,125

『큰 사전』에 실린 어휘 수 등 주요 내용

『큰 사전』은 총 어휘 수 16만 4,125개에 이르는 방대한 사전으로 순우리말 7만 4,612개(45.5%), 한자말 8만 5,527개(52.1%), 외래어 3,986개(2.4%)가 실렸다. 전 6권으로 완간된 『큰 사전』 1권과 2권은 『조선말 큰 사전』으로, 1950년 6월 1일에 출간된 3권부터는 '조선말'을 떼고 『큰 사전』으로 출판되었다.

'조선어학회'가 '한글학회'로 이름을 바꾸어야 했듯이, 남북 분단으로 인해 사전 이름에서도 '조선'을 떼어야 했다. 남북 분단은 민족의 운명과 한반도 곳곳에 깊은 상처를 남겼을 뿐만 아니라 『큰 사전』 이름에도 분단의 아픔을 깊게 새겼다.

제2장

『큰사전』 이후, 국어사전의 황금기

1. 한글학회가 펴낸 사전

 한글학회는 1908년 국어학자 주시경(1876~1914년)을 중심으로 설립된 '국어연구학회'가 시초다. 1921년 '조선어연구회'라는 이름으로 학회를 정비하고, 1926년에는 '가갸날'(오늘날의 한글날)을 제정했다. 1931년 '조선어학회'로 이름을 바꾸고 조직을 강화했으며, 1949년 9월에 '한글학회'로 개칭했다.

 학회에서는 1947년 『조선말 큰 사전』(1권), 1949년 『조선말 큰 사전』(2권), 1950년 『큰 사전』(3권), 1957년 『큰 사전』(4·5·6권)을 펴낸 뒤, 바로 『중사전』 편찬 위원회를 두고(1957.11.1.) 다음 해인 1958년 6월 15일 『중사전』을 펴냈다.

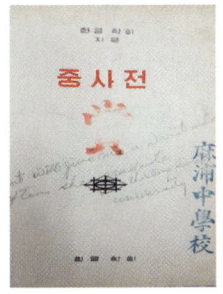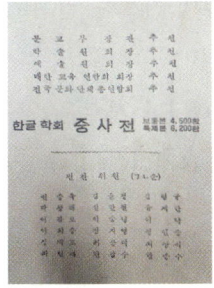

한글학회, 『중사전』 발간(1958)

 『중사전』을 펴낸 목적을 한글학회는 다음과 같이 밝혔다.

"본 한글학회가 일찍이 『큰 사전』의 말수를 수집할 때, 처음엔 아무쪼록 말수를 많이 모으기에 힘 썼던 결과 수십 년을 통하여 무려 20만 여의 말수를 수집하였었다. 그러나 이를 차차 과학적으로 정리하기를 여러 번 거듭하여 최후로 정돈하여 책으로 완성된 것은 16만 남짓밖에 안 되었다. 이는 곧 사전이란 것은 양에만 치중함보다는 질에 더 치중하여야 하기 때문인 것이다."

라고 했다.

"이 『중사전』은 이런 체험과 주지 아래에서 더욱 현대성과 실용성에 적합하도록 모든 각도로 고려해, 방대한 『큰 사전』에 좀 더 양적 정리를 적당히 함과 동시에, 8·15 광복 이후 국어가 한동안 무궤도하게 변모 또는 신생하고 있는 문란한 상태를 다시 바른 표준에 비추어 새로운 말수로 정돈 등록하며, 문교부에서 오랜 동안 조사 정리한 '우리말 말수 사용 찾기 조사'의 말수와 '국정 국어 교과서'에 나타난 새로운 말들 및 문교부 제정의 학술 용어들을 모두 새로 수록하여 일일이 정확한 뜻풀이를 하였다."

고 밝혔는데, 이렇듯 한글학회에서는 『큰 사전』 발간 이후에도 사전의 보급 실용에 적합하도록 책의 크기, 활자의 크기, 장정의 완실, 값의 저렴, 그 밖의 여러 각도로 모든 정성과 노력으로 사전을 편찬하였다.

 이어 1958년 9월에는 『소사전』 편찬을 결의한 뒤, 1960년 4월 30

일 『소사전』을 펴냈다.

한글학회, 『소사전』 발간(1960)

이 사전을 펴낸 필요성에 대해서는

"한글학회는 일찍이 28년의 피와 땀을 기울이어 『큰 사전』을 세상에 내놓음으로써 우리 민족문화의 새로운 건설에 커다란 터전을 마련하였고, 곧 이어서 이를 일반 대중의 편리한 소용이 되게 하기 위하여 단권의 중형판으로 개편한 『중사전』을 널리 간행한 일이 있었는데, 나날이 진전되는 교육용어, 과학용어 및 여러 가지 신제도의 용어들의 증가 또는 교체된 바가 많을 뿐 아니라, 그 주석 방식에 있어서도 이론적 추상적임보다 실용적 구체적임이 더욱 요구되는 현실에 비추어, 일찍부터 구상하여 오던 신시대적인 대중용이요 신교육적인 학생용이 될 수 있는 아름다운 『소사전』을 이번에 조심스레 만들어 '정음사'의 특지로써 새로운 이바지로 세상에 내놓게 되었다"

고 했다. 이어서 이 『소사전』은

"특히 새 교육의 실시에 따른 각종 학과의 새로운 용어들을 광범위로 망라 수용하고, 더욱이 모든 용어의 주석을 가장 실용적으로 간명 적절히 하기에 힘써서, 당면한 새 시대의 일반 대중의 가장 친근한 동무가 될 수 있게 만들었다"

고 하면서 1960년 4월 30일 초판을 발행하였다.

1967년 한글학회는 한글 전용을 위한 『쉬운말 사전』을 펴냈는데, '복된 내일은 쉬운말 쓰기부터'라는 화두를 던지면서 발간한 사전이다. 사전을 발간한 배경에 대해서는

"나라와 말씨를 찾은 지 20년이 넘었건만, 아직도 우리 둘레에는 일본말, 한자말, 들어온 말 들이 수두룩하게 쓰이고 있다. 이 나라 국민으로 얼마나 부끄러운 일이냐! 이 사전은 우리 생활에서 그러한 우리말 아닌 말들을 쫓아내고, 아름다운 우리말을 찾아 쓰게 함으로써, 우리들 나날의 생활을 아름답게 푸지게 한다."

고 하였다. 또한 이 사전의 특색은 "우리나라 소·중·대학생들은 물론, 일반 사회인들도, 언제 어디서나 널리 쓸 수 있도록 꾸몄다. 우

리에게 어렵고 생소한 낱말들을 쉽고 친숙한 우리말로써 맞대어 놓았다. 다음 같이 각 분야의 용어를 다루었다. 물리·화학·천문·항공·수학·광산·건축·토목·농업·축산·요업·경제·증권·전기·방송·경찰·교통·미용·체육·요리·가사·문학·어학·음악·미술·인쇄 등" 방대한 분야에 걸쳐 다루었음을 밝혔다.

한글학회, 『쉬운말 사전』 발간(1967)

이 사전의 '일러두기'를 보면,

1. 여기에 거둬 올린 낱말들은 우리에게 어렵고 생소한 것들이므로, 쉽고 친숙한 우리말로써 맞대어 놓았다.
2. 어떤 외국말에 대한 친숙한 우리말이 얼른 발견되지 않는 것에 대하

여는, 새로운 우리말을 만들어 맞댄 것도 간혹 업지 아니하다. 이런 것들은 친숙과 쉬움을 당장에는 가졌다 하기 어렵겠지만은, 이를 온 사회가 새로운 말씨 의식으로써 즐겨 익히고 힘써 씀으로 말미암아, 쉬 친숙하고 쉬운말이 될 것이다. 이는 이미 사회적 쓰기 버릇에 따라 좋은 성과를 얻는 것이 태반이 넘은 것임을 일러둔다.

3. 친숙한 한자말은 구태여 없애버리려고 하지는 아니 하지만은, 그보다도 더 친숙한 우리말이 있으면, 그것을 더 가려잡을 만한 것이라 한다.

고 하면서 나름의 사전 편찬 목적을 밝히면서 쉬운 말 사용을 통해 우리말의 아름다움을 강조하였다. 1973년에는 『새 한글 사전』을 발간했는데, 앞의 『중사전』을 토대로 하였으며, 머리말도 중사전의 내용과 동일하다.

 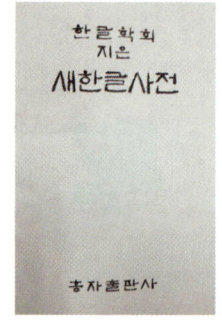

한글학회, 『새 한글 사전』 발간(1992)

조선어학회가 1957년에 완성한 『큰 사전』(전6권) 이후 44년 만인 1992년에 『우리말 큰 사전』으로 재탄생되었다. 이 또한 한국인에게는 크나큰 역사적 성과다. 이 사전을 탄생시키기 위해, 말 모으기 10년, 원고 집필에 10년, 편집·제작에 5년이 걸렸다. 1945년 8·15 이후, 한글학회 최대의 작업이자 민족의 대역사인 『우리말 큰 사전』 편찬 사업이 마침내 빛을 보게 된 것이다.

 1992년 발행한 『우리말 큰 사전』(전4권)은 한글학회에서 『큰 사전』 (1957, 전6권)이 발간된 지 10년 만인 1967년부터 시작하여 1991년까지 증보 편찬을 목적으로 작업한 우리말 大사전이다. 천신만고 끝에 1957년 전6권이 완간된 『큰 사전』이 선구자였으며, 우리 사전의 어머니인 『조선말 큰 사전』(1·2권)의 뒤를 잇는 대사전이라 할 것이다. 이 사전의 내용을 깁고 더한 뒤 『우리말 큰 사전』으로 재탄생하여 늘 우리 곁에 있다.

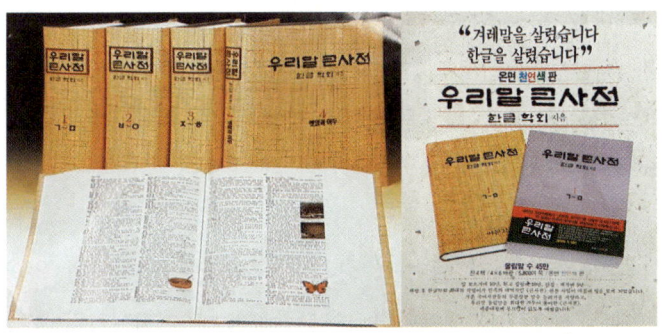

한글학회, 『우리말 큰 사전』 발간(1992)

 『우리말 큰 사전』은 우리 국어사전 편찬의 역사와 대비해 영어사전의 편찬사를 살펴볼 수 있다. 세계 여러 나라에서 사용하는 국제어인 "영어는 본질적으로 침략자의 언어다"라는 태생적 배경을 두고 있다. 그 내용을 요약해 보면 아래와 같다.

 방대하고 산만하고 제멋대로이고 이제 너무나 내용이 풍부하여 장엄하다고 할 수밖에 없는 영어는 본질적으로 침략자의 언어다. 원래부터 그렇게 될 수밖에 없는 언어였다. 지질학과 해양학의 여러 요소가 작용하여 사람이 살기 이전부터 브리튼 제도는 섬으로 존재할 수밖에 없는 운명이었다. 이 섬에 처음 살았던 조상들은 먼 바다 건너에서 온 사람들이었는데, 그들이 이주해 오면서 그들의 관습이나 언어 등도 함께 브리튼에 퍼지게 되었다.
 영어라는 언어에는 거대한 어휘가 포섭되어 있다. 『옥스퍼드 영어사전 The Oxford English Dictionary』 1판(1928)에는 414,825개의 표제어가 들어 있고, 이 사전보다 앞서 미국에서 출판되어 커다란 성공을 거둔 『웹스터 사전』에도 역시 수십만 단어가 들어 있으며, 그 후 수십 년 동안 수만 단어가 새롭게 만들어져 엄청난 수의 어휘를 형성하고 있다. 그런데 이런 단어의 상당수가 국외자, 방문객, 혹은 침입자들을 통해 만들어지거나 혹은 온전해진 것들이다.[15]

 영어의 모든 단어가 들어가 있다는 『옥스퍼드 영어사전』은 1857년에 제작 필요성이 제기되어 1861년에 초대 편집장 허버트 콜리지가 부임했고, 1879년 3대 편집장 제임스 머리가 취임한 후 분책 형식으로 나오기 시작하여 1928년에 초판 10권이 완간되었다. 총

---

[15] 사이먼 윈체스터 지음·이종인 옮김, 『영어의 탄생 : 옥스퍼드 영어사전 만들기 70년의 역사』, 책과 함께, 2005, 29쪽.

15,490페이지에 414,825개의 표제어와 1,827,306개의 예문을 수록했다. 제작 발의에서 완성까지 총 71년이 걸렸고, 1933년에 증보판 1권, 1972~1986년에 추가 증보판 4권이 나왔다.

다시 1989년에 초판 10권과 증보판 5권을 모두 알파벳 순서대로 수록한 2판(총 20권)이 나왔는데 총 615,100개의 표제어에 2,436,600개의 예문을 담았다. 현재 수정 제3판 작업이 진행 중이며 21세기 초반 어느 시기에 나올 예정이라고 한다.

우리에게도 『큰 사전』(전6권, 1947~1957)의 완성을 통해 이제 과거의 틀은 깨졌다. 이는 『큰 사전』의 역사가 일제 침략자들에게 저항하면서 탄생시킨 만큼 더 크고 위대한 사전이 거듭 탄생되어야 하는데, 그 대표적인 것이 『우리말 큰 사전』(1992)인 것이다. 이 땅에 한국인이 존재하는 한 우리말 사전은 끊임없이 위대한 탄생으로 거듭날 것이다.

결국 사전의 탄생은 곧 언어의 탄생이고, 언어의 탄생은 곧 세상의 탄생으로 이어진다. 세상은 너무나 광대하기 때문에 어차피 분절分節해서 이해할 수밖에 없다. 이 분절의 구체적 결과가 말이고, 그 말을 있는 그대로 집대성 해 놓은 것이 사전이다.

그런 중요한 사전, 그것도 이 땅 한반도에서 가장 위대한 사전이라고 칭송되는 『우리말 큰 사전』(전4권, 1992)이 탄생되는데 있어서 참고해야 할 문헌적 성과들이 많았을 것이다. 여기에는 개인, 학회, 출판사 등에서 다양한 국어사전들이 탄생되었기에 이러한 물줄기가 큰 바다로 모이듯이 대사전은 그 모든 것을 담아내었다.

이제부터는 『큰 사전』(1957) 이후, 긍정적 의미에서 우후죽순 격으로 만들어진 사전들을 살펴본다. 여기에는 1960~2000년대까지 만들어진 사전을 중심으로 개인 편찬, 학회 편찬, 출판사 기획 편찬 등으로 구분해서 시대별로 정리해 본다.

2. 다양한 국어사전의 등장

1) 신기철·신용철 형제의 사전

'독일어 사전'의 탄생은 동화작가로 유명한 독일 사람인 야코프 그림과 빌헬름 그림, 일명 '그림 형제'의 『독일어 사전』이 시초이다. 그렇다면 한국인으로서 형제들이 똘똘 뭉쳐 국어사전을 편찬한 위대한 한국인을 만나본다. 신기철, 신용철 형제가 편찬한 다양한 사전들을 시기별로 살펴본다.

① 『표준 국어사전』, 초판(1958), 을유문화사.
② 『새 우리말 큰 사전』, 초판(1974), 서울신문사.
③ 『새 우리말 큰 사전』, 초판(1975), 삼성출판사.

위 사전들은 신씨 형제가 평생을 과업으로 수행하여 탄생시킨 사전이다. 그 시작은 『표준 국어사전』으로 이 사전이 탄생하는 데 있어서 겪어야만 했던 편찬자 개인사와 사전학적 지식을 습득하는데 있어 문세영의 『조선어사전』과 이윤재의 『표준 한글 사전』, 그리고 한글학회의 『큰 사전』이 큰 도움이 되었다고 했다. 특히 문세영으로부터 사전 편찬 관련하여 경험담을 들었다는 점은 당시 선배 국어학자의 역할도 매우 중요한 것이었다.

또, 『표준 국어사전』은 우리나라 사전 편찬사에서 최초로 감수 과정을 거쳐서 탄생된 점이다. 감수자는 당시 최고의 국어학자들인 '조윤제·양주동·이숭녕'이었다. 사전의 저술·편찬을 지도·감독한다는 점은 이 사전이 우리말 사전이면서 '백과사전'이나 여러 전문 사전의 구실을 겸할 수 있도록 엮은 큰 사전임을 강조한 것이다.

신씨 형제 편찬자는 옥스퍼드 대학교 출판사의 『옥스퍼드 영어사전(Oxford English Dictionary, OED)』과 노아 웹스터(Noah Webster)의 『미국 영어사전』, 동화작가로 유명한 독일 사람인 야코프 그림(Jacob Grimm)과 빌헬름 그림(Wilhelm Grimm) 형제의 『독일어사전』을 편찬한 선지식을 바탕으로 우리말 국어사전 편찬의 사명을 갖게 되었다. 신씨 형제의 사전이 출판사와 언론사를 통해 출판되었다는 점은 이례적이고, 이 사전이 1980년대 증보판이 나온 후의 상황, 즉 이 사전이 언제까지 나왔는지에 대한 행방을 찾는 것도 중요한 과제로 남겨두고 있다. 먼저 신씨 형제 최초의 국어사전을 머리말 중심으로 정리해 본다.

① 『표준 국어 사전』 (1958, 초판 / 1960, 수정증보)

1958 / 1960

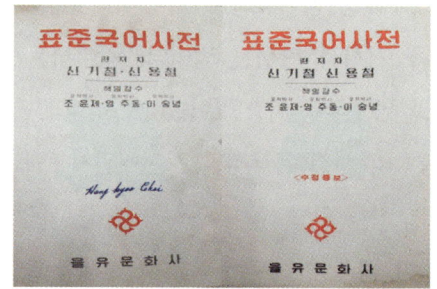
1958년 초판   1960년 수정증보

 이 사전은 한글학회의 『큰 사전』 6권을 발간한 을유문화사에서 출판하였다. 당시 방대한 분량의 사전을 제작할 수 있는 곳이 을유문화사였음은 두말할 필요가 없다. 이 사전의 첫머리를 보면,

 국어는 우리 한국 문화의 기초 근원인 동시에 그것을 반영하는 거울이기도하다. 이를 통하여 우리가 서로를 이해하고 피차의 심금을 울리어 하나로 결합하여온 동포애·민족혼의 연줄이기도 하다. 그 말소리는 우리가 나면서부터, 아니 우리 겨레가 생기던 때부터 우리와 함께 자라온 친숙한 음성이요, 그가 지닌 바 심오한 내용은 또 하나의의 세계, 곧 얼의 세계로 이끄는 오직 하나의 길잡이인 것이다. 그러므로 우리가 국어의 낱말을 하나 하나 음미하여보는 것은, 우리 겨레가 먼 옛 조상 때부터 대대로 이어 받은 얼의 세계에 소풍하는 즐거움이 아닐 수 없다. 한 줌의 모래, 한 알의 돌도 다정한 조상의 땀 밴 자취요, 한 마디의 속담, 한 가닥의 민요도

애틋하게 사무치는 민족의 숨결이다.

라고 밝히고 있다. 신씨 형제가 국어사전이라고 하는 큰 과업을 수행하는데 있어 우리 국어에 대한 신념이 물씬 담겨져 있고, 그러면서 사전에 관심을 두게 된 배경도 서술되어 있다.
 형제는 학창 시절부터 국어 공부에 침잠(沈潛)하는 기쁨을 알아 그 뒤도 계속 이 길을 전공하게 되었고, 언젠가 『신영 대사전』·『웨브스터 백과사전』 등 외국 사전 편찬의 위업을 기리며, 큰 사전을 편찬할 수 있었으면 하고 부러워하였다
 또한 신씨 형제가 처한 사회 문화적 상황을 설명하는 부분은 당시 국내에 소개된 외국어 사전과 우리 국어사전 편찬 사정을 이해할 수 있는 대목이다.

 해방 전까지에 있어 우리말에 관한 사전은 불어·영어·일어 등의 외인이 손에 된 것이 몇몇 있었고, 우리 사람의 손에 이룬 것은 문세영님의 『조선어 사전』이 있을 뿐이었다. 물론 '한글학회'의 『큰 사전』 편찬 사업이 진행 중에 있었던 것이나, 재정의 곤란과 일제의 압력으로 말미암아 어느 제 그 완성을 볼지 기약하기 어려운 형편에 있었다. 이러므로 우리는 더욱 영·미·불·독 등 외국 대사전에 대한 선망(羨望)의 정이 움직여, 기필코 한 번 사전 편찬의 일을 하여 보리라는 아름다운 꿈을 안은 채, 국어·국문학 공부를 계속하였고, 감격의 을유 해방을 맞이하였다.
 아아, 감격의 해방! 자유의 종소리 울리어 캄캄칠야가 밝던 그 날 우리는 얼마나 기꺼워 뛰었던가. 크나큰 포부와 빛나는 희망에 부풀어 오른 가슴을 안고, 우리 형제들 평생의 사업으로서 사전 편찬의 업을 발원하였

던 것이다.

그러면서 사전을 편찬하는 과정에 겪어야 했던 사전 관련 지식에 대한 이해부족, 6·25 전쟁으로 인한 고통스러운 일상 등을 기록하였다. 또한 현실적인 실무에 있어서는 몹시도 어두워 사전이라면 낱말의 풀이나 어원·어사 등 분해적인 본질적 방면에만 주력하면 되는 줄 알았지, 사전학적인 특수 과정과 종합면에 대하여는 생소하기 짝이 없었다. 다만 이때까지 이 방면 출판에 경험을 가졌던 문세영의 경험담을 전해들을 수 있었고, 더욱이 이윤재의 『표준 한글 사전』과 한글학회의 『큰 사전』 편찬에 참획參畫하고 있던 위정의 직접적인 교도의 힘이 절대하였음을 밝히고 있다.

결국 10년의 세월을 사전 만들기에 몰두한 결과로 탄생한 신씨 형제의 국어사전은 방대한 분량으로 출간된 것이다. 집필에 착수한 지 10년, 총 어휘 수 20만에 달하는 원고를 작성했는데, 방대한 분량의 출판은 우리 출판계의 실정으로는 수월한 일이 아니었다. 사륙배판 8포인트 활자 1,700면의 제한을 받게 되어 각 분야에 걸친 많은 어휘들 생략해야만 했고, 그래도 초과되어 이번에는 풀이를 간략하게 고쳐 쓰기도 했는데, 이 또한 용이한 일은 아니었다.

신씨 형제의 사전은 학술성과 객관성을 확보하기 위해 우리나라 사전 편찬의 역사에서 최초로 감수를 받은 사전으로 알려져 있다. 그리고 한 명도 아닌 세 명의 학자에게 감수를 의뢰했다는 점 또한 이 사전의 장점이기도 하다. 감수자는 조윤제·양주동·이숭녕으로 당시 국어학 분야의 석학자였다.

최초로 사전에 대한 감수의 글이라 전문을 옮겨본다.

감수자의 말

사전이란 그 나라 문화의 수준을 상징하는 것이다. 모두 오랜 역사를 가지고 있어, 어휘의 수도 늘어가고, 풀이도 연구되고, 체재도, 인쇄도 고안(考案)되고 개선되어 오늘과 같은 놀라운 발전을 한 것이다. 각국의 대표적 사전이란 우리가 손꼽을 수 있으며, 그 특징도 잘 알고 있는 터이다.

그런데 우리의 국어사전은 일정(日政) 때의 간행도 있었지만, 정식으로 신중한 연구를 거친 사전의 편찬이란 그리 역사를 가진 것도 아니어서, 아마도 그 간행일자(刊行日字)에서 본다면 해방 후의 일이요, 열의(熱意)를 가진 검토와 연구가 있는 것은 최근의 일이 아닌가 한다. 지금은 어느 모로 보아 사전 간행열의 상승시대(上昇時代)라고 하겠으나, 어느 사전치고 아직 역사를 가지지 못한 불가피한 사정에서 모두 결함을 보여 주고 있음을 인정하지 않을 수 없다. 을유문화사는 일찍이 이러한 사전의 개혁을 뜻하고, 또 국민의 국어생활에 적응할 수 있는 새 유형(類型)의 시대적 사전의 간행을 구상하여 왔던 것인데, 때마침 신기철씨 형제분의 다년간의 연구와 집필로 된 이 사전의 원고를 발견하자, 이에 우리들 세 사람에게 감수를 청하여 온 것이다. 우리들 세 사람은 동사(同社)의 취지에 찬동하고, 흔연(欣然) 감수의 책(責)을 맡아 가능한 한 신씨의 편찬을 도운 터이다.

이 사전은 그 특색이 백과사전식인 '풀이'의 형식을 취하여 그 어휘의 채택이나 '풀이'가 폭을 넓혔으니, 우리가 국어생활에서 좌우(座右)에 가져야 할 사전이 결코 형식적인 개념(槪念)의 해설로 만족할 수 없는 때가 많은데, 이 사전이 이러한 요망에 너끈히 보답하였을 것이라 믿으며, 그 실질(實質)에 있어서 거질(巨帙)의 대 사전을 그 어휘 수에서도 거의 맞설 수 있다고 하겠다. 그리고 이 사전이 단권(單券)으로 완결된 것으로서 우리의 사전 사용의 시간을 크게 절약함에서도 시대의 요구에 호응한 셈이 된다. 어휘에 있어서도 최근 세계 각지에서 일어난 제반 사상(諸般事象)을 빠짐없이 채택한 것이요, 정치·행정·기술면에 이르기까지 무리 없는 균형 밑에 편집된 것 또한 명실(名實)을 갖춘 것이라고 하겠다. 체재와 제본 등 을유문화사의 다년의 경력과 기술을 살린 것으로 그 실력은 타사에 견줄 바가 아니라고 하겠다.

끝으로 신기철씨 형제분의 다년의 노고(勞苦)를 사하며, 또한 을유문화사의 희생적 기도(企圖)에 극구 찬사를 보낸다. 아마도 거국적인 기대에 어긋남이 없으리라고 믿으며, 여기 감수한 세 사람이 안심하고 전 국민 앞에 이 사전을 올리는 터이다.

단기 4291년 11월 30일
趙潤濟 · 梁柱東 · 李崇寧

신씨 형제의 『표준국어사전』은 '대사전'이 아닌 '중사전'으로서는 처음인데, 당초에는 대사전을 목적으로 시작되었다고 한다.

"돌아보건대 일의 순서로 보아서 대사전의 편찬이 앞서고, 다음에 그것을 추려 뽑아서 중사전이나 소사전을 간행할 것이로되, 앞서 말한 사정으로 말미암아 이렇듯 축소된 중사전의 출판이 앞서게 된 것이니, 오늘날 우리의 사회 실정의 반영이라고도 하겠다."

는 점을 머리말에 남겼다. 또한 사전에는 '뒷말'이라고 해서 머리말에 쏟아내지 못한 신씨 형제들이 겪어야만 했던 사전을 만드는 긴 여정을 기록해 두었다. 형제 개인사를 비롯하여, 당시 몸소 체험했던 사회 문화적인 상황까지도 적었다. 사전 만들기 12년의 역사는 결코 짧지 않은 시간이었을 것이다. 그 힘겨웠던 과정이 뒷말에 담겨 있다.

 뜻 둔지 14년, 시작한 지 12년, 자나 깨나 잊지 못하고 놓지 못하던 이 사전 편찬의 일이 이제 교정을 끝내고 완성의 날이 멀지 않게 되었다. 돌아보아 그저 느꺼울 뿐, 말문도 막히고 온 몸의 맥이 풀리어 다만 엎디어 호곡하고 싶은 심정일 따름이다.
 고요히 돌아보니 벌써 이석(二昔)의 옛일이 되었다. 미숙한 학생으로서 민족 문화에 뜻을 두고 항일 투쟁을 꾀하다가 상록회·무명회 사건으로 형제 함께 투옥되었던 것이니, 저 학창 시설에 있어서 민족 문화의 앙양을 지향하던 그 한 조각 결심이 바로 오늘의 시작이던 것이다. 영어(囹圄) 4년의 고초를 겪고 다시 대학을 마치는 동안 끝내 첫뜻을 갈지 않았고, 해방의 감격을 깊이 살리기 위하여 국어사전 편찬의 대업을 발원하게 되었다. 학교를 나온 뒤는 직장은 몇 번 바뀌었건만 한결 같이 카드 작성에 노력하였다. 6·25 전란을 겪고 휴전 후 서울에 수복하면서 그 뒤 대학 강의도 그만두고 이제까지의 카드를 일제히 정리하고 다시 문헌의 수집, 어휘 채록(採錄) 등 각반으로 새로운 활동을 시작하였다. 그러나 사회적으로 겪은 바 급격한 혼란 변동은 그대로 국어면에 반영되어 신진 대사의 극심한 변화를 따르게 하였다. 먼저는 중요한 항목이던 것이 이제는 마땅히 삭제하여야 되었고, 실어야 할 항목에 있어서도 그 내용과 가치에 많은 변화를 보아, 증보 또는 축소하지 않을 수 없게 되었다. 게다가 새로운 어휘는 날로 쏟아져 나와 이루 다루기에 겨를이 없었고, 잠깐 나타났다 갑자기 없어지곤 하는 사회 백반의 사물과 현상이 편찬실을 곤혹케 하였으니, 혼란기에 있어 부득이 한 자연의 모습이던 것이다.

 해방과 더불어 일제의 잔재는 일소되었어야 하겠건만, 군정(軍政)·과정(過政)과 민국(民國)의 수립 뒤까지도 법제와 학술 용어 등 그대로 습용(襲用)하는가 하면, 정부 기구며 학제·군제 등 자주 바뀌니 그 때만다 먼젓 원고를 버리고 새로운 원고를 써야만 하였다. 더구나 전화도 갖추지 못하였던 초창기에 있어서는 일일이 관계 기관을 탐방하여야 했고, 그나마 친절 정확한 해답을 얻기가 어려웠으니, 그 고되고 애타던 기억은 이제 오히려 새롭다. 대개 이것이 순 국어사전이 아니고 고유명사까지를 실어야 되는 백과적인 사전이니만큼, 이렇듯 혼란이 많은 사회 현상으로부터 받는 바 편찬상의 곤혹과 당황은 당초 예상한 바의 몇 갑절이었다. 곤란은 이 뿐이 아니었다. 곧 새로운 사태, 새로운 어휘에 대한 정확한 해설의 자료도 얻기 어려웠거니와 고제도에 관한 것은 더욱이 힘들었고, 상고사(上古史)에 관한 한, 학설이 분운(紛紜)하여 귀일치 못한 것도 허다하니 그 어느 것을 채택하랴, 생각은 멀고 붓은 무디어 일이 뜻같이 되어 나가지 않았다.

 그 뿐이랴. 애당초 확고한 경제적 기반 위에서 착수한 사업이 아니던지라, 해를 거듭하는 동안 사무적으로 물리적인 고난이 날과 달로 더하여 숨막히는 고비에서 허덕이게 되었다. 그 동안 친척·지기(知己)·사회 특지가의 끊임없는 성원과 적지 않은 물질적 지원에도 불구하고, 빚은 불을 대로 불어 옴쭉달싹 못하게 되었다. 편찬 자료 수집, 원고 작성의 곤란은 고사하고 식생활의 위협을 느낀 적도 수 없으니, 그 때마다 붓을 놓고 앙천 탄식하기 그 몇 번임을 알랴, 하물며 처음에는 사업의 성질을 이해하고, 격려와 원조를 아끼지 않던 이도 10년 세월이 가까워도 오히려 성사 못하고 명년 또 명년 자꾸 지연되어 가매 자연 소원(疏遠)하여질 밖에 없었고, 믿고 바라던 사람마저 사업의 완성을 의심하였고, 나날이 수척해가는 편저자의 앞날을 위하여 여러 가지로 걱정하기도 하였다.

 그러나 남이 알고 모르고가 그 무슨 아랑곳이랴. 한 번 시작한 일 목숨 있는 날까지 이어 할 따름이었으니, 독일 그림(Grimm) 형제의 지난 일로써 서로 격려도 하고 위로도 하였다. 이렇게 일회 일비하는 동안에도 봄 가을은 자꾸 바뀌었으니, 일찍이 옥고(獄苦)를 치르던 서대문 형무소의 붉은 담과 금계산의 솔빛을 바라보면서, 주야 없이 채찍하며 오늘에 이른 것이다. 이리하여 당초 5·6년이면 이루려니 예상하였던 이 일이 10년을 넘고, 다시 출판 사정으로 말미암아 12년으로 천연하게 되었다.

 아아! 짧은 듯 길었던 열 두 해의 춘추여! 우리 형제의 청춘과 함께 흘러간 이 세월! 변변치 못하나마 책은 이루어 고성(告成)의 날이 가까웠는데, 발원의 기원이었고 지도의 스승이던 위정 형님은 이제 어디 계신가. 북천을 바라보매 애끊는 심정 가이 없으니, 방타하게 흐르는 두 눈, 아니 네 눈의 눈물은 그칠 줄을 모른다.

 그러나 생각하면 이 책이 이루어진 공은 결코 우리 형제의 수고에만 돌릴 것이 못 된다. 사업 착수 이래로 유형 무형, 직접 간접으로 협력하여 주신 수십 수백 명 인사의 심혈의 결정인 것이니, 지난 일을 회상하면서 깊은 감사의 뜻을 표한다. 곧 시종 한결같은 격려와 편달을 드리우신 이재학 부의장님을 비롯하여, 최세황 차관님, 김병삼 장군께 삼가 감사의 말씀을 올리며, 다년간 오늘에 이르기까지 편찬으로 교정으로 그 뛰어난 재주를 기울어준 이창염님의 노고를 기리며, 그 밖에 수 많은 동지 여러 분과 각계 각층 여러 인사의 눈물겨운 협조가 절대하였음을 아울러 기억한다. 다시 신양(身恙)을 무릅쓰고 감수의 고역을 보아주신 백당 중형님의 동기애 뼈에 사무치며, 이 밖에도 여러 가지로 수고하여 주신 을유문화사의 여러 분께 고마운 뜻을 올리며, 조판을 맡아주신 「대한 문교 서적 주식회사」 및 인쇄를 하여 주신 「선미 인쇄소」 여러 분의 문화애를 기린다. 끝으로 동국문화사 신재영 사장에게 이 책 출판의 소식을 전하며 아울러 지난날의 후의를 사례하면서 이상 발문에 대신한다.

4291년 10월 19일
인왕산 선바위를 바라보면서 편저자 신기철·신용철

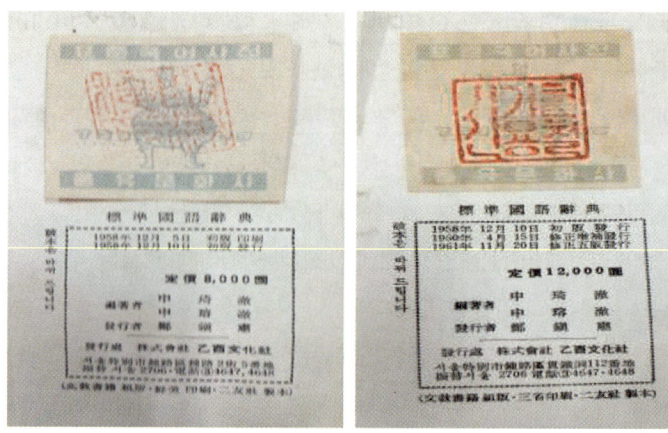

『표준 국어 사전』(초판, 1958)   증보판(1961)

② 『새 우리말 큰사전』(1974, 서울신문사)

 신씨 형제가 첫 번째로 엮은 『표준 국어사전』을 낸 지 15년 후에 편찬한 『새 우리말 큰사전』은 신씨 형제의 두 번째 사전이다.
 이 사전을 내게 된 배경과 취지를 머리말에서 밝혔는데, 그동안 과학의 발달과 세계정세의 눈부신 변천은 역사의 진전과 더불어 우

리나라 사회 문화에도 반영되어, 따라서 국어 분야에 있어서도 무수한 각종 새말·외국어·전문어 등의 증가를 보게 되매, 자연 여러 문제가 제기되는 등, 종전의 국어사전도 이 새로운 정세에 따라 크게 개정을 가하지 않을 수 없는 시급한 단계에 이르렀다면서 발간 목적을 밝혔다.

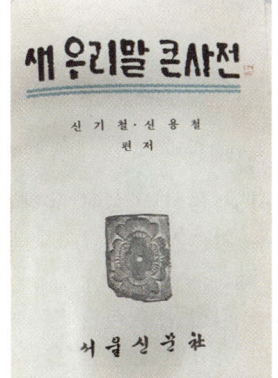 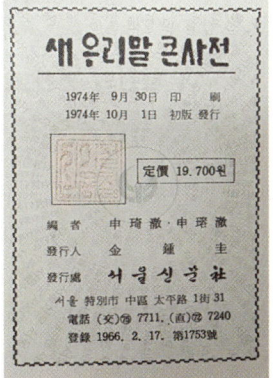

『새 우리말 큰사전』(서울신문사, 1974)

머리말에 이어 발간사를 새롭게 한 것은 사전 출판을 서울신문사에서 발행했기 때문이고, 첫 사전에 있던 감수의 글은 없다. 그리고 '뒷말'은 『표준 국어사전』(1958)의 뒷말 내용과 많이 비슷하다. 특히 발간사에서 특이한 점은,

"특색 있고 방대한 이 사전이 세상에 나오기까지에는 편저자(編著者) 신기철(申琦澈)·신용철(申瑢澈) 두 형제분의 15개 성상(星霜)에 걸친 피나는 각고(刻苦)는 물론, 1972년 2월부터 1974년 10월까지 무려 2년 8개월이라는 오랜 시일에 각계각층의 권위자들이 총동원되었을 뿐 아니라, 독지가(篤志家) 제현(諸賢)의 아낌없는 협조와 성원(聲援)이 있었음을 밝히는 바이다" (1974년 10월, 서울신문사, 社長 金鍾圭)

로 맺으며, 특히 각계 각층의 권위자가 이 사전을 편찬하는데 참여했다고 하며 '뒷말' 말미에 참여 명단을 소개한 점이다.

이 사전의 편찬·교정을 도와주신 분들

편 찬 실
김구진 김병곤 노신일 배옥자 서정선 안성옥 유혜자
이상화 이영복 이영주 이홍우 황순기
출 판 국
강완석 권태돈 김영환 김원구 김찬규 김하림 박찬수
손형목 송화영 안희준 오춘희 유규연 유문동 유옥출
윤덕희 윤재희 이만형 이명숙 이시영 이영순 이영원
이화복 정영수 정용식 조순경 황언수 (가나다순)

③ 『새 우리말 큰사전』 (초판(1975) /삼성출판사)

이 사전은 신씨 형제가 세 번째로 편찬한 사전으로 출판사도 삼성출판사에서 새롭게 제작하였다. 서울신문사에서 1974년 초판을 낸 후, 다음 해인 1975년에 삼성출판사에서 발간했는데 차이는 서울신문사 판은 한권이지만, 삼성출판사판은 상·하 2권으로 제작되었다.

『새 우리말 큰사전』(삼성출판사, 1975)

이 사전의 '증보판 간행에 즈음하여'라는 설명을 덧붙이며 "국어 어휘에 대한 정리와 아울러, 항목의 체계 있는 배열과 실용적인 풀이에 더욱 주력함으로써 종합 사전으로서의 기반을 한층 다진 것이다"고 밝혔다. 그리고 2권(상·하)으로 한 이유는 "국민 일반의 광범하고도 편리한 이용에 이바지하기 위하여는 단권으로서의 간행이 바람직하지마는 판형이 커지고 면수가 증가함에 따라 제책 기술상의 한계, 책의 견고성 등을 고려하여 부득이 두 권으로 분책하지 않을 수 없었다"고 밝혔다. 상·하 두 권의 사전은 초판이 1975년에 나온 후 1980년과 1983년 계속해서 수정·증보판을 냈다. 국어사전 편찬 및 수정·증보에는 허다한 난관과 무수한 애로가 뒤따르기 마련인데, 이 증보판은 초판에 비해 상당한 부분이 거의 개작이라고 할 만큼 대폭적으로 수정·증보 되었다. 다른 사전에서 누락되었거나, 미처 수록하지 못한 신생어나 시사어까지도 망라하여 총 31만 어휘를 수록하였고, 어문과 어법 연원 및 그 생성 변천상황까지도 상세하게 실었다.

 신씨 형제가 편찬한 삼성출판사판(초판 1975) 국어사전은 1990년대까지 대중들로부터 호응이 높았는데, 1940년대부터 장장 50여 년간 국어사전 편찬 사업에 매진해 온 셈이다. 필자가 소장하고 있는 이 사전의 판권을 보면 출판 역사가 보인다.

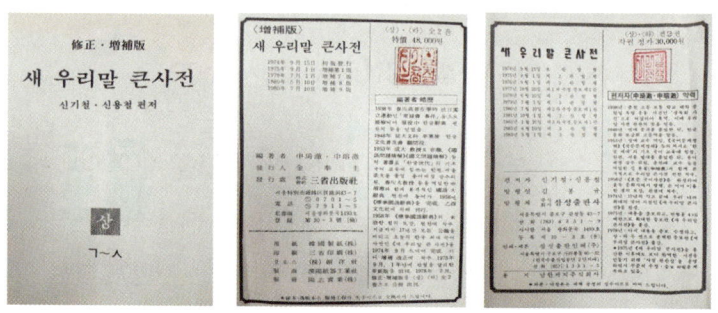

『새 우리말 큰사전』(삼성출판사, 1975)

④ 신기철・신용철 형제에 대한 평가

　신기철(申琦澈, 1922~2003)은 대한민국의 사전 편찬자로 널리 알려져 있다. 강원도 춘천 신북읍 용산리 출신이다. 1938년 춘천고등보통학교 재학 중 항일비밀결사인 상록회常綠會에서 활동하다 2년 6개월의 옥고를 치르며 형 신영철과 함께 우리말 사전 편찬을 다짐한다. 출옥 이후 형 신영철과 평생 사전 편찬에 힘썼다. 1948년 연세대를 졸업한 후 한글문화보급협회 고문을 맡았고, 1953년 성균관대학교 교수로 재직하였으나 사전 편찬에 전념하기 위해 그만두었다. 형 신영철과 함께 조사와 집필을 했던 『표준 국어사전』(1958, 을유문화사)은 1950년 형이 행방불명 된 후, 동생 신용철과 함께 국어사전 편찬에 박차를 가해 1958년 12월 10일 편찬 출간했다.

『표준 국어사전』(을유문화사, 1958)

사륙배판 1708쪽에 약 20만 단어를 담은 사전으로 발음은 필요한 경우에 표시하고 '명사'식 문법 체계를 따라 표제어를 최대한 수록하고 백과사전식으로 편찬됐다.

이후 증보 출간한 『새 우리말 큰 사전』(삼성출판사, 1974)은 이희승의 『국어대사전』과 함께 한국어 사전의 쌍벽을 이루었다. 또한 1977년부터 한국문화대백과사전을 기획해 27년간 출판을 추진해 오다 2003년 출판기념회를 앞두고 노환으로 별세했다.

다음 글은 춘천고등학교 개교 100주년에 즈음하여, 이 학교 동문으로 대선배인 신영철·신기철·신용철 형제에 대해서, 한승태 시인(춘천고 59회)이 본 책의 1차 자료를 토대로 새롭게 조사하여 정리한 글이다.

우리 말의 수호자
- 신영철 · 신기철 · 신용철 -

한글날 하면 대개 세종대왕만 떠올리지만 엄혹한 일제강점기에 한글을 아끼고 다듬어 사전을 편찬한 분이 있어 우리말은 지금 살아있다. 이에 앞장선 선구자가 춘천고 출신이다. 한글학회의 전신 국어연구학회가 주시경의 국어강습회를 이어 1908년 8월 31일 창립될 때 '국어'는 한글이었다. 1910년 일제병탄 이후에는 한글을 조선어로, 조선어강습원으로, 조선어연구회로 바꿀 수밖에 없었다. 1938년 이후 그마저도 쓸 수 없는 암혹한 시절이었다. 이 시절 우리 학교 선배들은 한글을 아끼고 지키기 위해 목숨을 내놓고 투쟁하여 우리는 아름다운 한글을 지금 불편 없이 쓰고 있는 것이다. 이 투쟁은 춘천고의 역사이면서 대한민국 한글 수호의 역사이기도 하다.

 한글은 우리 한국 문화의 기초 근원인 동시에 그것을 반영하는 거울이기도 하다. 이를 통하여 우리가 서로를 이해하고 피차의 심금을 울리어 하나로 결합하여온 동포애 · 민족혼의 연줄이기도 하다. 그 말소리는 우리가 나면서부터, 아니 우리 겨레가 생기던 때부터 우리와 함께 자라온 친숙한 음성이요, 그가 지닌 바 심오한 내용은 또 하나의 세계, 곧 얼의 세계로 이끄는 오직 하나의 길잡이인 것이다. 그러므로 우리가 국어의 낱말을 하나 하나 음미하여보는 것은, 우리 겨레가 먼 옛 조상 때부터 대대로 이어받은 얼의 세계에 소풍 하는 즐거움이 아닐 수 없다. 한 줌의 모래, 한 알의 돌도 다정한 조상의 땀 밴 자취요, 한 마디의 속담, 한 가닥의 민요도 애틋하게 사무치는 민족의 숨결이다.

(신기철·신용철 편저,「표준국어사전」1958년 머리말 중에서)

 신영철(1917~1950)과 신기철(1922~2003), 신용철(1927~1994) 형제는 대한민국의 독립운동가이자 국어학자. 강원도 춘천군 신북면 용산리 5통 1호에서 아버지 신구현(1889~?)과 어머니 이승자 사이에 3남과 4남, 5남으로 태어났다. 그들의 맏이는 신옥철(춘천고 1회 졸업, 광복후 6대 국회의원, 2대 춘천시장)이고, 셋째 신유철(1915~1937), 넷째 신영철(7회 졸업), 다섯째 신기철(12회 졸업), 여섯째 신용철(17회 졸업)과 여동생 신제철이 있었다. 형제는 모두 춘천공립보통학교를 마친 뒤, 춘천공립고등보통학교(이하 춘천고)에 입학해 졸업하였다. 셋째부터 형제들은 '상록회'를 주도했으며, 신영철과 신기철, 신용철 형제는 우리말 연구에 평생을 바친 국어학자다. 1950년 전쟁에서 넷째 형 신영철이 행방불명되고, 이후 신기철과 신용철이 그 결과물을 정리하여 1958년「표준 국어 사전」과 1974년「새우리말 큰사전」, 1999년「우리문화대사전」편찬을 하여 우리말 수호

역사에 우뚝 섰다.

　분단체제의 질곡은 남북의 민족주의자의 족쇄였다. 남북 어디에서 환영받지 못했고 제대로 조명되지 못했다. 신영철도 마찬가지다. 신영철은 한국전쟁 중에 납북 또는 행방불명되었고, 북측의 말에 따르면 전쟁 기간 중 돌아가신 걸로 판단된다. 많은 애국열사, 독립투사가 일제시기에는 독립운동에 참여하다가 옥고를 치르고, 해방 뒤에 다시 독립국가의 토대를 세우고자 노력하셨다. 신기철은 형이 전쟁으로 행방불명 된 이후 형과 같이하던 사전 편찬 작업을 동생 신용철과 함께, 1958년「표준국어사전」과 1974년「새우리말 큰사전」을 편찬하였다. 같이 하던 동생 신용철이 1994년 죽자 홀로 1999년「우리문화대사전」를 편찬하고 2003년 미국에서 자료를 찾다 안타깝게 과로로 쓰러졌다.

　광복 후 80여 년이 되어가는 지금도 애국지사들을 기리지 못하는 것은 민족의 수치다. 그들의 피와 땀과 희생이 있었기에 우리는 말과 글을 가지고 내 땅 내 나라에 살고 있다. 당연히 그들의 희생과 노고에 의해 받은 것을 돌려주어야 할 때이다. 지금부터라도 세 형제분의 외롭고 높고 쓸쓸한 그러나 의로운 업적을 우리 동문이 나서 기려주었으면 좋겠다.

　신기철의 형인 신영철은 1932년부터 조선어학회 기관지인 <한글>지를 구독, 1934년 9월에는 <한글>지에 <선어를 조선어로>, 같은 해 10월에는 <언어의 독립> 등을 기고, 일제가 조선어를 '선어(鮮語)'로 조선의 글자를 '언문'으로 부르는 것을 비꼬며, 일본어는 '본어(本語)'인가라고 비판하였다.

　그는 일제가 우리글을 비하하여 사용하는 '언문'이라는 말을 자전에서 뽑아내고, '한글'로 일제히 고치자고 주장했다.

국어학자 신영철

  1933년 한글날에 발표된 <한글맞춤법 통일안>에 의거하여 우리글의 철자법이 통일되어야 한다는 요지의 '축사'를 19호 <한글>지 12월호에 발표한다.
  1935년 4월 춘천공립고등보통학교를 졸업한 뒤, 고향 근처에서 면서기로 잠시 근무하다. 동년 10월에 <한글>지에 우리말사전 편찬에 관심을 촉구하는 글인 '우리의 문화를 빛내자-사전 편찬에-협조하라'는 글을 발표하고, 문맹타파를 역설하고자 '글장님을 없애자'는 글을 <한글>지 1936년 4월에 발표한다.
  1936년 8월부터 조선의 독립을 달성하고자 춘천고 동창생인 이홍채, 박우홍, 이종식과 회합을 갖기 시작하고 조선어학회에 일하겠다고 혈서를 보낸 뒤, 1936년 9월 서울로 무작정 상경한 그는 조선어학회의 국어학자이며 <한글>지의 주필이었던 환산 이윤재 선생에게 우리말과 글의 중요성을 체험적으로 익혔다. 이극로 박사도 그를 신문사의 주필감이라 극찬하였다고 한다.
  1937년 1월 <한글>지에 '조선어사전 촉진론'을 발표하고 1937년 6월까지 서울에 머물다 1937년 6월에 고향 춘천으로 돌아온다. 이후 사법서사인 아버지의 조수로 근무하면서 민족운동을 본격적으로 전개했다.

1937년 8월부터 조선의 독립을 달성하고자 이홍채, 박우홍, 이종식과 정기적으로 회합을 가졌다. 1938년 9월 24일에는 춘천중학교(춘천고 전신) 생도 7명(독서회원)에게 조선의 독립을 역설하는 연설을 했다. 회원들에게 조선독립 달성은 민족문화의 재건에 있는데, 그 방법은 한글의 연구와 보급에 달려 있다고 역설했다. 이에 일제 경찰은 1938년 10월 19일에 신영철 등 4인을 춘천의 중학교 동맹휴학의 배후로 지목하고 '비밀결사 무명그룹사건'으로 규정, 치안유지법 위반으로 검거했다. 이때부터 신영철은 동생 신기철과 함께 우리말 사전을 반드시 펴내겠다고 감옥에서 다짐한다. 1939년 4월 19일 일제의 검찰에 송치되었고, 5월 1일 기소되어 1940년 1월 17일 신영철은 징역 1년 6개월 형을 언도받고 옥고를 치렀다. 그 뒤 3년간의 집행 유예를 치렀다. 춘천에서 칩거하다가 해방을 맞았다.

신영철은 광복 후 모교 국어교사로 있다가, 1946년 4월부터 조선어학회의 <한글> 잡지 편집과 사전 편찬 업무를 담당했다. 같은 해 7월 조선어학회 회원으로 입회했다. 1947년 조선어학회가 지은 『조선말 큰 사전』 1권이 나오는데 기여했다.

1948년 3월부터 조선어학회의 <한글> 편집과 사전 편찬 위원 활동을 마무리하고 중앙대학교의 국문학과 주임 교수로 부임하였다. 1949년 4월 조선어학회의 자매단체인 한글문화보급회의 위원장으로 활동하였다. 명예 위원장으로 안재홍, 설의식이 맡았다.

신영철은 그의 형 신유철과 스승 이윤재에게 민족주의 교육을 받았으나 그는 타고난 문재(文才)이기도 했다. 그는 수많은 잡지에 한글 사랑에 대한 글을 많이 실은 한글 계몽운동의 선구자로 해방 이후 신문과 잡지에 한글전용 정책의 정착을 주장했다. 1948년에는 한글날을 기해 '조선어학회 신영철'이라는 직책으로 '한글송'이라는 연시조를 지어 한성일보에 다음과 같이 발표했다.

오백 해 겪은 풍파 옛일로만 여길테나
오늘도 부는 마음 어이 놓으리오
되묻은 한글의 깃발끝 지키는 이 몇이뇨!

철창 찬마루에 발끝이 끊어질제
서리찬 유리 위에 익혀 그린 한글공부
눈물도 어려피어서 꽃무늬를 그렸네

앵무새 아니언만 남의 말 남의 소리
헐벗고 굶주리며 아첨의 혀 배우다니
가시관 쓰고 가오신 임의 자취 새롭네

아아! 한글의 깃발은 피에 젖어
우리의 가는 앞길 선두높이 휘날린다
한글에 한글나라에 자유영광 빛나라!

잠 깨인 친구들아 한길로만 달렸으라
이 깃발 빛난 앞길 막을 자 없으리니
한글의 겨레 힘차게 쏜살같이 내닫세!

그 외에도 1946년 미군정청 노동부에서 전국 공모한 '노동의 노래' 1등 당선작으로 뽑히는 등 남다른 문재를 보였다.

신영철은 1950년 8월 16일 중앙대학교 국문학과 주임교수로 재직하고 있다가 인민군에 납치되었다고 하는데, 여동생 신제철의 증언에 의하면 신영철은 6·25전쟁 전에 경찰 전문학교에서 국어 강의를 담당하였기에 화근이 되었을 것이라 추측하기도 하고, 또 한편으로는 북에 있던 고루 이극로 박사가 그를 아껴서 부르지 않았을까? 추측하였으나 2011년 동생 신기철(1922~2003 독립유공자)이 생전에 북측 인사에게 형의 안부를 묻자 "북에 오지 않았다"라는 답변을 들었다고 한다.

현재 "한국전쟁납북사건자료원" 납북자 명단에 한글문화보급회 위원장이고 대학 교수인 신영철이 1950년 8월 16일에 북측에 의해 납치되었다고 기록되어 있지만, 6·25 전쟁기간 중에 행방불명(사망)되었지 않았나 판단된다. 그는 저서로 『고시조신석』(1946. 연학사), 『고문신석』(1947. 동방문화사),『신문장강화』(1950. 동방문화사)를 남겨 해방 후 한글 문학을 아껴 널리 펴고, 우리글의 모범을 만들려고 노력한 것을 알 수 있다.

『고시조신석』, 연학사(1946)

『고문신석』, 동방문화사(1947)

『신문장강화』, 동방문화사(1950)

신기철은 신영철과 함께 사전 편찬을 시작했지만, 형의 행방불명 이후 동생 신용철과 사전을 편찬하게 되었고, 출간 후 두 형제의 감회는 다음과 같다.

언젠가 『신영 대사전』, 『웹스터 백과사전』 등 외국에서의 사전 편찬의 위업을 기리며, 우리도 저렇듯 정비된 큰 사전을 편찬할 수 있었으면 하는 선망(羨望)의 정이 움직여, 기필코 이 일을 하여 보리라는 아름다운 꿈을 안았던 것이니, 오늘에 생각할수록 기이한 인연의 시작이던 것이다. 돌아보아 그저 느꺼울 뿐, 말문도 막히고 온 몸의 맥이 풀리어 다만 엎디어 호곡하고 싶은 심정일 따름이다.

고요히 돌아보니 벌써 이석(二昔)의 옛일이 되었다. 미숙한 학생으로서 민족 문화에 뜻을 두고 항일 투쟁을 꾀하다가 '상록회·무명회' 사건으로 형제 함께 투옥되었던 것이니, 저 학창 시절에 있어서 민족 문화의 앙양을 지향하던 그 한 조각 결심이 바로 오늘의 시작이던 것이다. 영어(囹圄) 4년의 고초를 겪고 다시 대학을 마치는 동안 끝내 첫 뜻을 갈지 않았고, 해방의 감격을 깊이 살리기 위하여 국어사전 편찬의 대업을 발원하게 되었다. 학교를 나온 뒤는 직장은 몇 번 바뀌었건만 한결같이 카드 작성에 노력하였다. 전란을 겪고 휴전 후 서울을 수복하면서 그 뒤 대학 강의도 그만두고 이제까지의 카드를 일제히 정리하고 다시 문헌의 수집, 어휘 채록(採錄) 등 각반으로 새로운 활동을 시작하였다. 그러나 사회적으로 급격한 혼란 변동은 그대로 국어에 반영되어 신진대사의 극심한 변화를 따르게 하였다. 먼저는 중요한 항목이던 것이 이제는 마땅히 삭제하여야 되었고, 실어야 할 항목에 있어서도 그 내용과 가치에 많은 변화를 보여, 증보 또는 축소하지 않을 수 없게 되었다. 게다가 새로운 어휘는 날로 쏟아져 나와 이루 다룰 겨를이 없었고, 잠깐 나타났다 갑자기 없어지곤 하는 사회 백반의 사물과 현상이 편찬실을 곤혹케 하였으니, 혼란기에 있어 부득

이 한 자연의 모습이던 것이다. (중략)

 발원의 기원이었고 지도의 스승이던 위정 형님(신영철)은 이제 어디 계신가. 북천을 바라보매 애끊는 심정 가이없으니,, 흐르는 두 눈, 아니 네 눈의 눈물은 그칠 줄을 모른다.

 해방과 더불어 일제의 잔재는 일소되었어야 했지만, 미군정과 정부의 수립에도 법제와 학술 용어 등은 일제의 용어를 그대로 사용하였다.

 선배들은 이것이 순 국어사전이 아니고 고유명사까지 실어야 되는 백과사전적인 사전이니만큼, 이렇듯 혼란이 많은 사회 현상으로부터 받는 바 편찬상의 곤혹과 당황은 당초 예상한 바의 몇 갑절이었다. 새로운 사태, 새로운 어휘에 대한 정확한 해설의 자료도 얻기 어려웠고 옛 제도에 관한 것은 더욱이 힘들었다. 상고사(上古史)에 관해서는 학설이 분분하고 일정치 않은 것도 허다하여 채택에 고민이 늘어가고 시간을 늦어졌다고 한다.

 애당초 확고한 경제적 기반에서 착수한 사업이 아니라, 해를 거듭하는 동안 업무와 생활에 물리적인 고난이 날로 더하여 숨 막히는 고비에서 허덕였다. 친척·지기(知己)·사회 특지가(特志家)의 끊임없는 성원과 적지 않은 물질적 지원에도 불구하고, 빚은 불을 대로 불어 옴짝달싹 못하게 되었다.

 편찬 자료의 수집, 원고 작성의 곤란은 고사하고 식생활의 위협을 느끼며, 그 때마다 붓을 놓고 하늘을 보며 탄식하기를 헤아리기 어려웠다고 한다. 격려와 원조를 아끼지 않던 이도 10년 세월이 넘으니 자연 소원(疏遠)하여질 밖에 없었고, 믿고 바라던 사람마저 사업의 완성을 의심하였다고 하니 그 심정이 어떠하였겠는가.

 한 번 시작한 일 목숨 있는 날까지 이어 할 따름이었으니, 독일 그림(Grimm) 형제의 지난 일로써 서로 격려도 하고 위로도 하였다. 이렇게 일

희일비 하는 동안에도 봄가을은 자꾸 바뀌어, 옥고를 치르던 서대문 형무소의 붉은 담과 금계산의 솔빛을 바라보면서, 주야 없이 채찍하며 완성되었다는 감회가 아프게 다가왔다. 이렇게 완성된『표준국어사전』은 매년 수정하여 1852면의『우리말 큰사전』을 1974년 서울신문사에서 펴내었다.

신기철은 여기서 그치지 않고 1975년 이후 한글을 넘어 민족문화를 향한 집념은 삶의 마지막 순간까지 남북을 포함한 민족문화를 집대성하는『한국문화대백과사전』편찬을 목표로 세웠다. 20여 년간 자료를 수집하고 집필한 결과 전 10권, 2백자 원고지 1212만 장 분량의 사전도 1999년 편찬 출간하였다. 이러한 그의 공훈을 기리어 국가에서는 1977년엔 대통령 표창을, 1990년엔 건국훈장 애족장을 수여했다.

신씨 형제는 일찍이 옥스퍼드 대학교 출판사의『옥스퍼드 영어사전(Oxford English Dictionary, OED』과 노아 웹스터(Noah Webster)의『미국 영어사전』, 동화작가로 유명한 독일 사람인 야코프 그림(Jacob Grimm)과 빌헬름 그림(Wilhelm Grimm) 형제가『독일어 사전』을 편찬한 선지식을 바탕으로 우리말 국어사전 편찬의 사명을 갖게 되었고 그것을 온 생애로 증명하였다.

한 나라의 국어사전은 곧 민족문화의 집대성(集大成)인 동시에, 민족문화의 창조 바로 그것이기도 하다. 따라서 국어사전의 대소와 내용 여하는 곧 그 나라 민족문화의 척도(尺度)이며 상징(象徵)이다. 이 대단한 업적을 춘천고의 선배께서 이루어내신 것이다. 이 글을 쓰는 나 또한 선배의 업적으로 한글로 글을 쓰며 문학인으로 살고 있는 것이다. 우러러 경의를 표한다.

2) 을유문화사의 소사전

을유문화사는 우리나라 사전 편찬의 초석을 만든 대표적인 출판사다. 그 토대가 『큰 사전』이다. 결국은 이 『큰 사전』을 원천으로 하여 작은 사전을 편찬한다. 그 대표적인 것이 아래의 『국어 소사전』이다. 이후 을유문화사는 사전 편찬보다는 을유문고, 한국사, 세계문학전집(전100권) 등에 역점을 두었다.

『국어 소사전』(초판, 1959)

이 사전은 학생을 대상으로 제작된 우리나라 최초의 포켓용 사전이다. 머리말을 보면, "당시 국어사전으로 『큰 사전』, 『중사전』 등, 실로 그 종류가 많지만, 각급 학교 학생들의 학습용이나 일반 교양인들의 실무용으로, 항상 몸에 지니고 다니며 언제 어디서나 마음 내키는 때 찾아보기에 편리하도록 만든, 곧 새 시대의 학습과 실용상 좋은 벗이 되기에 알맞은 국어사전은 일찍이 하나도 없었다"고 밝히며, 소사전이지만 사전 형식을 모두 갖춘 것으로 보여지며 다음과 같은 특징을 담고 있다고 했다.

1. 새 시대에 알맞도록 다각도로 연구하여 꾸몄다.
2. 수록한 말수가 『큰 사전』 또는 『중사전』 못지않게 풍부하다
   (책 이름이 비록 『소사전』 일지라도 책의 겉보기가 '소(小)'이지, 내용은 제법 올차 있을 것이다)
3. 낱말 하나하나의 풀이를 자세히 하였다.
4. 각급 학교 교재에 실린 말을 총망라하였다.
5. 새말·학술어·외래어 등 폭을 아주 넓게 다루었다.
6. 중요 인명·지명·책명 등을 모조리 수록하였다.
7. 예문·속담 등을 많이 수록하여 풀이의 이해를 돕고, 낱말 활용의 편의를 도모하였다.
8. 반대말·상대말·같은말·비슷한말·원말·변한말·틀린말 따위를 넣어 풀이의 이해를 도우면서 아울러 참고가 되게하였다.
9. 다른 사전에 틀린 부분을 일일이 바로잡아 완벽을 기하였다.
   (1959년 3월 17일, 편찬 대표자, 이영철·한영선 씀)

이 사전이 비록 소사전이지만, 감수를 거쳐서 제작되었음을 밝히고 있다. 감수자인 이숭녕 박사는 소사전 발간에 대해 사전의 좋고 나쁘고는 결코 외모의 치장만으로 평가될 것은 아니며, 그 보다 내용의 질이 더 큰 기준이 될 것이어서, 그 풀이가 정확하고 균형이 잡혔느냐가 문제라고 하였다.

그리고 감수자는 이 사전에 대한 자세한 설명을 덧붙였다.

"다행히 을유문화사는 이미 『큰 사전』(한글학회)에서 경험을 쌓고, 또 『표준 국어 사전』(신기철 형제)에서 귀중한 체험과 자신을 가지게 되었다. 그러나 가지고 다니기 어려울 정도의 방대한 사전을 만들고 보니, 우리는 일반 여러 사람과 고등·중등학교 학생과 초등학교 상급생을 위한 볼 만한 사전이란 아직 나오지 않은 것에 느낀바 컸으며, 학생의 요구를 충족시킬 수 있는 사전이 어느 모로 보아도 절대 필요한 것임에 비추어, 여기 학생들이나 누구나가 가지고 다니기에 알맞을 정도의 작은 사전을 엮은 것이다.

작은 사전이라고 하면 으레 말 수도 적고 풀이도 충분하지 않을 것을 예상하기 쉬우나, 이번 사전은 그 어휘 수에서 대형의 사전과 맞서며, 일반교양에 알맞을 가장 균형 있고 정확한 사전이라고 하겠다. 특히 사전 내용의 균형에 있어서, 서로 여러 차례의 검토를 거듭한 것이니, 이 사전이 아마도 출판계의 첫 시험일지 모른다. 그러므로 안심하고 이 사전을 전 학생과 일반 국민 앞에 내놓아 자랑할 수 있다고 믿는다"

(1959년 3월 1일, 이숭녕)

당시 출판계에서 사전을 발간할 수 있는 출판사로서 을유문화사는 다양한 사전을 발간했으며, 사전 발간의 폭을 넓혔다는 면에서 의의가 크다.

3) 민중서림의 국어사전

 민중서림의 국어사전은 이희승 박사가 편저한 국어사전을 시작으로 해서 현재까지도 함께 해 오고 있다. 그만큼 이희승 박사가 편저한 국어사전은 그 위상이 높다고 보겠다.
 1933년 조선어학회가 한글 맞춤법 체계를 통일하여 작성한 이후, 이를 기준으로 한글학회 『큰 사전』(전6권 1947~1957), 신기철·신용철 『표준 국어사전』(1958)과 『새 우리말 큰 사전』(1983), 이희승 편저 『국어 대사전』(1961) 등이 지속적으로 나왔다.

이희승 편저, 『국어 대사전』 민중서림(1961)

 이희승이 편저한 대사전은 초판이 1961년에, 수정 증보판이 21년 후인 1982년, 다시 12년이 지난 1994년에 제3판 수정판이 출간되었다. 그 사이에 출판사도 '민중서관'에서 '민중서림'으로 판권이 넘어갔는데도 수정·보완이 지속적으로 이루어졌다. 사전이 재탄생 될 수밖에 없는 언어의 역사성과 사회성을 증명하는 듯 하다.

특히 1988년 1월 문교부에서는 '한글 맞춤법'과 '표준어 규정'을 확정 고시하여, 1년 뒤인 1989년 3월 1일부터 시행하기로 하였다.

어문 시책의 대변혁을 계기로 사전 편찬은 새로운 규정 시행 시기에 맞추어서 이들 규정을 전폭적으로 수용한 개정판을 내게 되었는데, 이희승 편저『국어 대사전』도 사회적인 변화에 맞추어 수정 증보판에 이어 3차에 걸쳐 편찬되었다. 또한 이희승 박사 작고 이후에도 민중서림 편집국을 중심으로 초판부터 함께했던 편집진 43명, 수정 증보판 51명, 제3판 38명 등 각 분야의 전문 연구자들이 투입되어 계속해서 새롭게 교체되며 오늘에 이르렀다.

① 국어사전의 현대적 초석을 만든 이희승의『국어대사전』

이 사전은 우리나라에서 사전을 전문적으로 기획·편찬하는 민중서림(前 민중서관)이 출판한 사전이다. 편찬과 출판은 민중서관(民衆書館)의 사장 이병준(李炳俊)의 기획 아래 오직 사전이 지닌 겨레의 문화적 의의와 출판사로서의 권위를 생각하여, 전연 수지를 도외시(度外視)하고 추진한 사업이라고 한다. 그리하여 편저자의 종합된 기획 아래 편찬에 착수한 것이 서기 1956년 5월 7일, 오늘에 이르기까지 실로 100여 명 인원의 협력을 얻어, 근 6년이란 세월을 들여서, 이에 완공(完工)을 보게 되었다고 밝혔다.

특히 이 사전은 기존 사전 편찬 시스템을 혁신적으로 하여 다양한 분야의 전문가들이 참여해서 만든 사전임을 강조하였다.

 식물에 관한 어휘는 성균관대학교 교수 정태현(鄭台鉉), 동물에 관한 어휘는 고려대학교 교수 조복성(趙福成), 어류(魚類)에 관한 어휘는 동국대학교 교수 정문기(鄭文基), 고제도(古制度)에 관한 어휘는 이화여자대학교 사학 교수 김성준(金成俊), 고어 및 방언에 대하여는 이기문(李基文)·김완진(金完鎭)·이승욱(李承旭)·안병희(安秉禧) 등 여러 전문가가 각각 집필하였고, 원고 정리와 검토(檢討)를 끝내고 공장에 넘긴 것이 1959년 7월 30일, 수록된 어휘의 총수 23만을 훨씬 넘는 방대(尨大)한 분량과 광범하고 주밀한 실질(實質)을 갖춘, 글자 그대로 대사전을 만들었다.

이희승 편저, 『국어대사전』, 민중서림(1961)

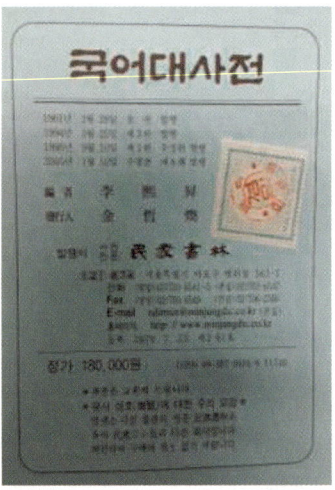

 또한 사전의 교정은 평균 9교를 거듭하여 오류(誤謬) 없기를 기(期)하였거니와, 가장 새롭고 충실한 사전이 되게 하고자, 교정 도중에도 수없이 원고가 첨삭(添削)되고 개서(改書)되었다고 밝혔다.

그러면서 이와 같은 커다란 사전 편찬에 있어서는 기획성(企劃性)과 지속성(持續性) 및 통일성(統一性)이 절실히 요청되는바, 편저자로서 그 임무(任務)를 온전히 다하였음을 1961년 11월 편저자 이희승은 적고 있다.

또, 이 사전에는 편저자 이희승 박사와 협력한 편집진용의 명단을 함께 실었는데, 국어사전의 전문성과 보편성을 강조한 것으로 보인다.

편저자를 도와 이 사전 편찬에 협력한 편집진용

姜舜植 金承嬉 石 松 李淳泰 崔根培 高在聲 金英淑 成耆說
李鍾琳 韓榮珣 高昌範 金榮柱 孫世一 林大植 許 燁 權榮植
金寅準 宋基文 林炳潤 洪和植 權重嶽 金株奉 申東澔 林英茂
金慶順 金泰珠 柳春子 張憲澤 金基業 南啓鎬 尹錫萬 丁海重
金基榮 朴光玉 李康光 趙南喆 金命桓 朴一俊 李相斐 趙英來
金福植 石凡鎭 李錫元 曺耀陽 (무순)

② 『국어대사전』(수정 증보판, 1982)

이희승 편저, 『국어대사전』, 민중서관(1982)

 이 사전의 초판이 1961년에 나왔는데, 21년 후인 1982년에 수정 증보판이 나왔다. 방대한 분량의 국어사전으로 20년이 지나 새롭게 증보한 사전은 매우 드물다고 하는데, 이 사전 발간 취지에서 "1961년 12월 28일 그 초판(初版)을 발행한 지 벌써 만 20년의 세월이 흘렀으므로, 오늘날의 현실적인 국어와 상당한 정도의 어긋난 점이 없지 않을 것이다. 그리하여 사전의 수정이나 증보가 결코 용이한 사업이 아니지만, 일찍부터 만난(萬難)을 무릅쓰고, 이 계획을 추진하여 온 지도 또한 10년에 가까워, 이제 새 면모(面貌)를 가다듬어, 애용자 여러분 앞에 현신(現身)하는 바다"고 하였다.

특히 이 사전은 "관용어의 채집·정리에만도 십 수 년의 세월을 소비하여, 이 개신판 사전에 수록하였으므로, 이 점만으로도 우리 국어사전 편찬사에 새 시기(時機)를 만들어 냈다고 자부하는 바다"고 했다.

이 사전의 수정 작업은 10년 전 민중서관(民衆書館) 시대에 착수하여 계속 추진하다가, 불행히 민중서관이 문을 닫게 되어, 일시 중단 상태에 빠졌다가 판권 일체가 민중서림(民衆書林)으로 넘어오게 되어, 구판을 계속 출간하는 동시에, 수정 작업도 지속적으로 추진하여 오늘날 완성의 경지에 이르게 되었다고 이희승은 밝혔다.

이 사전이 탄생되는데 있어서 편저자 이희승 박사와 협력한 편집진용의 명단을 함께 실었다. 그만큼 이 사전은 수정 증보판으로 더 새로운 사전임을 강조하고 있다.

편저자를 도와 이 사전 편찬에 협력한 편집진용

慶昶浩	兪承在	鄭允朝	高杰柱	柳熙貞	鄭幸龍	權五甲
尹次鉉	陳錫柱	金東憲	李起勝	車光秀	金英模	李富榮
蔡泰錫	金在潤	李義根	崔昌碩	金澈鎬	李貞甲	韓季珠
金哲煥	李泰周	黃龍夏	金泰珠	林根澤	金鴻烈	林大植
文祥奉	林昌雨	朴建鎬	張宇淳	朴太玉	張鎭源	白台熙
全大植	徐幸子	全東天	安在昶	田在萬	梁在成	鄭永鎭

(삽화)
權孝明　金美香　金永俊　宋　勳　柳亨九　李相協　崔衡根

③ 『국어대사전』(제3판, 1994)

　국어대사전은 새롭게 판을 바꾸어 제3판에 이르렀다. 그동안 과정을 보면, 1954년 5월부터 시작하여 6년여 각고刻苦 끝에 1961년 민중서관에서 『국어 대사전』 초판이 간행되었을 때, 학계는 물론이거니와 온 겨레로부터 격찬激讚의 소리가 대단했었다. 그도 그럴 것이 여기에는 고대의 이두吏讀와 고어古語로부터 현대어에 이르기까지의 수많은 낱말들과 방언, 속어 및 각종 전문어들이 총망라되었음은 물론, 3,400여 면에 이르는 방대한 양을 독자의 편의를 위해 단권單券으로 수록해 내었기 때문이었다. 이 사전은 초판 간행 즉시 1962년 한국일보사가 제정한 '한국출판문화상'을 받았다. 사전으로는 유일한 것이다.

　그 뒤 『국어 대사전』은 우리나라를 대표한 국어사전으로서 지위를 확고히 다지면서 출판계와 일반 독자들의 대환영 속에 판을 거듭했다.

　수정 증보판(1982)에는 판형을 4·6배판으로 키우고, 면수도 4,400여 면으로 불려서 명실공히 사서辭書의 진면목을 보여 주는 대사전을 또다시 단권으로 간행하였다. 더욱이 1986년에는 문교부 고시로 '외래어 표기법'이 개정 공표되었고, 뒤이어 1988년에는 '한글 맞춤법'과 '표준어 규정'이 공표되매, 무엇보다 이에 따르는 개정 작업이 또한 시급한 형편이었다.

　더 큰 문제는 1989년 11월 27일, 편자인 일석 이희승(一石 李熙昇) 박사의 서거逝去를 맞는 슬픔까지 겪어야 했다. 하지만 개편 작업의 손을 늦출 수는 없었다. 다행히 초판 당시부터 줄곧 본사전 편찬을 주관해 온 유한성劉漢成 전 상무의 계속적인 주도하에 일은 순조로이 진행되어 비로소 새 모습을 드러내게 된 것이다.

 사전편찬 사업을 해오면서 사회 각 분야의 도움을 받았음을 밝혔다, 특히 어원을 밝히는 작업을 위하여 애서 주신 국립국어연구원의 안병희安秉禧 원장, 한국정신문화연구원의 송기중宋基中 어문 연구실장 및 서울대학교 국어국문학과의 이현희李賢熙 교수에게 감사드리고, 아울러 자료를 제공해 주신 국립국어연구원, 통일원, 내무부를 위시한 각 단체·기관에도 고마움을 표하였다.

(1994년 1월, 민중서림 편집국)

제3판 편찬에 협력한 편집진용

高杰柱	金珉政	金鉉永	白台熙	俞活蘭	李泰煥	韓榮珣
高明秀	金相鏡	安京喜	尹次顯	田在萬	黃圭顯	權榮植
金雲英	朴建鎬	安在昶	李聖淑	全昌鎭	權孝明	金英模
朴美貞	梁在成	李英淑	鄭允朝	權熙星	金玉仁	朴宣暎
廉京子	李宜貞	趙麟端	金東憲	金泰珠	朴恩京	柳一香
李泰周	崔鍾漢	南宮貞心				

④ 휴대용 국어사전의 등장

『포켓 국어사전』(1964)

 민중서림(전 민중서관)은 1961년에 발간한 편저자 이희승『국어 대사전』수정판을 지속적으로 내면서 그 경험을 바탕으로 1964년부터는『포켓 국어사전』을 펴냈다.
 또 1974년부터『포켓 국어사전』을『엣센스 국어사전』으로 새롭게 편찬, 기획하여 출간하였다.
 『포켓 국어사전』은 문학박사 이희승 감수, 민중서관 편집국 사전부가 편저자로 해서 1964년부터 출간하였다.

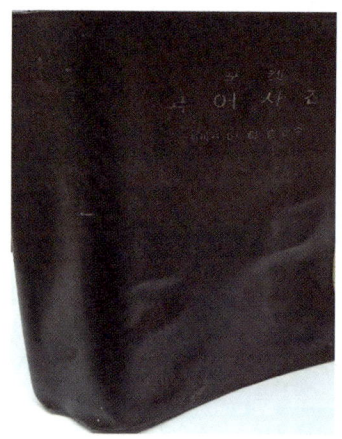
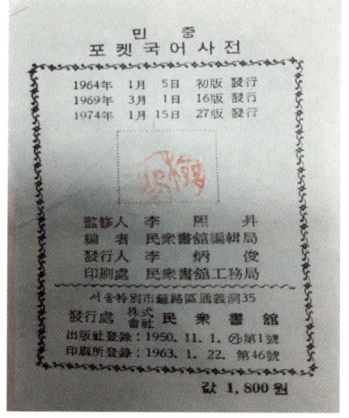

 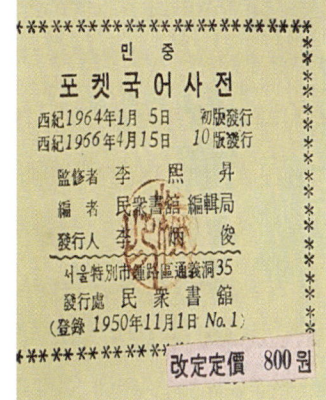

이희승 감수, 『포켓 국어사전』(1964)

 이 사전은 보다 실용적이고 대중적이며 간편한 사전 편집을 기획하여 삼오판三五版 1500면에 집약된 포켓판 국어사전을 내놓게 되었다. 앞서 대사전 편찬 때 얻은 경험을 최대한으로 활용하여, 극히 제한된 적은 지면 안에 최대 다수의 많은 어휘를 수록한 것이 이 사전이라고 했다.

 포켓사전은 국어의 근간을 이루는 주요어를 중심으로 하여 어휘를 엄선해서 13만2천 단어를 추렸는데, 그 범위는 중세로부터 현대에 이르며, 또 널리 자연 과학·사회 과학·인문 과학이 여러 부문에 걸쳐 현대 생활 전반의 일반어에 미친 것으로, 능히 "필요하고 충분한" 어휘를 총망라하였다.

 그리고 여기에 되도록 간결하고 명확한 주석으로서 어의(語義)와 어감(語感)의 정확한 해석을 베풀어서, 가위(可謂) "현대인의 표준어 사전, 현대어의 표준 사전"을 이룩하고자 온 정성을 기울였다고 한다.

 이 사전의 특색이라 할 점은, 찾아보는 데 편리하도록 한 단어의 복합어와 파생어 들을 한 자리에 모아서 실은 것이다.

 또 될 수 있는 대로 많은 용례를 들어서 말의 올바른 쓰임을 생생하게 보였다. 특히 한 말로서 둘 이상의 뜻을 갖는 말에는 각기 꼭 들어맞는 용례를 실어서 뜻의 구별을 한층 명백하게 하였다. 그리고 한 말이 내포하는 여러 갈래의 뜻을 세세히 분류·분석하여 은연중에 그 말의 생장(生長)과 뜻의 변천을 확연히 알게 하였다. 또한 체재 면에서도, 신체(新體) 5.6 포인트 활자를 사용하여 선명한 인쇄로 옹골찬 내용을 담았음을 강조하였다. (1963년 12월 17일, 민중서관 편집국 사전부)

 이 사전 또한 이희승 박사가 감수하였는데, 감수자는 『국어 대사전』을 편찬한 책임자로서, 이러한 새로운 유형의 간편한 포켓판 국어사전을 간행하려는 민중서관의 기획에 흔쾌히 찬동하고 그 감수 책임을 맡은 것인데, 이 사전이 보다 좋은 사전이 되기 위해, 편찬 당초부터 오늘에 이르기까지 가능한 성의를 다하여 편찬에 조력하였으며, 또한 감수에 온 정성을 기울여 왔다고 자부한다고 밝혔다. (1963년 12월 24일, 감수자 이희승)

『엣센스 국어사전』(1974)

 『포켓 국어사전』은 1974년부터 사전 이름을 『엣센스 국어사전』으로 해서 새롭게 편찬을 기획하여 출간하였다. 감수자는 이희승 박사가 했으며, 편저는 민중서관 편집국에서 했다.

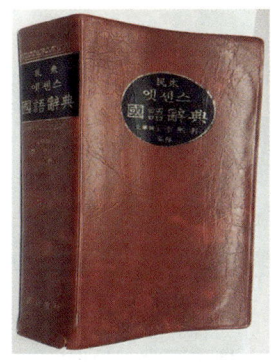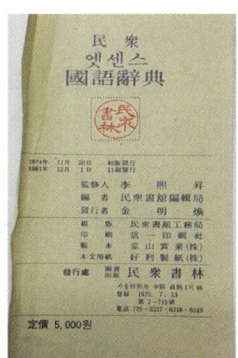

이희승 편저, 『엣센스 국어사전』(1974)

이 사전을 엮음에 있어서, 앞서 간행한 『포켓 국어사전』의 뛰어난 내용을 그대로 살리면서, 다음과 같은 점에 특히 유의하여, 면모(面貌)를 새롭게 하였다.

그 특징을 보면, 첫째, 현대어·신어·시사어·외래어를 광범위하게 수집하여 일상생활에 필요한 모든 분야의 말을 수록하였다. 둘째, 어의(語義)의 해설은 간명 정확을 기하는 동시에, 적확(的確)한 용례를 크게 늘려, 어의 이해에 도움이 되게 하였다. 셋째, 한자어가 많이 포함되어 있는 우리말의 한자의 중요성에 착목하여, 문교부 제정 중학교·고등학교용 한자 1,800자를 따로 내세워 실음으로써, 한자말을 구성하는 단위(單位)로서 한자 기능을 밝혔다.(1974년 10월 9일, 편자 씀)

이 사전도 감수 단계를 거치면서 국어사전으로서 객관성을 확보하는 등 편찬 전통을 잇고 있는데, 이희승은 사전을 편찬하는데 있어 또 다른 자부심을 보였다. 머리말에 그 내용이 보여 진다.

앞서 본인은 민중서관 간행의 『국어 대사전』을 편찬한데 이어, 『포켓 국어사전』 감수의 임무를 맡아 본 일이 있거니와, 사전은 우선 간명(簡明)하고도 광범하여야 되며, 알찬 가운데 간편함을 잃지 말아야 하고, 복잡한 속에서 본연의 순수성을 지녀야 할 것임을 본인의 사전 편찬에 임하는 확고한 신념이다. 이에 『엣센스 국어사전』의 감수를 또 맡음에 있어, 그 빈틈없는 면밀성과 상호 유기적인 연락, 그리고 일사불란(一絲不亂)의 체계에 경탄의 마음을 금하지 못하면서, 이 사전이 보다 좋은 사전이 되게 하기 위하여, 편찬 당초부터 오늘에 이르기까지 온갖 성의와 노력을 기울여 왔다고 자부하는 터이다. (제28회 한글날에(1974), 이희승 씀)

『엣센스 國語辭典』 개정판(改訂版)(1985)

1974년에 『엣센스 국어사전』이 간행된 후, 민중서림은 지속적으로 개정판을 만들었다. 시대가 변화 발전하면서 과학 기술의 눈부신 발전은 정보화 시대 물결과 함께 우리 국어생활에도 엄청난 변화를 가져다주었고, 이러한 정세에 대처하기 위해서는 아무래도 구판을 개정해야 할 필요성이 있어 개정 신판을 선보인다고 하였다.

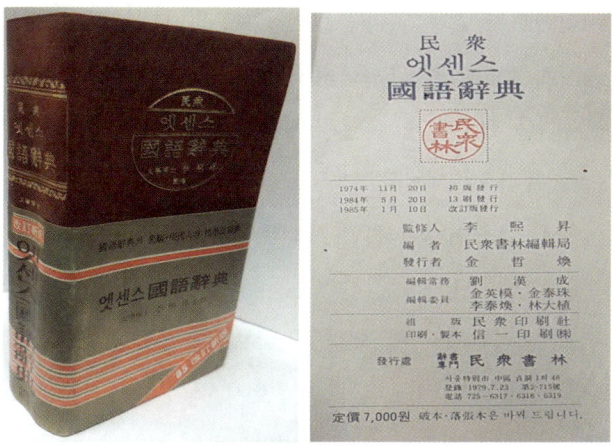

『엣센스 國語辭典』 개정판(1985)

이번 개정에 대해서는, "초판(初版)의 편집 방침과 특색을 그대로 살리면서 보다 충실한 내용을 담기를 기했지만, 특히 다음과 같은 점에 유의하여 누구든지 쉽게 찾아보고 친숙하게 사용할 수 있는 현대인의 표준어 사전, 현대어의 표준 사전이 되도록 하는 데 노력을 기울였다"고 했다. 그 특징을 정리해 보면 다음과 같다.

첫째는 대폭적인 증면이다. 날로 변천하는 현실 언어생활 실상을 충실히 반영하기 위하여, 구판에 미처 수록하지 못했던 일상생활 용어를 폭넓게 발굴함은 물론, 새 시대를 반영하는 신어·속어 및 과학·기술·스포츠 용어에 이르기까지 다양하고 풍부한 어휘를 수록함으로써, 휴대용 소형 사전으로서는 극한이라 할 수 있는 2,200면에 육박하는 총 지면을 수용했다.

둘째는 찾아보기 쉬운 일어(一語) 일표제어(一標題語) 방식을 채택했다. 종래에 복합어를 그 으뜸 되는 기본 표제어 다음에 추록(追錄)하던 방식을 지양하여, 손쉽게 찾아볼 수 있도록 모든 낱말을 표제어로 끌어올려 내 세웠다.

셋째는 표기·발음·어원이 전면 재검토다. 시대적 변화에 따른 기존 어휘의 새 말뜻을 대폭 보강하였음은 말할 것도 없고, 표기·발음·어의 등 전반에 걸쳐 면밀한 재검토와 보완을 베풀었다. 또, 그 동안 많은 독자 여러분이 보내 주신 오식·오기 등이 지적과 교시는 되도록 존중하여, 이번 개정에 모두 반영되도록 하였다.

넷째는 중요 기본 어휘 주석의 충실화다. 이 사전이 비록 휴대용 작은 책자라고는 하지만, 중요한 기본 어휘에 대해서는 큰 사전에 못지않은 지면을 할애하여, 풍부한 용례를 곁들여서 상세하게 분석 설명함으로써 그 기능을 충실히 하였다.

다섯째는 통일 학교 문법 체계의 준거다. 1985학년도부터 쓰이게 될 「통일 학교 문법」에 준하여 문법 용어와 문법 체계에 따랐다.

여섯째는 관용어 채집 수록이다. 민중 『국어 대사전』에서 처음 시도한 바 있는 관용어의 채집과 수록을 이번 개정 신판에서도 원용하였다.

이상과 같은 특별한 배려와 구상 아래 제작된 이 개정판이 충분히 활용되고, 아울러 우리 국어 순화와 발전에 이바지하게 되기를 간절히 바란다고 했다. (1985년 1월 5일, 민중서림 편집국)

『엣센스 國語辭典』 제3판(1991, 전면 수정판)

우리 국어체계는 그 시대 요청에 따라 변화를 거듭해 왔다. 1988년 1월 중순에 문교부에서는 '한글 맞춤법'과 '표준어 규정'을 확정 고시하여, 1년 뒤인 1989년 3월 1일부터 시행하기로 하였다. 이러한 어문 시책의 대변혁을 계기로 민중서림은 규정을 전폭적으로 수용한 개정판을 내놓았다.

『엣센스 國語辭典』 제3판(전면 수정판, 1991)

이번 개정판은 초판과 재판의 편집 방침 및 특징을 그대로 살리면서 보다 충실하고 보다 정확한 내용을 담았다고 했다. 특징을 보면,

첫째는 대폭적인 증면으로 재판 때보다도 무려 300면을 증면하였으며, 어휘수로는 약 2,100여 어에 이르는 증보를 이룩했다.

둘째로 표기 정비는 새로 제정된 맞춤법과 표준말 규칙 정신에 입각하여 표제어 표기를 면밀하고 철저하게 정비하였다.

셋째는 표준 발음 사전 구실을 한다는 점이다. '표준어 규정' 제2부에 '표준 발음법'이 처음으로 제시됨에 따라, 이 사전이 완전한 '표준 발음 사전' 구실을 할 수 있도록 각 표제어에 일일이 표준 발음을 달아 놓았다. 이 작업을 함에 있어서는 앞의 '표준 발음법'을 준거하고, 1920년에 간행된 『조선어 사전』과 1984년에 발행된 한국정신문화연구원 어문 연구실 편 『한국 표준 발음 사전』을 많이 참고하였다.

넷째는 어의의 전면 재검토인데, 시대적 변화에 따라 기존 어휘에 새 말뜻을 대폭 보강하였다.

다섯째는 전산 사식에 의한 인쇄면의 혁신이다. 기술 혁신 시대 풍조에 발맞추어, 이번 판부터 컴퓨터 사진 식자에 의한 새로운 기법을 도입함으로써 판면 효과를 개선함은 물론, 어려움을 무릅쓰고 고속 윤전기에 의한 인쇄 작업을 거쳐서 인쇄면 효과를 최대한으로 쇄신하였다. (1989년 1월 5일, 민중서림 편집국)

고 밝히고 있다. 이 사전은 이후(1991판) 1990년 9월 문화부에서 고시한 '표준어 모음'에 의거 표제어를 재정비하였으며, 1988년 1월 문교부에서 고시한 '한글 맞춤법'과 '표준어 규정' 및 전기한 '표준어 모음'의 요점과, 그리고 1991년 1월 대법원 고시에 의한 '인명용(人名用) 한자'를 새로이 부록으로 실었다. (1991년 1월 5일, 민중서림 편집국)

『엣센스 국어사전』(1996) 제4판

언어는 인간의 사상과 감정의 귀중한 전달 매체로 사용되어 왔으며, 시대의 흐름과 변천 속에서 다양하게 그 시대를 반영하며 발전해 왔다. 여기서 사전의 사회문화적 기능은 실로 높다. 그러므로 그 시대의 언어를 바르게 이해하고 정확히 구사한다는 것은 그 시대의 문화를 높이 구축해 나가는 중추적 요소다.

이러한 상황 속에서 그 숱한 낱말들을 선별하여 채집 수록해야 하는 사전 편찬자의 일도 여간 숨가쁜 일이 아닐 것이다. 그러나 그럴수록 이 일에 더욱 열의를 갖고 임해야 하는 사명이 주어져 있다고 본다. 이미 20여 년 전에 출간한 『엣센스 국어사전』을 두 차례나 개편한 것도 바로 이러한 저간의 사정에 부응키 위해서였다. 하지만 시대의 조류는 여기에 머무를 수 없게 변하여, 이제 다시 개정판을 내야 할 시점에 이르게 되었다.

민중서림은 새로운 판을 거듭해 오면서도, 더 나은 사전을 만드는 데 있어서 '편집자로서 평생의 숙명'임을 실천해 왔다고 해도 지나치지 않는다고 밝히고, 1996년 『엣센스 국어사전』 제4판을 발간했다.

『엣센스 국어사전』(제4판, 1996)

이번 개정에서는 우선 시대 변화에 따른 현실적인 언어생활 실태를 반영하고, 여러 분야에서 새로이 쓰이는 말들과 제3판에 수록하지 못한 일상생활 용어 및 컴퓨터 관계 용어들을 아울러 다양하게 수록하였다.

그 결과 제3판 때보다도 약 120여 쪽이 늘어났고, 종래의 표제어 표기 방식을 과감히 새로운 표기 방식으로 고쳤으며, 어의 해석도 보다 광범위하게 실질적으로 검토하여 그 뜻을 대폭 보강하고 정비함으로써 격변하는 시대의 현대 감각에 알맞도록 하였다고 편찬에 대한 자부심을 보이고 있다.

『엣센스 국어사전』(2001) 제5판

　이 사전의 발간은 곧 우리말 변천과 국어학계의 놀라운 발전을 실감하는 계기가 되었다. 이 사전은 기존에 발간된 여러 국어사전과는 좀 다른 각도에서 편찬된 국어사전임을 인식하였고, 이에 민중서림도 일반 독자들이 21세기 감각에 걸맞은 새롭고 보다 간편한 국어사전을 만들어야겠다는 생각을 갖게 된 것이다. 그리하여 제5판 개정 작업을 서둘러 세상에 내놓았다.

『엣센스 국어사전』(제5판, 2001)

　그동안 컴퓨터 발전과 인터넷 등을 포함한 새로운 기술에 의한 통신 수단의 광범위한 이용, IMF 위기 극복, 여러 방면에 걸친 사회 생활상의 변화에서 생긴 많은 새 말들이 사회에 널리 통용하고 있다는 사실을 감안, 새 말들을 수집 정리한 제5판 사전이 발간되었다. 또한 사전에서 어렵다고 느껴지는 뜻풀이는 될 수 있는 한 쉽게 풀이하였고, 부족하다고 지적된 용례도 각종 자료를 수집하여 대폭 늘려 실었다. 그 밖에 동사·형용사 등의 활용꼴, 표제어 발음 등을 보다 정확히 제시하였고, 또한 교육용 기초 한자·인명용(人名用) 한자 등을 음(音)과 훈(訓)을 달아 부록에 실어, 많은 점에서 기왕에 발간된 국어사전과는 획기적이라 할 수 있도록 작업하여 독자 편의를 돕고자 노력하였다고 밝혔다.

『엣센스 국어사전』(2006), 제6판 전면 개정판

이 사전은 30년 시간을 거쳐 제6판 『엣센스 국어사전』이 출간되었다. 1974년 첫 출간돼 2006년 제6판이 나왔는데, 이전의 제5판을 상재(上梓)한 지 다섯 해 만에 선보였다.

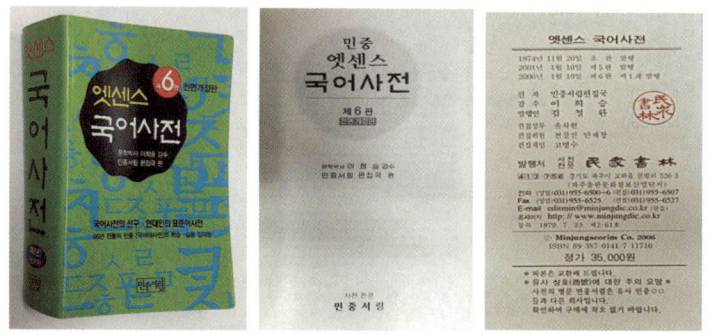

『엣센스 국어사전』(제6판 전면 개정판, 2006)

이 사전이 본바탕을 이루고 있는 것은 1961년에 발간된 이희승 편저 『국어대사전』 초판이었다. 수록 어휘수가 23만을 훨씬 넘고 쪽수가 3,500쪽에 가까운 당시로서는 가장 방대한 규모의 명실상부한 대사전이었다. 이 대사전 편찬 경험을 살려 간편하고 실용적인 국어사전으로 만든 것이 1964년에 나온 『포켓 국어사전』이었고, 이것을 이어받은 것이 『엣센스 국어사전』이다. 사전 편찬의 오랜 연륜과 경험이 사전의 질을 보장하는 것은 아닐 것이다. 중요한 것은 역사와 전통을 자랑하는 권위 있는 사전이라는 이름에 안주하지 않고 민중서림은 사전 발간의 전문성을 높여 왔기 때문이다.

『으뜸 국어사전』(초판 1998)

민중서림은 1998년 초등학생을 대상으로 국어사전을 만들었는데, 올바른 국어생활에 필요한 내용을 담아서 펴냈다. 기존의 대사전·중사전·소사전에서 초등과정에 맞는 내용을 담으려고 했다.

『으뜸 국어사전』(초판 1998)

이 사전의 특색은 한글 맞춤법·표준어 규정·외래어 표기법 등 최신 어문 규정에 따른 표준 국어의 길잡이, 초등학교 교과서 전 과목의 주요 낱말을 중심으로 3만 7천여 올림말을 수록한 최신 개정판이다. 우리말 바른 표기·발음·띄어쓰기 등을 제시하고, 간결하면서 정확한 뜻풀이와 다양한 용례 제시, 풍부한 원색 삽화와 주의·참고·학습마당 등을 활용하여 이해를 돕는다.
 또한 기초 한자 사전·속담 풀이·우리말 바로 쓰기·문장 부호 등 국어 학습 자료를 부록으로 수록하였다.
 민중서림이 편찬해 온 국어사전의 변천 특징은 32년간의 『엣센스 국어사전』의 변화 양상일 것이다. 그동안 기획·발간한 모든 국어사전에는 이희승 박사를 감수자로 해 사전의 정통성과 전문성을 밟아 왔다. 이 사전들의 특징을 정리하면 다음의 표와 같다.

<표 1 > 민중서림의 국어사전 변천 과정

연도	책명	특징
1964	포켓 國語辭典	삼오판(三五版) 1,500면, 집약된 포켓판, 신체(新體)5.6 포인트,현대인의 표준어 사전, 현대어의 표준 사전
1974	엣센스 國語辭典	『포켓 國語辭典』을 새로 편찬 기획,증면(增面), 현대어·신어·시사어·외래어를 수집 수록, 어원의 해설을 간명, 정확한 용례를 늘림, 중·고등학교용 한자 1,800자,
1985 개정판		정보화 시대, 대폭적인 증면, 신어·속어 및 과학·기술·스포츠 용어, 2,200면, 일어(一語) 일표제어(一標題語), 표기·발음·어원 재검토, 중요 기본 어휘 주석의 충실화, 통일 학교 문법 체계의 준거 관용어 채집

구분	책명	특징
1991 3판	엣센스 國語辭典	1989년 '한글 맞춤법', '표준어 규정' 시행준거 대폭 300면 증면, 2,100 어(語) 증보, 16만7천어 중사전에 맞먹는 어휘 수록, 총지면 2,560면, 표기의 정비(신 맞춤법과 표준말 규칙), 표준 발음 사전의 구실, 어의(語義)재검토, 컴퓨터 사진 식자에 의한 새로운 기법 도입
1991 4판	엣센스 국어사전	일상생활 용어 및 컴퓨터 관계 용어 120여 쪽이 늘어남
2001 5판		교육용 기초 한자·인명용 한자 등을 음(音)과 훈(訓)을 달아 부록에 실음. 컴퓨터의 발전, 인터넷 등 새로운 기술에 의한 통신 수단의 광범위한 이용, IMF 극복, 여러 방면에 걸친 사회생활상의 변화에서 생긴 많은 새말들이 사회에 널리 통용하고 있음을 통해 수집 정리함
2006 6판		한글 맞춤법·표준어 규정·외래어 표기법 등 최신 어문 규정에 따른 표준 국어의 길잡이 역할, 고유어·한자어·외래어 및 신어·전문어를 망라해 16만여 표제어를 수록한 최신 개정판

4) 동아출판사의 국어사전

① 『국어 새 사전』(1958)

동아출판사는 일찍부터 다양한 국어사전을 편찬하였으며, 사전에 따른 명칭도 다양하다. 1958년 국어국문학회가 편찬한 『국어 새 사전』 발간을 시작으로 본격적으로 사전 편찬 사업에 뛰어들었고, 이듬해 1959년에는 자체 브랜드 사전을 탄생시켰다.

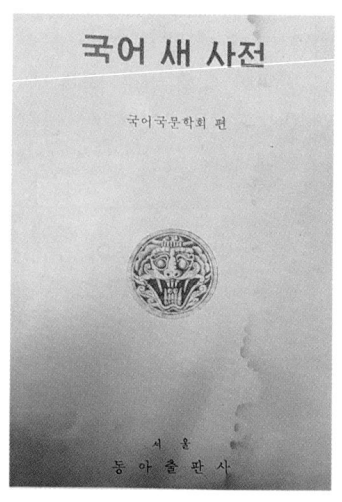

『국어 새 사전』(초판 1958)

활자·조판·인쇄 및 편집 등에서 현대화 한 동아출판사는 새로 주조한 신체 6포인트 활자를 다루기 좋은 단권에 최다 어휘를 수록한 점과 어휘 선정 및 풀이 방식 등에 있어서 새롭고도 합리적이고, 혁신적인 선명한 인쇄로 종래의 사전과는 차별화 해 외국에도 소개되어 호평을 받았다.

② 『새 국어사전』(1959)

『국어 새 사전』이 호평을 얻음과 동시에 보다 대중성과 실용성이 더욱 큰 포켓판 국어사전 출현을 바라는 소리가 각계에서 높아 가자, 1959년에 『새 국어사전』을 내놓았다.

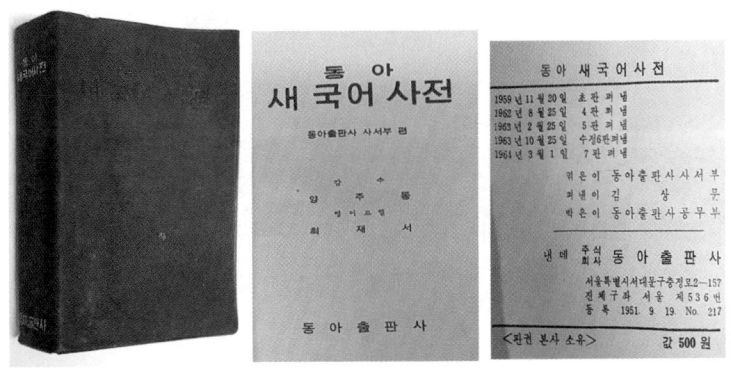

『새 국어사전』(1959)

이 사전의 특징은 첫째, 어휘 선정에 있어 『국어 새 사전』을 토대로 하고, 기존의 각종 사전과 각종 교과서·도서·정기 간행물 등을 광범위하게 조사하여 얻은 약 2만 단어를 보충하였다.

둘째, 대형 사전을 능가하는 방대한 어휘를 3·6판 1,500면에 무리

없이 수록하기 위하여 새롭게 5.25 포인트 활자를 주조하여 특수 조판법을 썼다.

셋째, 풀이의 합리성·과학성과 관계되는 말끼리 통일성을 철저히 기하였으며, 특히 과학 기술 용어에 있어서 가장 새로운 해석에 따르도록 힘썼다.

넷째, 고어를 풍부히 수록하고, 용례와 출처를 명시하였다.

다섯째, 파생어 및 복합어 개념을 뚜렷이 하고, 풀이의 중복을 최소한도로 줄이는 한편 찾기에도 간편하도록 하기 위해 이들 낱말을 한 자리에 모아 배열하였다.

여섯째, 동의어, 유사어, 상대말, 큰말과 작은말, 센말과 거센말, 높임말과 낮춤말, 원말과 변한말 및 낮은말, 바른말과 틀린말 등 관계를 체계적으로 밝혔다.

일곱번째, 우리 언어생활에 광범하게 등장하고 있는 영어 활용도가 매우 큼에 비추어, 또 우리말 개념을 분석적으로 정확히 이해하는 데도 도움이 되리라 믿고 옮길 수 있는 한계 안에서의 적확한 영어를 각 단어 및 그 풀이 갈래마다에 삽입함으로써 실용 가치를 높였다.

여덟 번째, 사투리, 틀리기 쉬운 말 등 혼란이 단어 검색에 주는 불편을 덜기 위해 상세한 '바른말 찾아보기'를 붙였다.

아홉번째는 인쇄에 있어서 용지 지질, 잉크 선택에 최선을 다했다는 점이다.

끝으로 사전의 권위를 더욱 높이기 위하여 감수자로 양주동 박사와 영어 교열은 최재서 박사가 참여했음을 밝혔다

③『새 국어사전』(초판 1989)

『새 국어사전』(1989) 감수자는 이기문 박사가 맡았다. 국어사전이 한갓 '말의 곳집'이던 시대는 지나고, 현대 국어사전은 현대라는 삶의 광장에서 함께 나고 죽고 변하며 발전하는 생명체라고 보았다. 서가(書架)에 저만치 떨어져 꽂혀 있는 것이 아니라, 항상 내 곁에서 언어생활을 안내하고 조언하는 '동반자'이기를 염원했다.

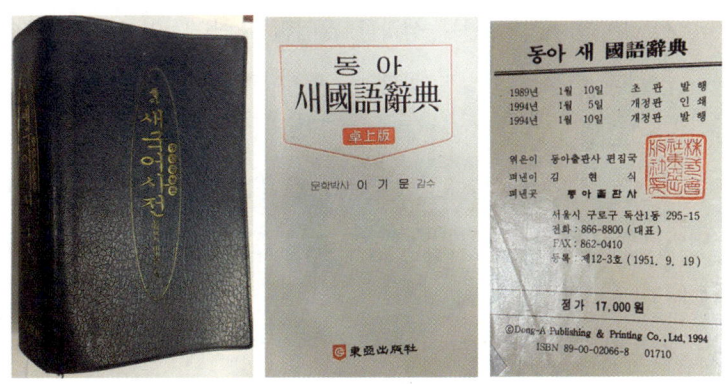

『새 국어사전』(초판 1989)

사전 편찬에 대한 소신은 1982년 5월에 이 사전을 처음 기획하던 때부터 편찬 기본 방침을 구체화해 그 뒤 여러 번 변동과 곡절을 겪는 가운데서도 편찬 내용면에서 주류로서 반영했고, 본격적으로 편찬 작업에 몰두하기까지 6년 여 시간을 투자하였다.

감수자 글에서도 사전 편찬의 어려움을 이야기하고 있다. 우리나라의 여러 출판사가 다투어 국어사전을 내기 시작한 것은 그리 오래된 일이 아니다. 이 사전들은 모두 한글학회 『큰 사전』(전6권 1947~1957)을 모태(母胎)로 한 것이다. 이 사전은 처절했던 민족 수난의 시기에 우리말과 글을 지키려고 애쓴 애국적 선각자들의 피와 땀이 엉긴 결정체로서, 숱한 우여곡절 끝에 햇빛을 본 것이다.

새로운 국어사전을 편찬할 때가 되었다는 생각이 국어학자들 사이에 싹튼 것은 이미 여러 해 전 일이다. 광복 이후 국어학은 큰 발전을 이룩하여 왔는데 국어사전은 옛 모습 그대로 있음이 딱하게 느껴졌던 것이다.

국어사전은 국어학의 연구 성과를 끊임없이 받아들여 새롭게 태어나야 하는데 현실은 그렇지 못했다. 국어학과 사전 편찬 사이에 큰 도랑이 가로놓여 온 것이 사실이다.

이 사전은 초판 머리말에 적힌 바와 같이, 우리말을 사랑하는 온 국민의 언어생활에 동반자가 되었으면 하는 간절한 염원에서 이루어졌다.

이번 개정판도 이 정신을 이어받아 더욱 친근한 동반자가 되게 하려고 애썼다고 밝혔다.

④ 『새 국어사전』 개정판 2판~5판 발간

이 사전은 초판(1989) 이후, 5년 후에 개정판을 내었다. 1958년에 『국어 새 사전』 발간 후, 십여 종의 국어사전을 펴내면서 이용자의 관심과 끊임없는 격려를 받았다. 1989년에 시행된 '한글 맞춤법'과

'표준어 규정'을 적용하여 새롭게 펴낸 『새 국어사전』도 그 점에서는 마찬가지였다.

 사전 편찬에 관한 동아출판사의 신념은 '사전 이용의 생활화'에 있었다. 이러한 신념은 서른 해가 넘는 오랜 세월을 두고 사전을 펴내면서 흔들림 없이 지켜져 왔다.

 1997년 한글날에 즈음하여 제3판을 내었다. 이 개정 작업에 대해 감수자는

"나의 오랜 소원의 하나는 우리나라의 어린 학생을 비롯한 온 국민이 말과 글에 많은 관심을 가지고 국어사전을 늘 책상머리에 놓아두고 자주 펴 보게 되었으면 하는 것이다. 표준어와 맞춤법이 확립되어 있는 현대 사회에서 국어사전에 기대지 않고 올바른 언어·문자 생활을 하기란 사실상 불가능한 것이다. 이에 가장 요긴한 것이 온 국민의 믿음직하고 정다운 벗이 될 수 있는 사전이다"

고 했다.

 이 사전은 1999년 제4판을 내었는데, 제4판에 이르러 비로소 진정한 의미의 표준어 사전의 면모를 갖추게 되었는데, 국립국어연구원에 의하여 확정된 국어 표준화가 이 사전에 전폭적으로 반영된 것이다.

 사전 편찬은 끝이 없는 작업이며, 사전은 판을 거듭할수록 좋아진다는 사실을 동아출판사도 민중서림처럼 강한 신념을 갖고 있었다고 이기문은 말했다.

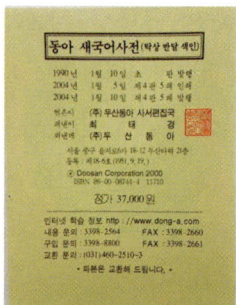

『새 국어사전』(개정 4판, 2004)

　동아출판사는 사전 편찬 작업이 앞서 살펴본 민중서림과는 그 시작점이 다름을 볼 수 있다. 민중서림은 이희승 편저『국어대사전』(1961)을 완성시킨 후 개정(3차)하면서, '소사전'을 만들고 다시 이를 증보하여 '중사전' 즉『엣센스 국어사전』을 통해 대중적으로 인정을 받았다. 대사전에서 시작하여 중사전을 만들어 온 것이다.

　그런데 동아출판사는 그 시작점이 국어국문학회 편『국어 새 사전』(1958, 4·6배판 3단 조판 1,000면)을 시작으로 해서 나중에는『새 국어사전』(1959) 발간, 그리고 본격적으로 자체 브랜드 사전을 발간했다. 또한 우리나라 사전의 결정판이라고 할 수 있는 두산동아『표준 국어 대사전』(3권)을 완성했다. 이렇듯 작은 사전에서 시작하여 중사전, 그리고 결국은 대사전을 탄생시킨 것이다. 이 점이 민중서림과 두산동아의 큰 차이라고 할 수 있다.

　동아출판사가 편찬한『새 국어사전』변천과정을 정리하면 아래 표와 같다.

<표 2> 동아출판사의 사전 발간사

연도	책명	특징
1958	국어 새 사전	국어국문학회가 편찬한 『국어 새사전』을 인쇄·출판하면서 사전사업을 시작하게 됨
1959	새 국어사전	-어휘 선정에 있어 『국어 새사전』을 토대 -3·6판 1,500면, 새로 5.25포인트 활자 주조 조판법을 씀 -고어를 풍부히 수록함 -표제어에 단어 및 그 풀이에 영어삽입 -바른말 찾아보기를 붙임
1973 초판	최신 새 국어 대사전	-국어국문학회가 1958년 편찬한 사전을 '대사전'으로 해서 새롭게 출판함 -영국의 옥스퍼드나 미국이 웹스터, 프랑스의 라루스 등 사전을 언급함 -46배판 3단 조판 1,000면으로 한정 -새로 만든 사전 전용체 6포인트 활자로 최대의 어휘 수를 20만으로 함
1989 (초판)	새 국어사전	-감수자 이기문으로 새롭게 출간 -1982년부터 6년여 편찬 작업 -한글학회 『큰 사전』을 모태로 함 -국어사전은 국어학의 연구 성과를 반영해야 한다고 함.
1994 개정 2판	새 국어사전	-1988년 '한글 맞춤법'과 '표준어 규정' 적용 -사전 이용의 생활화에 신념을 둠 -'표준 발음법'에 근거한 발음 표기 첨가

1997 개정 3판	새 국어사전	옛말 부분에 크고 작은 문제들이 있음이 드러나 큰 폭으로 손을 댐
1999 개정 4판	새 국어사전	-1999년 『표준국어대사전』(3권)에 근거해 편찬 -표준화를 전폭 반영한 최초의 중형 사전임을 강조함.
2003 개정 제5판	새 국어사전	-신어(新語)와 전문어를 많이 실음. -새로 2500여의 표제어가 늘어남. -흔히 표준어로 잘못 알고 쓰는 말들을 골라 표제어로 실음. -뜻풀이를 전면적으로 다시 검토하여 쉽고 명확한 말로 고침. -예문을 많이 보탬. -띄어쓰기에 ^표를 새로 썼음.

5) 국립국어연구원의 『표준 국어 대사전』(1999)

『표준 국어 대사전』은 대한민국 국어사전 111년의 편찬사에서 결정판이라고 할 수 있을 정도로 공을 들인 사전이다.16) 이 사전은 『큰 사전』 완성(1957) 이후, 방대한 분량으로 국립국어연구원이 엮었다. 『표준 국어 대사전』(1999, 상·중·하 3권)은 두산동아에서 펴냈다.

---

16) 1911년부터 우리나라 최초의 국어사전인 『말모이(辭典)』를 편찬하는데서 부터 시작되며, 여기에는 주시경·김두봉·이규영·권덕규가 사전 편찬 사업에 참여한다.

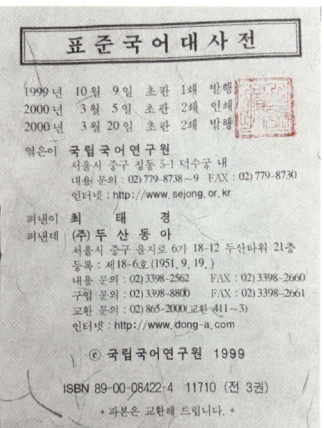

『표준 국어 대사전(상·중·하 3권)』(두산동아, 1999)

  이 사전을 국립국어연구원(現 국립국어원)이 낸 것으로 설정해야 하겠지만, 동아출판사 시절에도 국어국문학회의 중사전과 대사전을 펴낸 사례로 보았을 때, 이 사전도 두산동아가 낸 사전으로 분류해서 살펴본다.

  이 사전이 편찬 된지도 23년의 시간이 흘렀다. 그동안 이 사전에 대해서 많은 연구자(국어학, 일반 언어학, 사전편찬자) 담론이 있었다. 여기에는 쓴말도 많았으며, 국가(정부)에서 직접 관여하여 편찬한 우리나라 최초의 국어사전이었기에 긍정적인 면도 있다.

  그래서 『표준 국어 대사전』 관련한 머리말, 발간사를 전문 그대로 옮겨서 독자들이 읽고, 사전을 활용하여 나름의 평가를 기대해 본다.

머리말

　좋은 우리말 사전을 갖고 싶다는 열망과 올바르고 풍요로운 국어 생활을 하고 싶다는 희망은 바람직한 한국 사람으로 살고 싶다는 소망으로 묶인다. 우리는 금세기 일백 년 동안 좋은 우리말 사전을 갖고자 노력하여 왔다. 처음에는 어휘집 수준에 머무는 것이었고, 그다음에는 조금 좋은 사전을 만들어 내기는 하였으나 올바르고 풍요로운 국어 생활에 필요한 정보를 제대로 싣지 못하는 아쉬움이 있었다. 이미 간행된 몇 종의 사전을 대조해 보면 표제어 표기나 어문 규정의 적용에 착오가 있어서 사전을 이용하는 분들이 혼란을 일으킬 소지도 없지 않았다.

　그리하여 국립국어연구원은 온 국민이 편한 마음으로 이용할 수 있는 사전의 편찬 작업을 착수하게 되었다. 이 일은 1992년에 시작하여 10년에 걸쳐 완성할 계획이었으나, 1994년부터는 예산을 대폭으로 늘리고 전문 인력을 더 많이 확보하여 부지런히 일을 추진함으로써 2년을 단축하여 1999년 말에 발간을 완료할 수 있게 되었다. 금세기를 마감하는 시점에서 민족적 역량을 집결하여 민족 언어 자산을 알뜰하게 모아 놓은 우리말 사전을 갖게 되었다는 것은 우리가 세계 속에 당당한 문화 민족으로 우뚝 설 뿐 아니라, 이 세계를 앞장서서 이끌어 갈 수 있다는 자긍심을 키우게 된 자랑스러운 증거라 아니 할 수 없다.

　사전 편찬 작업은 먼저 기존 사전을 분석하고 학계의 성과를 검토하여 사전 편찬 방향을 정하고 집필하면서 시작되었다. 집필에는 현직 교수를 포함하여 국어국문학을 전공한 박사 과정 수료 이상의 사람이 참여하였다. 분야별로 나누어 그 분야를 전공한 사람이 중심이 되어 집필을 진행하였다. 전문어는 집필이 끝난 원고를 학회의 추천을 받은 전문가에게 보내 감수를 받았다. 분야별로 집필된 원고는 교열을 거치고 전체 원고를 통합하여 다시 교열과 교정 단계를 밟았다. 사전 편찬에 착수한 시점에는 이미 사전 편찬에 전산 시설을 활용하는 것이 바람직하다는 인식이 퍼져 있었기 때문에 연구원에서는 사전 편찬 초기부터 전산 체제 구축에 힘을 기울였다. 그 결과 초기에 잠시 종이에 집필했던 것을 제외하면 집필에서 출판까지의 전 과정을 전산 작업으로 진행하였다. 사전 편찬 기간을 단축할 수 있었던 데는 전산 작업이 큰 몫을 하였다.

 이 사전을 편찬하면서 가장 중점을 둔 것은 표제어·뜻풀이·용례 등 모든 부분에서 어문 규정을 정확히 적용하는 것이었다. 1986년에 개정된 외래어 표기법을 비롯하여 1988년에 개정된 한글 맞춤법, 표준어 규정을 충실히 반영하여 일반 원칙만을 정하고 있는 현행 어문 규정을 구체화함으로써 국민의 국어 생활의 표준을 제공할 수 있도록 노력하였다. 또한 그동안 일반 국민이 연구원에 문의해 왔던 각종 질의에 대한 답변 내용도 사전에 충실히 반영하여 사용자가 평소 국어 생활 중에 궁금해 하는 점을 사전에서 찾아 해소할 수 있도록 세심하게 주의를 기울였다. 북한의 말도 폭넓게 수용하여 우리 민족의 언어적 동질성을 회복·유지하는 토대를 마련하고자 하였다. 남한에서는 사용하지 않는 북한의 말뿐만 아니라 어문 규정의 차이로 표기가 다른 말까지도 대폭 수록하였다. 일부에서는 남북의 어문 규정이 다른데 남북의 말을 아우르는 사전의 편찬이 가능한 것인가 하는 의문을 갖기도 한다. 당연한 지적이기는 하지만 남북의 어문 규정을 통일하기 위해서는 앞으로도 많은 시간을 기다려야 하므로 연구원에서는 우선 남한의 규정을 중심으로 남북의 말을 정리하였다. 그동안 학계에서 기존 사전에서 정보가 부족하다고 지적했던 부분도 이번에 사전을 편찬하면서 최대한 보완하였다. 발음 정보, 체언과 용언의 활용 정보는 정보가 부족한 대표적인 것이었다. 이 부분의 정보는 어문 규정과도 깊은 연관이 있기 때문에 되도록 많은 정보를 제공하고자 하였으며 활용 정보와 어느 정도 중복됨을 감수하면서 부록으로 용언 활용표를 따로 제시하였다. 또한 기존 사전의 큰 문제점으로 지적되던 용례의 부족을 덜기 위하여 이 사전에서는 각종 문학 작품, 신문, 잡지 등 다양한 문헌을 입력하고 이를 활용하여 용례를 풍부하게 제시하였다.

 사전 편찬 과정에는 많은 어려움이 따랐다. 이미 여러 종의 사전이 나와 있고 학계에서 사전에 관한 논의도 자못 풍성하였기에 새로 사전을 편찬하는 데 따르는 부담을 어느 정도 덜 수 있다고 생각하였지만 막상 사전 편찬 작업이 진행되자 많은 문제가 새로 발생하였다. 사전 편찬을 담당할 수 있는 전문 인력의 확보가 여의치 못했다는 점이 가장 큰 문제점이었다. 할 일은 많은데 그 일을 담당할 인력을 구하지 못해 애를 먹은 경우가 많았다. 또한 그동안 우리나라 각 분야에서 이룩한 학문적·문화적 성과를 반영하는 과정에서 그 성과들이 제대로 정리되어 있지 않아 어려움을 겪기도 하였다. 연구원에서 독자적으로 판단하고 처리할 수 없는 것들은 해당 분야의 전문가의 도움을 받거나 여기저기 수소문하기도 했지만 끝내 만족스럽게 해결하지 못한 부분도 있다. 이런 여러 사정으로 원고를 수차례 새로 고쳐 쓰기도 하였다.

 사전을 편찬하면서 처리해야 할 문제가 생기면 가급적 기존 사전의 처리 태도를 존중하고자 하였다. 역사적인 변천이나 학문적인 분석을 고려하면 잘못된 처리라 해도 기존 사전들이 모두 동일하게 처리하였으면 그대로 인정하기도 하였다. 이 사전이 앞으로 나올 다른 국어사전의 길잡이 역할을 해야 하므로 그동안의 성과를 무시하면 불가피하게 혼선이 생길 수밖에 없고 그만큼 부담이 늘게 되는데 이는 결코 바람직하지 못하다고 생각한 것이다. 그렇지만 언어 현실과 지나치게 어긋나거나 처리 태도가 일관성이 없는 경우에는 기존 사전을 따르지 않았다.

 아직 여러 가지로 부족하지만 이제 사전을 세상에 내놓고 많은 사람의 비판을 기다리게 되었다. 인쇄 직전의 원고를 들여다보아도 여전히 부족한 점이 발견된다. 내부에서 기간을 다시 연장해야 한다는 의견이 나오기도 했으나, 사전 편찬이 늦어질수록 그만큼 국민들이 국어 생활에서 겪게 되는 불편도 가중된다고 판단하여 불비한 대로나마 예정대로 간행하기로 하였다. 주어진 기간 동안 최선을 다했지만 수많은 사람이 작업에 참여하면서 생각지 못한 잘못을 범했을 수도 있다. 독자 여러분의 질책을 기꺼이 받고자 한다.

이 사전에 '대사전'이라는 이름을 붙이기는 하였으나 다른 나라의 사전과 비교하면 아직 초라한 것임을 부인하기는 어렵다. 이 사전의 발간을 새로운 시작으로 삼아 진정한 의미의 대사전을 만들기 위한 수정 작업을 지속적으로 할 계획이다. 또한 수정 작업과는 별도로 민간에서 사전 편찬이 활발하게 추진될 수 있도록 사전 편찬 여건을 개선하는 데도 노력을 기울일 계획이다. 국가에서 모든 것을 담당할 수 없으므로 기초 분야에 투자하여 그 결과를 원하는 사람이면 누구나 활용할 수 있도록 하겠다. 사전 편찬 과정에서 축적한 경험과 편찬 관련 자료도 적극 공개하여 사전을 이용하는 사람이나 사전 편찬에 관심이 있는 사람이 쉽게 활용할 수 있도록 하겠다.

이 사전이 나오기까지 많은 사람들의 도움이 있었다. 먼저 국어사전 편찬의 중요성을 인식하고 예산을 배정해 준 예산 당국과 담당자, 관심을 가지고 여러모로 도움을 준 문화관광부 관계자 여러 분에게 감사를 드린다. 초기에 사전 편찬을 기획한 안병희 전임 원장을 비롯하여 송민, 이익섭 전임 원장의 노고도 빼놓을 수 없다. 지난 8년간 어려운 여건에서 고생한 조남호 학예연구관을 비롯하여 편찬실 연구원, 편수원, 조사원에게도 고마움을 표한다. 국가적 사업으로 추진된 이 사전이 독자 여러분을 찾아가기까지의 지난한 과정에서 기꺼이 고생을 감수한 (주)두산, 특히 김종철 국장을 비롯한 국어사전 팀 연구원에게도 이 자리를 빌려 고마움을 표한다. 집필·교열·감수·교정 등 편찬 작업에 참여하여 연구원 사업을 도와준 모든 이들에게도 감사한다.

1999년 10월 9일
국립국어연구원 원장 심재기

　이 사전을 편찬하면서 가장 중점을 둔 것은 표제어·뜻풀이·용례 등 모든 부분에서 어문 규정을 정확히 적용하는 것과 1986년에 개정된 외래어 표기법을 비롯하여 1988년에 개정된 한글 맞춤법, 표준어 규정을 충실히 반영하여 일반 원칙만을 정하고 있는 현행 어문 규정을 구체화함으로써 국민 국어 생활의 표준을 제공할 수 있도록 노력하였다고 밝혔다. 또한 그동안 일반 국민이 연구원에 문의해 왔던 각종 질의에 대한 답변 내용도 반영하고, 사용자가 평소 국어 생활 중에 궁금해 하는 점을 사전에서 찾아 해소할 수 있도록 했으며, 북한 말도 폭넓게 수용하여 우리 민족의 언어적 동질성을 회복·유지하는 토대를 마련하고자 하였다고 밝혔다.
　특히 이 사전은 1992년부터 8년여에 걸쳐 국어학계가 총동원되다시피 하여 정부에서 직접 편찬한 우리나라 최초 국어사전으로 지금까지 출간된 수많은 국어사전을 아우르는 결정판이라고 하였다. 이에 대해서 '쓴말'도 있어 옮겨 본다.

　우리나라가 해방 이후, 58년 동안 국가가 사전에 투자한 것은 『표준국어대사전』을 위해 8년 동안 112억 원을 쓴 것이 전부다. 자기 나라 문화의 기본 틀을 위해 58년 동안 1년에 겨우 2억 원을 투자한 꼴이다. 총 3권

7,300면에 50여만 어휘를 수록한 대역사(大役事)라느니, 옥스퍼드 영어사전의 41만 단어를 뛰어넘는 방대한 규모라고 자랑을 하지만, '타설(打設)'이란 단어도 눈을 씻고 찾아보아도 없다. KEDO가 북한에 짓는 원자로 콘크리트 타설 공사 말고도, 일반 건축 사업에 콘크리트 타설을 수십 년 해 왔을 텐데도 이런 단어가 빠져 있다.

중국식당에서 자장면을 시키면 양파와 함께 따라 나오는 중국된장 '춘장'이 『표준국어대사전』(전3권)에는 나와 있지도 않다. '양장피잡채(兩張皮雜菜)'는 표제어에도 양장피가 무엇인지, 무엇으로 만드는지 설명이 되어 있지 않다.

얼마 전 부산항 스트라이크 때에 '환적(煥積)'이란 용어가 매스컴에 자주 오르내렸지만, 사전에는 실려 있지 않았다. 또한 언론에는 취재원을 밝히지 않을 수 있는 '비익권(秘益權)'도 나와 있지 않다. '송실(松實)'을 찾으면 '솔방울'이 나오는데, '송실전병'은 솔방울로 만드는 것인가? '송실'의 정의에 '잣'이란 뜻이 빠져 있다. 우리가 많이 키우는 '행운목(幸運木, com plant)' 또한 표제어에 빠져 있는 등 그 예는 수없이 많다. 성균관대학교 내에 있는 과거시험장인 '비천당(丕闡堂)'도 나와 있지 않다. 전국의 인재(人才)를 뽑기 위한 '크게 열린 집'이란 뜻인데 말이다. 또한 카오스 이론의 키워드인 '나비효과' 또한 찾을 수 없었다.

또 『표준국어대사전』이 옥스퍼드 영어사전의 41만 단어를 뛰어넘는 방대한 규모란 말도 옥스퍼드 영어사전을 모르고 하는 소리이다. 옥스퍼드 영어사전에서는 모든 단어가 역사적으로 어떤 뜻으로 쓰였는지 예문까지 싣고 있다. NED 또는 OED라고 약칭되는 옥스퍼드 출판부의 『The New English Dictionary』는 단어의 역사적 변천을 정밀히 기술한 영어사전의 결정판이다. 1857년 언어학회(런던)는 이 사전의 발간을 제안 받고 그 후 자료 수집을 진행했다.

최초에 사전 편찬 계획이 세워진 것은 1858년, 점차 고조되는 언어의 과학적 연구라는 요망에 따라, 언어학회가 발이하여 허버트 콜리지가 편집 책임을 맡아 작업을 시작하였다. 그가 세상을 떠난 후 F.J. 퍼니벌 박사가 뒤를 이었으나 그들은 20년 동안 자료 수집만을 하는 것에 그쳤다. 1879년 스코틀랜드인 제임스 머리는 중대한 편집 임무를 책임졌는데, 그가 맡았던 부분은 'A-D, H-K, O, P, T' 뿐이었지만, 이 대사업(大事業)의 기초를 확립했다. 1884년 제1권이 간행된 이래 1928년에 드디어 완성(10권)되었으니 43년이 걸린 셈이다. 당시 머리는 이 사전이 12년 후 완성될 것이라고 예측했지만, 입안(立案)한 후 70년이라는 긴 세월이 걸렸다. 표제어(Entry)가 약 414,825개, 용례문(用例文) 1,827,306개, 인용 저자 약 5,000명, 총 페이지 16,353쪽, 편집에는 수많은 석학(碩學)들이 참여했지만, 주요한 감수자는 허버트 콜리지, 머리, 브래들리, 크레이기와 C.T. 어니언스였다. 전체의 약 절반은 머리의 손으로 만들어진 것이나 다름없다.

 이 사전(OED)의 특색은 원제목 그대로, 철두철미 역사적 방법에 바탕을 둔 점이며, 단어의 어원(語源)과 의미는 800명이나 되는 조수의 헌신적 노력과 일반인의 공헌으로 수집된 엄청난 용례에 바탕을 두고서, 최초의 사용 예부터 오늘날에 이르기까지 그 변천이 밝혀진 점에 있다. 기원 1000년 이후의 영어를 모두 수록하고, 각 단어의 형태, 철자, 의미의 변천을 빠짐없이 기재하도록 했는데, 이 방침은 훌륭히 실현되었다. 1933년에 『보유(補遺, Supplement, 867쪽)』제1권이 발행되어 신어(新語), 신용례(新用例)들이 채록되었다. 1955년 로버트W. 비치필드를 책임자로 전4권으로 구성된 새로운 『보유』 간행이 계속되었고, 1972, 1976, 1982년(12만 단어)에 각각 출간되었다.

 1989년 'OED'로 알려진 제2판은 20권으로 간행되었다. 제2판에는 원래의 12권짜리 OED와 5권의 『보유』에 수록된 모든 단어가 들어 있다. 그리고 사전의 본문 전체가 전자 데이터 베이스에 수록되었다. 그리하여 이 사전은 세계의 모든 단어의 사전들 중 최대최선(最大最善)의 것이라 일컬어진다.

　우리가 옥스퍼드 영어사전과 같은 우수한 사전을 제작하려면 오랜 시간이 걸릴 것이다. 그러나 한 걸음 한걸음 느리더라도 괜찮은 사전을 만들어보겠다는 의지를 가지고 진행해 나가는 것이 더욱 중요하다.17)

　일제강점기 내내 우리 선학자들은 국어사전 편찬사업에 생명을 담보로 국어운동을 펼쳤고, 그 결실이 『큰 사전』 6권으로 완성되었다. 우리 국어사전에 대한 전통과 그 가치는 여기서부터 시작된 것이다. 여기에는 개인, 학회, 출판사, 정부가 국어사전 편찬 사업에 뛰어들었다.

　이후 국어사전의 새로운 전통과 가치는 사회·문화적 요구와 반영으로 변화를 거듭해 왔다. 이 전통과 가치들은 물려받은 것이라기보다 발명되는 것이며, 재생산이 아니라 창조되는 것이고, 받아들여지기보다는 전달되는 것이다. 분명한 것은 '언어는 늘 창조적으로 진화'되어 왔기 때문이다. 언어 창조는 시·공간을 가리지 않고 도처에 있다. 우리는 모두 '창조자들'이거나 혹은 그렇게 되기를 열망한다. 모든 생산, 모든 기획, 모든 행위는 예술적 창조의 모델에 따라 사유된다. 개인의 삶에서, 우리들 각자는 안정적이고 영구적인 준거틀의 부재 속에서 단지 자신의 존재 방식만이라도 창조하도록 내몰리게 된다. 언어를 사용하는 매 순간마다 그것을 의식하든 그렇지

---

17) 이재호, 『영한사전 비판』, 궁리출판, 2005, 13~15쪽.

않든 말이다. 그래도 개인은 '삶의 방식'을 언어를 통해 발명해야만 한다. 그러기 위해서는 우리에게 국어사전이 사고의 준거(準據 : 표준을 삼아 따름)를 마련해 주는 역할을 한다. 그래서 국어사전은 늘 새롭게 만들어지는 것이다.

6) 두산동아의 다양한 국어사전

두산동아는 '중사전'인 『새 국어사전』 외에도 다양한 브랜드 사전을 편찬하였다. 연대순으로 정리해 본다.

① 『新選 國語大辭典』(1963)

이 사전은 책임 감수자로 네 명이 참여했는데, 남광우, 유창돈, 이응백, 전광용이다. 이 사전은 과거에 『국어 새 사전』(1958)을 내어 사회 각층의 모든 국민에게 가장 친근하고 미더운 조언자 노릇을 하려 했다. 그래서 이듬해 다시 『새 국어 사전』(1959)을 냈다.

또한 보다 대중적이고 실용성이 높은 사전 발간을 해 온 경험을 바탕으로, 이미 나온 여러 사전의 결함을 검토 연구, 내용면·체재면·이용면 등에 새로운 기획과 완벽을 꾀하여 1963년에 마침내 『新選 國語大辭典』을 발간한 것이다.

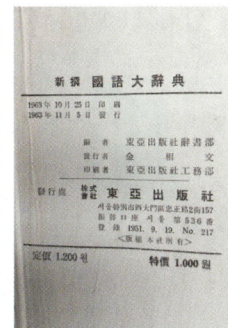

『新選 國語大辭典』(1963)

  이 사전의 특색을 들어 보면 다음과 같다.

  첫째, 내용·체재면으로 사서란 언어의 기본적인 의미를 명확하게 기술(記述)함이 그 생명인 만큼, 풀이 방식에 있어서 주관적이거나 독단적인 것을 피하고, 과학적 합리적인 것을 취하였으며, 특히 현대어의 올바른 의미와 바른 용법을 평이하게 풀이해 익힐 수 있게 했다.

  둘째, 어휘 선정이다.『국어 새 사전』·『새 국어 사전』에 수록된 어휘를 총망라했을 뿐만 아니라, 광범위한 조사 끝에 약 3만 어휘를 보충하였다. 특히 동아출판사가 발간했던『漢韓大辭典』에 실린 실용적인 한자 숙어도 대폭 수록하였다.

  셋째, 20만 어휘를 엄선 수록하였으므로 현대 생활에 필요한 신문·잡지·학술 서적 등에 반영되는 실용적인 어휘는 물론, 신구 숙어 및 전문 용어, 상용어 등 빠짐없이 찾아 볼 수 있게 하였다.

  넷째, 이용면에 있어서의 변화다. 여기에는 요령 있는 평이한 풀이, 합리적 배열(排列)로 일반 실무자는 물론이거니와 학생들이 평소 학습할 때에도 광범하고 능률적으로 이용할 수 있다고 했다. 또, 동의어·유사어·상대어, 큰말과 작은말, 센말과 거센말, 높임말과 낮춤말, 원말과 변한말 및 낮은말(속어), 바른말과 틀린말 등 관계를 체계적으로 밝혔다.

이 사전은 4·6판 2,150면에 최신 주조(鑄造)의 신체(身體) 6.5 포인트 활자로 선명하게 인쇄되어 있어 풍부한 커트, 장정의 호화, 제본의 견고 등과 아울러 사전 이용을 한층 간편하고 용이하게 할 수 있다는 점이 특징이다. 그리고 권말(卷末)에 수록한 「상용자전(常用字典)」은 한자의 정확한 습득과 활용에 실질적인 자전(字典) 구실을 할 수 있으며, 「로마자 외래어 표기 찾아보기」는 문교부에서 제정한 로마자 한글화 표기법에 의거하여 표기 배열함으로써 외래어를 찾아보는 데 편리하게 했다고 밝혔다.

② 李崇寧·金碩柱 監修, 『東亞 國語大辭典』(초판, 1977)

이 사전의 가장 큰 편찬 목적은 1970년대 국민 대중이 국어사용에 있어 외국어(외래어)의 범람에 대한 우려를 갖고 편찬하였다는 점이다.

8.15 광복 직후 국제 사회 속의 일원이 된다는 정치적 여건 아래 초래된 사회·문화적 진전과 변화로 말미암아 외국어 홍수 속에서 헤어나지 못했다는 것이다. 국민은 우리말, 우리글을 가볍게 여기는가 하면, 정부는 정부대로 변화하는 정치적 상황에 수용하기에 바

빠 방향 있는 문화 정책 내지 문자 정책은 생각조차 하지 못했던 것으로 당시 상황을 진단하였다.

 6.25 전쟁의 폐허 위에 휴전을 맞게 되어, 각자의 자리를 찾게 되면서부터 국어사전의 수요는 급증하였으나, 어디를 가든 구할 길이 없는 실정이었다. 동아출판사가 6.25 동란의 상흔이 채 아물기도 전인 1958년의 3.1절을 기하여 『국어 새 사전』을 간행한 것은(다소 내용의 불만스러움에서 오는, 국민에 대한 부끄러움이 앞서니) 그때 상황과 여건으로서는 당장 국민적 갈증에 목을 축여주는 역할을 다한 매우 기쁜 일이 아닐 수 없었다. 이후 『국어 새 사전』을 세상에 내놓은 지 20년 만에 내용을 갈고 다듬고 독자를 의식한 새로운 체재와 새로운 활자·판형 등을 창안하여 5번 개정·증보 후 발간한 『國語大辭典』은 그 결과물이다.

『東亞 國語大辭典』(1977)

 이 사전의 편찬 목적은 분명했다. 국어사전은 하루아침에 이루어질 수 없다. 오랜 세월에 걸쳐서 잠시 그치거나 끊어짐이 없는 조사·연구·실험을 거듭하면서, 독자의 성의 있는 비판의 채찍질을 받고서야 성장하는 문화의 집대성이다. 또한 국어사전은 공공성을 담고 있기에 사전의 뜻풀이는 주관을 배제한 보편타당성이 있어야 하고, 그 체제는 독자가 효율적으로 사용할 수 있어야 한다. 그리고 겨레 문화의 집대성이기 때문에 어휘 채록에도 부족함이 없어야 하는데 완벽을 기했다고는 말할 수 없다.

이 사전 편찬의 기본 방향와 특징을 정리해 본다.

첫째, 이 사전은 크게 '국어전'과 '활용옥편' 두 편으로 이루어져 있다. 국어사전에 옥편을 첨가한 것은 국어에서 차지하는 한자어 비중이 너무도 크기 때문에, 독자 편의를 고려한 때문이다.

둘째, 어휘 채록에 있어 사어화(死語化)한 어휘도 고전을 읽는 데 필요한 것은 빠뜨리지 않았으며, 문화 발전에 따른 신어와 시사어(時事語) 및 외래어도 빠짐없이 실었다.

셋째, 복합어, 숙어, 속담 등도 언어생활에 불편이 없을 만큼 많은 양을 싣되, 현대 감각에 맞는 풀이가 되도록 힘을 기울였다.

넷째, 고어(古語)는 학생들의 학습 활동과 일반 교양인의 고전 독해에 불편이 없도록 정선된 어휘를 풍부히 싣고, 그 용례와 출전도 밝혀 두었다.

다섯째, 어휘 풀이는 기본적인 뜻을 밝히고 비유적인 뜻은 추상적인 풀이를 지양하고, 현대 감각을 살린 과학적인 주해가 되게 하였다.

여섯째 활용 옥편 표제자(標題字)는 교육용 기초 한자를 비롯하여 국어생활에 필요한 한자 8천여 자를 채록하여 명확한 자해(字解)와 실용성 있는 용례를 제시하였다고 동아출판사 편집부는 밝혔다.

이 사전은 6년 후인 1983년에 증보 개정판(4판)을 내었는데, 일상생활에서 사용하고 있는 언어는 고정적인 것이 아니라 항상 변화하기 때문이다. 언어는 시대 흐름과 과학 문명의 발달에 따라 생성(生成), 변천(變遷), 사멸(死滅)하는 것이니, 이러한 언어 변화에 따른 새로운 낱말 수록과 어의(語義) 변화를 가져 온 뜻풀이의 보완 및 수정은 국어사전에 있어서 불가피한 일이기 때문이다.

그 동안 여러 차례 수정을 해 온 『국어대사전』을 이번에 장기적인 계획을 세워 대폭적으로 증보·개정하게 되었다. 이에 따라, 먼저 책의 오류가 바로잡힌 것은 물론이요, 시사적인 새로운 낱말들이 많이 수록되어 명실 공히 국어사전으로서 사명을 다할 수 있도록 하였다.

③ 『신콘사이스 국어사전』(1971, 개정 신판, 決定版)

개편된 『신콘사이스 국어사전』은 기존 『새 국어사전』을 바탕으로 삼아, 그 특색과 장점을 그대로 살리는 한편, 더욱 시대의 호흡과 애용자의 요청에 응할 수 있는 새로운 구상과 계획 아래 이루어졌다. 특히 「한영사전」을 겸한 새 시대에 맞는 본격적인 국어사전으로, 영어의 활용도가 커짐에 따라, 옮길 수 있는 한계 안에서 정확한 영어를 각 단어 및 그 풀이의 갈래마다에 삽입함으로써 실용 가치를 높였다. 동아출판사는 타 출판사와 비교했을 때, 정말 다양한 사전을 지속적으로 기획·편찬하였다. 그리고 개정판, 증보판, 결정판 등 문구를 넣어 새로운 사전임을 밝혔다.

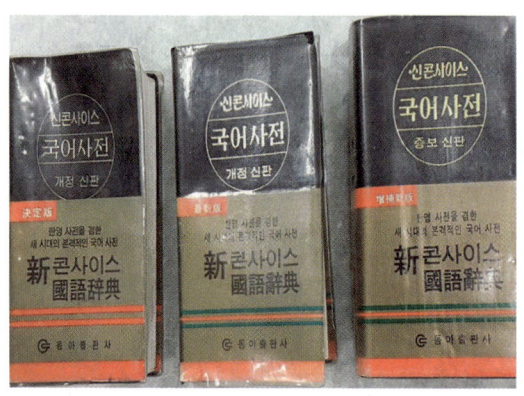

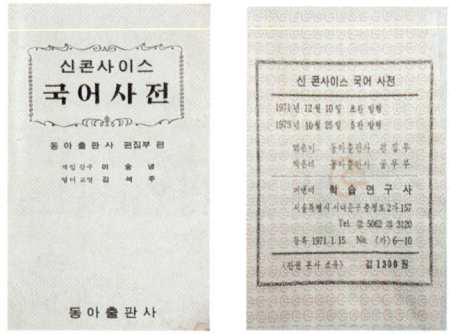

『신콘사이스 국어사전』(1971)

결국 사전은 출판사 입장에서는 일정한 기간을 두고 반복적으로 새롭게 언어를 집대성해야 하는 사업으로 굳혀진 것이다. 따라서 국어사전은 인간 활동의 모든 분야를 발전시키는 데 꼭 필요하며, 한 나라의 국어활동의 기초를 이루는 것이기 때문이다.

④『동아 新크라운 國語辭典』(1979)

 이 사전은 1971년에 전면적인 개편을 한『신 콘사이스 국어사전』을 출간한 지 8년 후에 나왔다. 8년 동안 우리 언어생활에 많은 변화가 있었고, 초·중·고 교과서 개편도 있어, 이를 반영하는 '살아 있는 국어사전'으로 만들기 위해 새로운 판형의『新크라운 國語辭典』이 발간되었다. 이 사전은 가장 새로운 시대를 반영한, 가장 새로운 국어사전임을 동아출판사는 자부하였다.

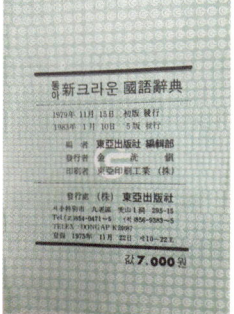

『동아 新크라운 國語辭典』(1979)

 이 사전의 특징을 보면, 첫째는 어휘 선정에 있어서는 기존『신 콘사이스 국어사전』을 바탕으로 하되, 개편된 각 학교의 교과서와 국내 일간과 주간지, 그리고 각종 신간 도서를 광범하게 조사하여 얻은 약 3만 5천 단어를 보충하였다.
 둘째, 찾아보기 쉬운 실용성 있는 사전 구실을 할 수 있도록 복합어나 숙어는 기본 표제어와 한 자리에 모아 실었다.

 셋째, 불규칙 용언은 그 활용형을 표제어에 이어 표시해 줌으로써 정확한 언어 활용에 도움이 되게 하였다.

 넷째, 고어를 풍부히 수록하고, 그 용례와 출전을 명시하였다.

 다섯째, 동의어, 유사어, 상대어, 큰말과 작은말, 센말과 거센말, 높임말과 낮춤말, 원말과 변한말 및 낮음말, 바른 말과 틀린 말 등의 관계를 체계적으로 밝혔다.

 여섯째, 우리 언어생활에 광범위하게 등장하고 있는 영어 활용도를 감안하여, 각 단어와 풀이의 갈래마다 영어를 넣어 실용적인 한영사전 구실까지 겸하게 하였다. 이듬해 1980년에 개정신판이자 최신판으로 『신콘사이스 국어사전』을 내고, 이어 1982년 증보개정판으로 다시 발간했다

『신콘사이스 국어사전』(1982)

⑤ 동아출판사의 학생용(초등) 국어사전

 동아출판사는 일반인들을 대상으로 한 소사전과 중사전을 만들어 오면서 학생을 대상으로 한 사전도 병행하였다. 그 첫 사전이 『학생국어사전』(초판 1965)으로 동아출판사는 일찍부터 초등생 전용 사전을 만든 것이다.

『학생국어사전』(초판 1965)

 우리가 성장하면서 사전과 첫 만남은 아무래도 초등학교 국어시간일 것이다. 그리고 서재나 책상 위에 국어 대사전 한 권쯤 갖추어 두어야 함은 학문 연구나 교양을 위하여 필요함은 두말할 나위도 없겠다. 그러나 대사전은 학문상에서나 필요한 낱말이나 내용이 많이 실려 있어, 일상생활의 실용면으로 보아 불편을 느낄 때가 많다. 이런 이유로 동아출판사는 좀 더 손쉽게 가질 수 있고, 일상생활에서 필요를 만족시켜 줄만한 조그마한 사전이 있었으면 하게 될 것을 미리 생각해서, 『학생 국어사전』을 발간하게 된 것이다.

 이 『학생 국어사전』은 이미 나온 여러 국어사전을 서로 비교 대조하여, 어휘에서는 너무 전문적인 것, 일상생활에서 거리가 너무 먼 것, 원래의 말만 알면 쉽게 이해할 수 있는 파생어를 삭제하고, 반면 초·중·고등학교 교과서에 나오는 말 가운데서 빠진 것을 보충하였으며, 어휘 풀이도 정확을 기하여 대폭 수정하였다.

 동아출판사가 편찬한 국어사전은 국어 실력을 보다 튼튼히 쌓고, 폭넓은 국어생활을 하는데 뒤지지 않도록 중요 낱말과 일상생활에서 필요한 낱말을 빠짐없이 실어 알기 쉽게 풀이함을 강조하였다.

『국민학교 국어사전(전학년용)』(초판 1980)

 이 사전 또한, 우리나라에서 처음으로 초등학교 어린이를 위한 새로운 국어사전을 내놓으며 국어사전 활용의 중요성을 강조했는데

"흔히들, '전과에 낱말 풀이가 다 되어 있는데 사전이 무슨 필요가 있느냐'고, 국어사전을 외면하는 경향이 있는데 이는 참으로 시대에 뒤떨어진 낡은 생각이 아닐 수 없습니다. 현대 사회는 나날이 진보 발전되고 있습니다. 새로운 지식과 폭 넓은 교양을 갖추지 않고서는 남에게 뒤떨어지고 맙니다. 그래서 여러분은 교과서 외에도 많은 것을 보고 듣고 독서를 해야 되는데, 전과에 나온 빈약한 낱말 풀이만으로는 의문을 만족하게 해결하기 어렵고 실제 생활에 활용하기도 어렵습니다"고 하였다. 이어 1976년에 첫 선을 보인『초등 새 국어사전』은 판을 거듭하면서 초등학생들에게 끊임없는 사랑을 받아 왔다(그만큼 많이 팔린 책이다).

『초등 새국어사전』 컬러판, 초판(1976), 제5판(1999)

이 사전 제5판을 새로이 엮으면서 교과서 전 과목에 나오는 낱말을 세세히 추리고, 기존 낱말을 다듬어 깁고, 쓰임이 적은 낱말은 가리어 솎아내고, 새로운 낱말을 모아서 더하는 일에 많은 애를 썼다고 밝혔다.

당시는 국어사전 편찬에 대한 관심도 높아지고, 사전의 종류도 많아지고, 다양해졌으며, 본격적인 우리말 사전 편찬을 위한 노력도 행해졌다. 이렇듯 출판사의 거듭되는 사전 편찬 열정은 공공성을 그 바탕으로 하기 때문에 가능한 것이다. 그러면서 책(사전) 콘텐츠를 통한 이익 극대화가 사전 편찬의 당위성을 뒷받침하고 있다.

1995년에 발간된 『우리말 돋음 사전』은 학생들을 위한 우리말 사전임을 강조하면서 기존의 사전들과는 차별화를 꾀하고 있다.

『우리말 돋음 사전』(초판, 1995)

이 사전은 이미 나와 있는 우리말 어휘 사전의 전형적인 틀을 바탕으로 한다. 표제항이 있으면 그 발음 표시가 있고, 뜻풀이가 있다. 이러한 틀 속에서 이 사전은 비슷한 뜻을 가진 단어의 의미 차이를 가려내기 위하여 부분적으로 '엔담 풀이'를 시도하였다. 이러한 시도는 이제 시작에 지나지 않는 것이지만, 단어의 본질에 접근하려는 매우 의의 있는 일이다.

특이하거나 흥미로운 쓰임을 보이는 뜻 갈래에는 그 용법을 보이기도 하고, 표제어에 따라 학생들이 국어 학습에 필요한 사항이나 주의가 필요한 사항 또는 참고가 될 만한 사항도 곁들여 국어 학습에 도움이 되도록 하였다.

이 사전을 이야기하다 보니, 정작 사전의 기능에 대해서 매주 중요하면서도 쉽게 지나쳐 버린 것이 아닌가 생각해 본다. 사전에는 여러 가지 기능이 있는데, 가장 중요한 것은 교육적 기능일 것이다. 사전에 실린 어휘를 이용해 정확한 의사소통을 하거나, 학습에 필요한 각종 언어정보를 얻는 일 등이 바로 그것일 터이다.

그렇다면 국내 출판사에서 펴낸 여럿 사전에는 그러한 기능이 제대로 살아 있을까?

해를 거듭해 가면서 수정·증보·개정판으로 세상에 나온 수 백 종류의 사전들은 사전 이용자의 지적(知的) 욕구를 처리할 수 있도록 도와주어야 하며, 배움의 길잡이 구실을 해야 함에도 불구하고, 출판사 또는 사전 편찬자 처지에서 그때그때 편의성에만 치중했음도 더러 있을 것이다.

대부분 출판사와 사전 편찬자들은 말한다. 이번에 새로이 엮어 펴내는 국어사전은 혁신(지금까지와 다름)과 창의(기존의 것과 다름)의 결정체라고. 물론 우리 언어생활 그 자체가 늘 변화로 가득한 일상이기에, 사전은 그 변화되어 사용되는 언어를 집약시킨다. 사전의 운명은 내일보다는 어제의 말에, 그리고 그 말이 사용되고 있는 현재 시점에서 다시 세상의 모든 국어를 모은다.

동아출판사의 『우리말 돋움 사전』이 혁신의 면모를 갖추었음은 분명하다. 기존 사전들이 보여준 어휘 사전의 전형적 형태를 기본으로 하되 이용자들이 보다 많은 언어 정보를 취할 수 있도록 몇 가지 새로운 사항을 첨가하는 데 수월찮은 품을 들였다는 사실이다. 그것은 사전의 교육적 기능을 한껏 높이기 위해 다음과 같은 사전적 요소를 새롭게 도입한 까닭이다.

첫째, 어휘 분석 능력 향상을 꾀하려 엔담 풀이를 시도했다.

둘째, 언어 구사 능력 향상을 위해서 특이하거나 흥미로운 쓰임을 보이는 뜻 갈래어는 그 용법을 드러내어 보였다.

셋째, 수록 표제어에 따라 적절한 참고와 주의 사항을 달아 국어 학습 효과 증진을 꾀하려 했다. 이 사전의 이러한 독자성이 과연 얼마만큼 활용의 이점으로 작용했는지에 대해 지금으로써는 알 수 없지만, 이 사전의 판과 쇄의 숫자를 통해 짐작할 수 있다. 사전 편찬에 완성판이란 있을 수 없기에 쉼 없는 수정 보완의 약속에 믿음이 간다.

이 사전은 고어(古語)부분은 이기문 교수, 엔담 풀이 및 각종 어법 관련 사항에 대해서는 임홍빈 교수가 감수하였음을 동아출판사 국어사전부는 밝혔다. 그리고 2000년에 2판으로 새롭게 편찬했는데 1995년 초판후 5년만이다. 그런데 『우리말 돋움 사전』이라는 말에서 우리말 실력을 한 차원 높이는 데 도움이 되는 사전이라는 의미를 강조하기 위해서인지 사전 이름을 『참 국어사전』으로 바꾸었다. 우리말의 참다운 모습을 보인다는 의미를 부각시킨 느낌이다.

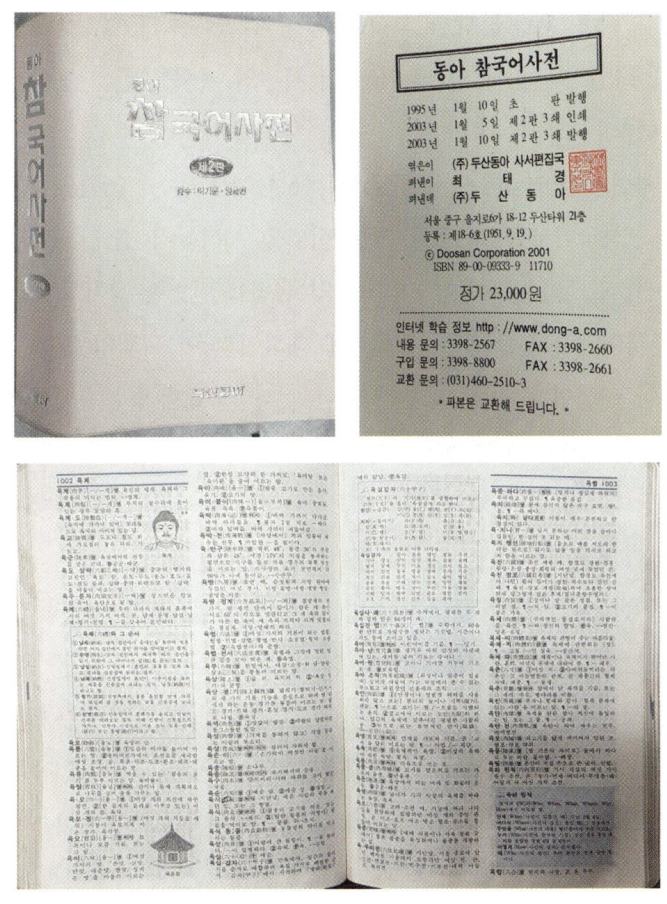

『참 국어사전』(2000)

초판에서도 강조했듯이, 이 사전이 독자의 사랑을 받게 된 가장 큰 요인은 풍부한 엔담 풀이에 있다고 본다. 제2판에서도 대폭 추가된 엔담 풀이를 통하여 유의어와 동의어 차이를 쉽게 구별할 수 있고, 표제어와 관련된 다양한 참고 정보를 얻을 수 있으며, 어법 정보나 각종 문법에 대한 지식을 얻을 수 있도록 했다. 이렇듯 엔담(사방으로 에워 싼 담) 풀이는 이 사전의 가치를 한껏 높이는 데 기여했다.

  이 사전은 국립국어원『표준국어대사전』에서 많은 도움을 받은 듯하다.『참국어사전』의 전면 개정 작업을 시작하기 전에『표준국어대사전』간행이 완료되어, 이 사전의 규범을 반영한 점이다. 결국『표준국어대사전』은 모든 표제어에 대하여 국어 규범의 전형을 제시했다는 점이다. 이는 매우 중요한 것이다. 표제어의 규범이 정해진 만큼 앞으로 사전마다 다른 표기는 찾아보기 어렵게 되었으며,『참 국어사전』이 한발 앞서『표준국어대사전』의 통일된 규범을 따른 것이다.

  제2판은 이와 같이 한글 맞춤법, 표준어 규정, 표준 발음법, 외래어 표기법 등 현행 어문 규정을 정비한『표준국어대사전』을 반영했다는 점에서 이전의 판과는 뚜렷이 구별된다. 이 판에서는 잘못된 표기, 방언, 순화어 정보 등도 체계적으로 정리하였으며, 민속 계통의 삽화를 대폭 추가하여 그림을 통한 개념 파악에 도움이 되도록 하였다. '네티즌, 스토커, 파파라치, 스톡옵션' 등과 같은 신어도 많이 넣었으며, 부록으로 수록한 '고어'도 수정 보완하였다

  한편 상업적 이윤을 목적으로 하는 것이 아닌 대학에서 만든 사전으로 1998년『연세한국어사전』(두산동아 출간, 2,246쪽)이 발간되었

다. 사전은 출판·인쇄만 두산동아에서 했을 뿐, 사전 편찬의 기획은 연세대 언어정보개발연구원이 맡았는데, 이 사전은 아이들에게 우리말 바로 쓰기를 가르치는 학부모와 교사들에게 권장하였다.

『연세 초등국어사전』, 연세대학교 언어정보개발연구원 편

연세대는 일찍이 1920년대부터 본격적으로 우리말을 연구해 온 학문적 전통이 있는데, 언어학, 국어학, 정보학, 사전학 등을 연구하고 가르치는 학자가 중심이 되어 1986년부터 준비해 국내에서 처음으로 사전 편찬의 첨단 이론과 기술을 연구·발간하였다. 사전은 우리말을 대표할 수 있는 온갖 신문, 잡지, 소설, 학술 서적 등에서 18만 쪽을 가려 뽑아 정보학적 기술로 처리하여 대규모 '말뭉치'를 만드는 작업을 했고, 이 방대한 자료에 단 한 번이라도 쓰인 낱말을 모두 잡아 낼 수 있게 해, 획기적인 국어사전을 낸 것이다.

이 초등 국어사전은 2000년 1학기부터 쓰고 있는 제7차 개정 교과서를 가능한 한 모두 반영해, 초등학교 어린이들이 학교 공부나 책 읽기에서 만나게 되는 낱말의 거의 전부가 이 사전에 올라 있다고 해도 과언이 아니라고 밝혔다.

또 한 가지 특징은 초등학교 영어 교육용 낱말을 참고 사항으로 제시했다는 점이다. 이는 세계화 시대를 맞아 어린이들이 일찍부터 두 말의 비교를 통하여 우리말을 더욱 확실히 아는 동시에 영어에 대한 이해를 높이고자 하는 목적임을 밝혔다.

7) 금성출판사의 국어사전

금성출판사는 사전 분야에서는 후발주자로 1987년 『뉴에이스 국어사전』을 기획하게 된 것은 변천하는 언어의 실체를 새롭게 파악하고, 나날이 증가하고 있는 어휘를 폭 넓게 수용하기 위함이라고 했다.

사전을 만들기 위해서는 한 나라에서 유통되고 있는 모든 어휘를 빠짐없이 채집해야 할 뿐만 아니라, 그 어휘를 일관성 있게 체계화하고 정확하게 뜻매김해야 하는 방대한 자료 수집과 고도한 문법 이론의 토대 없이는 불가능한 일이다. 금성출판사는 이러한 어려움을 무릅쓰고 여러 해에 걸친 각고(刻苦)의 노력 끝에 좋은 사전, 완전한 사전을 목표로 1987년 초판을 발행했고, 다시 1993년에 제2판을 냈다.

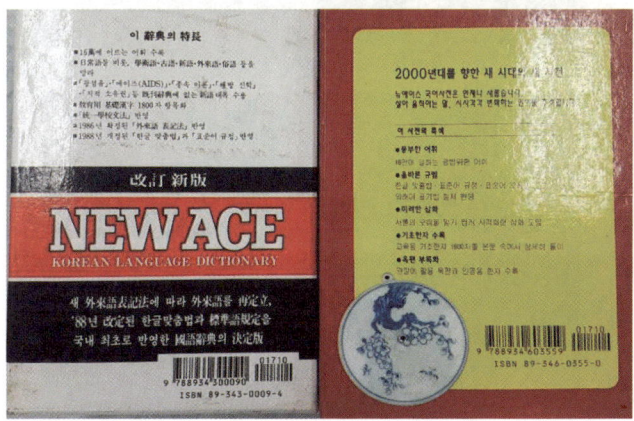

耘平語文硏究所 편, 『뉴에이스 國語辭典』(초판, 1987)

 금성출판사는 보다 완벽한 국어사전에 대한 독자들의 열망에 답하기 위하여 이러한 모든 문제점을 최대한 해결하고 보완하여 이미 『뉴에이스 국어 중사전』을 펴낸 바 있다.
 이 사전은 당시 독자들에게 큰 호응을 얻고 있거니와 이에 힘입어 그 축소판이라고 할 수 있는 『콘사이스 국어사전』을 새로이 기획하기에 이르렀다.

운평어문연구소 편, 『CONCISE 國語辭典』(초판, 1988)

 이 소사전은 휴대하기 쉽도록 부피를 줄였으며, 최소 지면에 최대 내용을 실을 수 있도록 간결하고 밀도 높게 편집하였다. 비록 부피는 작아도 일상어를 중심으로 사용 빈도가 높은 전문어, 신어(新語) 등 까지도 폭넓게 엄선하여 수록해, 학생들은 물론, 일반인들도 요긴하게 이용할 수 있도록 했다. 또한 이 사전은 1985년부터 시행되고 있는 「통일 학교 문법」을 바탕으로 하여 문법 체계 및 용어를 정리하였으며, 1986년에 확정된 「새 외래어 표기법」에 따라 모든 외래어를 재정리함으로써 앞서가는 사전으로서 면모를 더욱 새롭게 하였다

 이후 1990년에 개정판을 내었는데 50여년 동안 시행되어 온 한글 맞춤법이 개정되고, 표준어가 새로이 사정되었다. 이러한 어문 개혁은 우리 언어생활에 상당한 변화를 가져다 줄 것으로 예상된다. '무우'→'무'로, '우뢰'→'우레'로 바뀌었으며, '있읍니다'→'있습니다'로 표기해야 하는 사실은 한편으로는 낯설게, 다른 한편으로는 당혹스럽게 느껴질 것임을 염두에 두고 새롭게 사전을 편찬해야만 했다.

 그리하여 금성출판사에서는 새 맞춤법과 표준어 규정에 따른 국어 사전 개편이야말로 언어 대중이 맞닥뜨리게 될 혼란과 당혹감을 최소화하는 지름길임을 굳게 믿고, 그 동안 치밀한 수정 작업을 해 왔으며 더 나아가 1990년 9월 문화부에서 발표한 「표준어 모음」도 반영하여 새 사전을 펴내게 된 것이다.

 사전 편찬에 있어 대사전·중사전·소사전 등 그 규모의 차이는 곧, 출판사의 역량과도 직결된다. 민중서림, 동아출판사와 두산동아는 일찍이 그 사회가 요구하는 국어의 모든 것을 담고자 했던 '대사전'을 완성한 상태이다. 여기에 금성출판사도 대사전 편찬에 박차를 가한다.

 금성출판사가 한 권의 대사전을 완성하면서 기존의 대사전과 차별화를 선언했다. 사전 편찬이란 것이 작업의 방대함도 방대함이려니

와 치밀한 체계 수립, 합리적인 방법론 정립 등 많은 어려운 문제와의 악전고투(惡戰苦鬪)를 극복해야 한다.

이 사전은 김상형 선생을 필두로 해서 편집 위원으로서 형태론(形態論)과 고어(古語) 분야에 서울대 고영근(高永根) 교수, 문법 전반은 서울대 임홍빈(任洪彬) 교수, 이두(吏讀)와 발음 분야는 성심여대 이승재(李丞宰) 교수가 참여하였다

『국어 대사전』(초판, 1991)

일반적으로 사전의 역할은 1차적으로 한 나라의 언어 현상을 총체적·전면적으로 보여줌에 있고, 2차적으로는 그 언어에 질서와 규범을 부여함에 있다.

국어사전이란 한 국가가 저장하고 있는 어휘 전체를 광범위하게 담아야 한다. 즉, 입말이든 글말이든, 속어든 비어(卑語)든, 표준어든 방언이든, 그것이 언중(言衆)들에 의해 사용되는 것이라면 일단

빠짐없이 수용하는 것이 옳다. 또 어휘 채집 못지않게 중요한 것은 분화(分化)되어 가는 어의(語義)를 새롭게 수용하는 일이다. 언어란 생명체와도 같아서 끊임없이 생성·성장·소멸한다. 사전이 주기적으로 새로이 편찬될 수밖에 없는 것은 언어의 이러한 가변성(可變性) 때문이다. 사전이 변모해 가는 언어의 실제의 모양이나 상태를 외면한다면, 그것은 낡은 어휘 창고에 지나지 않게 될 것이다.

 그러나 언어 현상 자체에 대한 충실한 기술만이 사전의 역할을 다했다고는 할 수 없다. 언어는 지역이나 계승에 따라 다를 수 있고, 개인과 개인 간에도 차이가 있을 수 있다. 따라서 그것을 표준화하고 규범화하는 일이야말로 사전이 감당해야 할 중요한 몫이다. 물론 이러한 작업은 사전 편찬자만이 전담할 일은 아니다. 국어학자라든지 국어연구 기관 등이 간단없이 제기하고 해결해야 할 문제이다.

 그리하여 사전은 어휘 하나하나에 대해 그리고 언어의 낱낱의 쓰임에 대해 타당한 규범으로써 엄정한 심판을 내리는 법정(法廷)이 되어야 한다. 언어는 다름 아닌 사회적 약속이고, 공기(公器 : 공중의 물건)이기 때문에 더욱 그러하다. 금성출판사의 이 사전은 지금까지 나온 사전에서 보기 드문 몇 가지 새로운 기획을 세워 편찬하였다. 첫째 어원(語源) 표시, 둘째 많은 용례(用例) 수록, 셋째 북한 언어 수록, 넷째 다량의 삽화와 원색 도판 도입, 다섯째 개정된 '외래어 표기법'(1986)과 '한글 맞춤법' 및 '표준어 규정'(1988)을 충실하게 반영하였다.

이후 금성출판사는 제1판(초판, 1991)을 보인 지 5년 후에 제2판을 냈다. 제2판 『국어 대사전』은 초판의 장점을 살리고 단점은 보완하면서 내용의 혁신을 꾀하고자 하였다. 금성출판사 대사전은 국내·외의 사회·경제 흐름을 반영할 수 있는 국어의 집대성을 담고자 하였다. 이 사전의 발간사에 담겨져 있는 내용을 요약해 본다.

 우리는 빛나는 문화와 더불어 세계 인류 속에서 가장 아름다운 말과 글을 가꾸고 꽃피워 왔습니다. 21세기 한민족의 시대를 맞이하여 금성출판사는 우리 민족의 자랑스러운 말과 글이 창조해 온 민족문화의 총체적 역량의 집대성인 『국어 대사전』을 편찬하는 일이 가장 먼저 할 일임을 깨닫고 온 힘을 쏟아 왔습니다. 세계가 한 울타리로 좁아지고 정보산업(情報産業)이 고도로 발전하면서, 무수한 낱말이 걷잡을 수 없이 쏟아져 들어오고 새롭게 태어나고 있으며, 밖으로는 소련의 붕괴를 비롯한 동구권(東歐圈)의 지각 변동, 안으로는 문민정부(文民政府)의 탄생을 비롯한 온갖 사회 변동을 맞고 있습니다. 이러한 때에 오늘의 『국어 대사전』은 증보와 개정을 거듭하지 않고서는 참다운 사전의 기능을 다할 수가 없습니다. (1996년 1월, 금성출판사 회장 金洛駿)

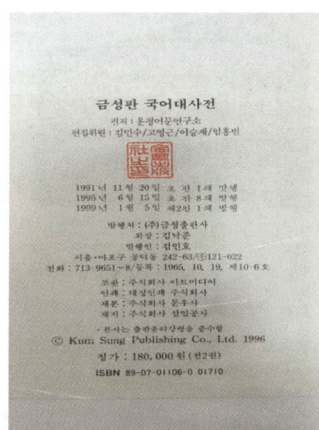

『국어 대사전』(2판, 1996)

  금성출판사는 『금성판 국어 대사전』 편찬을 1991년에 마무리해 세상에 내놓은 후, 이 사전을 바탕으로 이듬해 1992년에 『그랜드 국어사전』이라는 사전을 발간했다.

 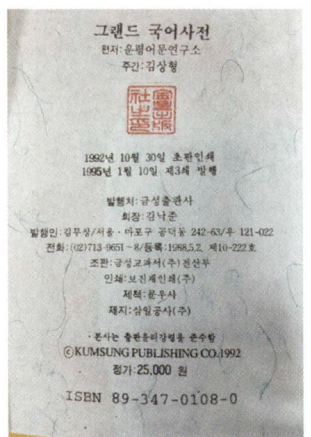

운평어문연구소 편저, 『그랜드 국어사전』(초판, 1992)

　이 사전은 『국어 대사전』을 근간으로 하되 가급적 백과적 요소를 덜어 내고 순수 어휘적 요소를 중점적으로 다루었으며, 내용도 중사전 규모에 맞게 간결하게 하였다. 그에 더하여 잘못된 부분은 바로잡고, 모자란 부분은 채워 넣었다.
　특히, 새 어휘 확충과 낱말 풀이의 새로운 손질은 의의 있는 진전이라고 생각한다. 예문도 대사전의 것을 최대한 살렸으며 더욱 세심하게 다듬었다. 맞춤법과 표준어도 개개 조항의 해석과 적용상 여러 문제에도 불구하고 그 근본 취지에 더욱 다가설 수 있도록 신중을 기하여 재정비하였다.

8) 어문각의 국어사전

 어문각도 국어사전 편찬 사업에 일찍부터 진입하였다. 그 시작부터 사전 규모도 대사전에 준하는 것이다.

『다목적 종합 국어사전』(초판, 1968)

 이 사전이 계획된 것은 1965년 겨울로, 시초는 1959년 3월에 낸 바 있는 『새 사전』을 휴대판으로 내려했지만 진행하는 과정에서 여러 문제에 부딪쳤다. 무엇보다도 집성·조정된 국어사전이자, 누구나 일용에 손쉬운 벗이 되게 하고자 하는 계획으로, 초고를 뜯어고친 것도 다섯 차례, 햇수로 4년째 이르러 드디어 햇빛을 보기에 이른 것이다. 또한 영어 대역은 고려대학교 배운학 교수가 참여했는데, 우리 국어사전에 영어 대역을 실은 것은 이 사전이 시초가 된다.
 사전 제작이란 시종 많은 곤란이 겹치는 일인데, 이 사전은 편찬하기까지 30여 명의 편찬원 및 교정원이 있었음을 밝혔고, 조판은

6포인트와 5.25포인트 활자를 새롭게 제작한 점도 특징적이다.

한편 1974년 새로운 사전 편찬 방법으로 발간한 『원색 도해 신국어 대사전』이 있다. 이 사전은 본문 양 옆에 이해에 필요한 사진, 삽화, 도표 등을 되도록 많이 수록하여 입체적 뜻풀이로써 사전 사용자들에게 쉽게, 그리고 생생하게 이해할 수 있게 한 것이 큰 특색이다.

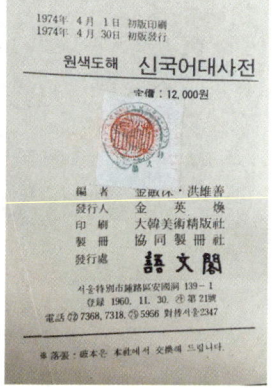

『원색 도해 신국어 대사전』(초판, 1974)

우리말에는 원래 많은 한자어가 있고, 한자 자모는 낱말을 구성하는 요소로 핵을 이루고 있다. 그래서 이 사전에는 1972년 8월 문교부가 공표한 중·고등학교 한문 교육용 기초 한자 1,800자와 1967년 10월 한국신문협회가 선정한 상용한자 2,000자, 우리 일상생활에서 사용하는 한자 중 그 빈도가 비교적 많은 한자 3,000여자를 포함한 약 5,000자의 한자를 음순에 따라 본문에 수록하였다.

또한 각 표제어 주석 끝에 영역을 달아 영어 학습에도 도움이 되게 하였다. 한자 관련한 내용은 1968년에 편찬한 국어사전 형식을 따랐다고 밝히고 있다.

 어문각은 창업 후, 20여 년간 수많은 책들을 출판하면서 우리 민족의 얼이요, 거울이라고 할 수 있는 우리말을 담은 국어대사전을 펴내는 것이 하나의 꿈이었다고 한다.

 이에 따라 당시 우리나라에서는 시도해 본 일이 없는 『원색 도해판 국어대사전』이라는 사전을 기획했는데, 제작 과정에 있어서도 일이 워낙 컸던 만큼 난관 또한 그에 못지않았을 것이다.

 4.6배판 2,000여 페이지에 달하는 방대한 어휘의 분류 검토, 그리고 그 페이지 페이지마다에 사진, 삽화, 도표들을 넣는다는 것은 상상을 초월한 지난한 작업이었을 것이다. '하면 할 수 있다'는 신념으로 각 학계와 연구 기관의 권위 있는 학자들의 조언과 협력을 얻어, 사진 자료를 입수하는 한편 유능한 편집원들로 하여금 조사, 연구, 검토와 재검을 거듭하게 하여 정확과 철저를 기했다고 밝혔다.

 이어 역사상 최고 국어사전인 『우리말 큰 사전』(1992)을 어문각에서 발간하였다. 물론 한글학회가 지은 사전이지만, 어문각이라는 출판사에서 인쇄·출판하였는데, 사진·삽화·도표가 들어간 국어사전으로 1992년 발간되었다. 조선어학회(한글학회의 前身)가 1957년에 완성한 『큰 사전』(전6권) 이후 44년 만인 1992년에 한글학회가 『우리말 큰 사전』으로 재탄생되었다.

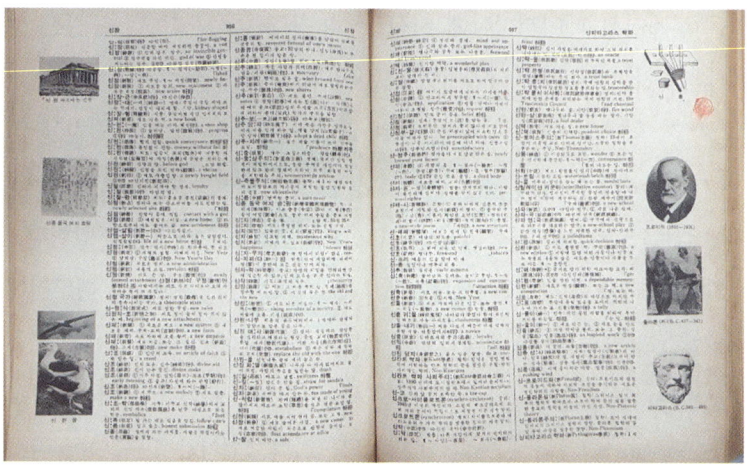

한글학회 편, 『우리말 큰 사전』(1992)

이 사전이 탄생되는데 있어서 긴 시간의 준비과정을 설명하는 머리말을 이해하는 것이 좋을 듯싶어서 옮겨본다.

머리말

 한 말을 쓰는 사람과 사람끼리는 그 뜻을 통하여 살기를 서로 도와줌으로 그 사람들이 절로 한 덩이가 되고 그 덩이가 점점 늘어 큰 덩이를 이루나니 사람이 제일 큰 덩이는 나라라. 그러하므로 말은 나라를 이루는 것인데 말이 오르면 나라도 오르고 말이 내리면 나라도 내리 나니라. 이러하므로 나라마다 그 말을 힘쓰지 아니할 수 없는 바니라. 글은 말을 담는 그릇이니 이지러짐이 없고 자리를 반듯하게 잡아 굳게 선 뒤에야 그 말을 잘 지키나니라. 글은 또한 말을 닦는 기계니 기계를 먼저 닦은 뒤에야 말이 잘 닦아지나니라." (주시경 : 「한 나라 말」)

 주시경 선생은, 말과 글은 겨레의 정신이오, 그러므로 말과 글은 나라가 이 땅덩이 위에 홀로 서는 특별한 '빛'이 된다는 생각을 밑바닥에 깔고, 우리 말글의 연구와 교육에 온갖 정성을 바쳐 오다가, 1908년에는 이 정신으로 묶인, 우리나라 최초의 학회를 만들었으니, 이것이 '국어 연구 학회'이다.

 이 학회는 여러 번 이름을 바꾸어 지금의 '한글학회'로 이어지는데, 이 학회는 일본 제국주의 침략자들의 총칼 정치 시대에, "시들어 가는 배달 겨레의 얼을 불러일으키기 위하여, 찬연한 민족문화의 유지 발전을 위하여 단심으로" 우리말 사전을 만들기 시작하여, 이십 년 가까운 피와 눈물의 세월이 지난 뒤, 『큰 사전』 여섯 권을 세상에 내어 놓게 되었다. 이 사전이 나왔을 때의 우리 겨레의 감격은 말과 글로 다 나타낼 수가 없을 지경이었다.

 그러나 너무나 어려운 시기에 만들어진 것이었으므로 여러 가지 모자람이 있음을 면하지 못했었다. 그런데도 우리 학회는 광복 뒤에 다른 급한 일들에 얽매이어 사전을 돌보지 못하고 있다가, 그 뒤에 나오는 사전들에 우리말 아닌 말들이 많이 섞여서, 겨레말을 더럽혀 가고 있음을 보고, 견디다 못해 지금으로부터 이십여 년 전에 『큰 사전』을 고치고 깁는 일에 손을 대기 시작하였다. 그 사이 70년대 초에 어려운 일이 있어 한때 중단되는 일이 있기는 했으나, 그래도 자료를 모으고 주석을 하는 일을 계속하여 이제 겨우 책으로 되어 나오게 되었으니, 이것은 오로지 그 동안 이 일에 희생적으로 봉사한 편찬 일꾼들의 피땀의 결정이오, 정부 관계 당국의 따뜻한 마음성의 결과이오, 어문각에서 일보시는 여러분들의 밤낮을 가리지 않은 노고의 산물이다.

그러나 책이 되어 나오게 되니 두려움이 앞선다. 과연 이 사전에, 주시경 선생과, 그 뒤를 이어 피로 우리 말글을 지켜 온 거룩한 애국 학자들의 말글 사랑의 정신이 유감없이 나타나 있을까? 『큰 사전』 이후 지금까지 나온, 우리말 아닌 말들로 더럽혀진 사전들의 수치를 깨끗이 씻을 수 있었을까? 이 사전을 아껴 써 주실 고마운 분들의 기대에 얼마나 보답할 수 있을까? 자신을 가지고 '그렇다'고 하기에는 모자라는 점이 매우 많음에 부끄러운 생각이 앞선다.

그래도 약간의 위안을 느끼는 점이 없지는 않다. 많은 문학작품에서 꽤 많은 '보기 글'을 찾아 실었다. 남과 북의 방언 자료를 모두 검토하여 실었으니, 이 가운데에는 북의 '문화어'도 대부분 수록되어 통일 사전의 기초가 만들어졌다. 그 뿐 아니라 옛말과 이두말은 크게 깁보태어졌다.

우리 학회는 지난날의 경험을 토대로 하여, 이 사전을 더욱더 고치고 보태어 나가는 일을 게을리 하지 않을 것이다. 앞으로 더욱 많은 도움 말씀을 주시기를, 이 책을 보시는 여러분에게 바라 마지않는다.

1991년 10월 9일

한글학회

9) 교학사의 국어사전

교학사는 '소사전'을 중점적으로 편찬한 출판사다. 기존의 다양한 사전 전문 출판사도 소사전을 선보였듯이, 국어 관련 참고서를 전문으로 하는 교학사도 일찍부터 사전편찬 사업에 합류하였다. 1972년에 『표준 새국어사전』 초판발행 후, 계속해서 판을 새롭게 하여 학생들로부터 호응이 높았다.

  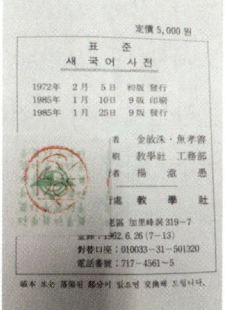

『표준 새국어사전』(초판, 1972)

이 사전은 이러한 현대 생활의 요구에 맞추어, 복잡 다양한 현대어의 현실을 여실히 반영하고, 더욱 가장 정확하게 이를 파악하여, 고어·외래어 등도 현대어의 처지에서 바르게 골라, 현대에 소용이 안 닿는 말은 폭넓게 이를 정리하는 동시에, 시사용어 등 최신어는 대사전보다도 오히려 민감하고 풍부하게 거두어, 지금까지 모든 사전의 맹점을 보충 수정하여 새 시대에 요긴하도록 엮었다.

이 사전의 특징은 주석에 있어서도 알기 쉽고 간단명료하게 해석하기에 힘썼고, 동의어·반대어·유사어 등과 그 용례를 보이는 한편, 그 역어인 영어를 끝에 붙이어 '한영사전'의 구실을 하게 하였다. 한편, '속담'은 겨레의 슬기로서 그 중요성을 살리어, 이를 일반 어휘와 같이 표제어로 세워 찾기에 편하게 하였다.

교학사는 이 사전 한 권으로, 국어사전·한영사전·속담사전을 겸하도록 하였으며, 또한 부록으로 한자 자전을 엮었다. 교학사는 자체적으로 사전 편찬부를 두고 시작한 것이라기보다는 당시 국어학 분야의 대가로 손꼽히는 학자들과 사전편찬 사업을 함께 하였는데, 교학사를 내세우기보다는 이름난 국어학자가 엮은 사전임을 강조하고, 사전 감수자를 거쳤음을 꼭 밝혔다.

이러한 사례는 1989년 초판이 발행된 『New Age 새국어사전』으로 서울대학교 민병수 교수가 감수한 사전이다. 일찍이 교학사가 편찬한 『표준 새국어사전』(초판, 1972)을 새롭게 재편성해서 편찬한 사전이다.

한편 실용성을 바탕으로 편찬된 국어사전인 『國語實用辭典』이 1985년 발간되었다. 이 사전은 우리말의 고유어를 뺀 국어사전이라고 할 수도 있고, 한자어 사전이라고도 할 수 있다. 따라서 이 사전은 '실용'이란 점에서, "학생이 공부를 하면서, 공무원이 기안을 하면서, 회사원이 상용 편지를 쓰면서, 말은 알면서도 그 말을 한자로 어떻게 쓰는지 얼른 생각나지 않을 경우가 종종 있다. 이런 때에 이 책은 즉시 해결해 줄 것이다"고 밝힌 것에서 실용사전으로 활용도가 높았다.

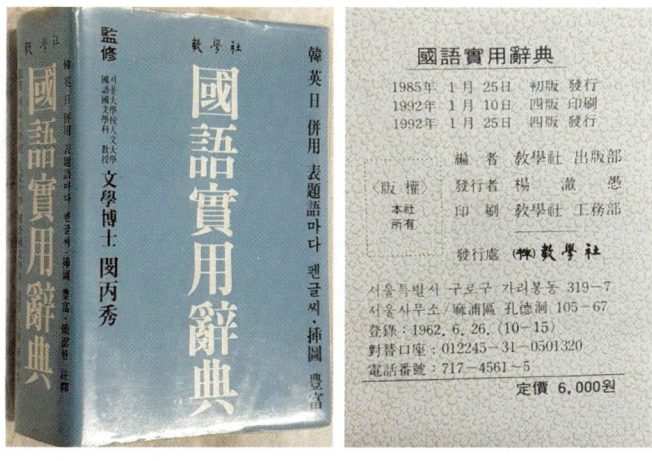

『國語實用辭典』(초판, 1985), 監修 서울대학교 교수 민병수
韓英日兼用, 標題語 마다 펜글씨, 揷畫 豊富

    교학사는 초·중·고등학교 학습서(자습서) 등의 보조 교재와 교과서를 전문으로 기획·출판하는 곳이다. 사전 분야에서는 초등학생용 국어사전을 편찬하였다. 교학사가 만든 초등용 국어사전으로는 1990년 초등학교『표준 국어사전』을 시작으로 1997년 초등학생『학습 국어사전』이 발간되었다.

 이 사전은 '학습'을 강조한 국어사전인데, 먼저 발간한『표준 국어사전』(초판, 1990)을 토대로 해서 새롭게 낸 것이다. 이 사전에다 말수를 곱으로 보태고 쉬운 예문을 보이어 낱말 풀이 이해를 도왔고, 특히 원색 그림을 많이 넣어 시각적 이해를 꾀하였다. 그러면서 머리말에는 사전을 통한 국어학습의 좋은 사례를 들어 초등학생들에게 사전의 중요성을 강조하였다.

초등학생용 국어사전

10) 특별한 사전

 사전 편찬은 어떤 한 분야에 깊은 관심과 애정이 있다면 누구나 도전할 수 있다. 여기에 전문성을 바탕으로 한 대중화에 뜻을 둔다면 더 좋은 사전 만들기에 매진할 것이다.
 우리나라에서 국어사전을 탄생시킨 선학자들은 전공이라고 할 수는 없지만 그 시작은 열정 그 자체로써, 일제강점기라고 하는 사회·문화적 상황에서 우리말(한글)에 대한 민족의식이 큰 힘으로 작용하였던 것이다.
 국내 대부분의 국어사전은 일단 대사전을 편찬한 후에 중사전, 소사전 등으로 구분해서 대중들에게 맞춤형 사전으로 유통되었다. 이 중에서 특히, 고어(古語)에 대한 연구와 초등학생을 대상으로 한 어린이용(초등생) 사전이 일찍부터 발간되었다. 여기에 맞는 사전들을 선별해서 특징을 살펴본다.

① 『이조어사전(李朝語辭典)』(초판, 1964)

　이 사전은 개인 연구자가 편찬한 사전이다. 류창돈은 '조선어 총어휘집' 작성을 결심하고, 그 첫 카드를 만들기 시작한 것은 대학으로 직장을 옮기던 1954년 4월의 일이었다. 본래, 류창돈은 "古代에만 쓰이던 말만이 古語"라는 종래의 개념에 대해서, 그런 어휘만을 추려서 엮는 사전 편찬 방법에 대해서는 항상 이견을 품고 있었다. 곧, 한 시대의 언어현상을 알려면, 그 시대에 쓰이던 어사(語辭, 말·言辭)는 모두 수록 제시해 주는 그런 사전이 있어야 한다고 믿어왔기 때문에, 이 사전에서는 이에 준하여 현대에도 쓰이는 말이라 할지라도 구애하지 않고, 조선시대 문헌에 기록된 어사(말)라면 모조리 채록하였다. 다만 조선시대 말은 정음표기어(正音表記語)와 한자표기어(漢字表記語)의 양종(兩種)으로 대별되는데, 처음에는 이 두 가지를 다 실을 예정으로 원고를 작성하였던 것이나, 분량 관계로 해서, 후자는 별제 간행하는 길밖에는 없게 되었다.
　이 사전은 1964년 13cm×18cm의 중사전 규격에 830면으로 연세대 출판부에서 출간하였는데, 단순히 조선시대 때 기록한 어휘만을 모아 놓은 것은 아니다. 이 책을 엮음에 저자는 가능한 한, 나름의 주관으로 어학적 분석과 분류를 꾀하였고, 그렇게 함으로써 조선어 연구를 위한 하나의 자료적 사전이 될 수 있도록 정성을 들였다. 이 사전을 '편(編)'이라 하지 않고 '저(著)'라 한 까닭도 여기에 있는 것이다.
　이 사전을 편찬하는데 있어 귀중한 문헌을 빌려 주신 분들에 대해서도 소개하고 있는데, 당시 최현배, 이숭녕, 이겸로, 남광우, 김민수 선생이었다. 그리고 이 사전은 1962년 연세대학교 대학원에서 저자에게 지급한 「李朝語史 硏究」를 위한 연구 보조비가 큰 도움이 되었다고 했다.

② 『새사전』(초판, 1959)

　1959년에 대한교과서 주식회사에서 발행한 『새사전』은 한글학회 정회원인 홍웅선·김민수18) 의 공편으로 발간되었다. 사전은 1,292면에 15cm×21.5cm의 중사전인데, 이 사전이 탄생하는데 있어서 여타의 다른 사전들과는 여러 면에서 그 환경이 달랐다.
　『새 사전』 편자 두 사람은 십 수 년 간 국어교육에 종사하면서 사전을 제작하려는 계획을 각기 따로 가지고 있었다.
　편자 중 한 사람은 1952년 여름에 드디어 출판사 요청으로 같은 길을 걷는 벗들과 일에 착수하게 되었다. 그 후 3년여에 걸쳐 수많은 자료에서 십 수 만 장의 카드를 만들기에 이르렀으나, 출판사 사정으로 뜻하지 않은 실패에 부딪치게 되었다. 그리하여 서재 한 쪽을 그득히 차지한 카드들은 책으로 태어날 그 날을 기다릴 뿐이었다.

---

18) 이 사전이 편찬될 당시 약력을 보면, 홍웅선(洪雄善)은 문교부 국어 편수관, 숙명여자대학교 강사, 국어 심의회 심의위원, 국어국문학회 상임회원, 한글학회 정회원. 김민수(金敏洙)는 고려대학교 부교수, 서울대학교문리대 강사, 이화여대 대학원 강사, 국정 국어교과서 편찬위원, 한글학회 정회원.

다른 한 사람은 1955년 봄부터 출판사와 계약이 성립되어, 5~6명의 편집 정리원을 두고 다음 해 여름에 이르러 약 10만에 가까운 기본 카드 완성을 보았다. 이 출판사 또한 본격적인 일에 착수하지 못할 처지에 놓이고 말았다.

1956년 가을 어느 날, 두 사람은 서로가 헛되이 겪은 과거를 이야기하는 가운데 사전에 대한 뜻의 일치를 보게 되었다. 이 사전을 간행한 출판사와 인연이 무르익어서 다음 해 2월부터 일에 착수하기에 이르렀다.

그러나 이 과정에서 얽히고 복잡한 사정이 또 발생하였다. 여러 해를 두고 준비하면서 출판의 날이 오기를 기다리던 두 사람의 많은 카드들이 모조리 부엌 아궁이로 옮겨졌다. 이때의 마음은 진실로 그것을 내보이기조차 부끄럽기까지 하였다.

결국은 그동안 경험을 알뜰히 살려서 그야말로 깔축없고 믿음직한 『새 사전』을 이루겠다는 비장한 결심을 다시금 다짐하였다. 그 보람 없이 죽어가는 카드들이 아직도 부엌 구석에서 뒹굴고 있다고 한다면, 그간의 사정을 가히 짐작할 수 있다.

그 후 다행스럽게도 일들은 매우 순조롭게 진행되어, 이윽고 조판에 착수되었으나, 편자 한 사람이 약 1년 동안 미국에 외유하는 관계로 이런저런 사정으로 예정보다 다시 또 한 해를 넘기게 되었다. 적지 않은 시일과 꾀 없는 정열을 마구 쏟아서 그동안의 성과물을 출판사로 보냈다.

두 편저자가 그동안 어휘 수집 관련하여 참고한 사전은 이윤재 『표준 조선말 사전』(1957.12.20), 유열 『현대 학생 우리말 사전』

(1950.4.15), 한글학회 『큰 사전』(1947.10.9~1957.10.9), 문교부의 『우리말 말수 사용의 찾기 조사』(첫째 엮음, 1956.12.31) 에 나타난 어휘를 기본으로 하였다. 따로 중·고등학교 교재와 다양한 참고서에서 추려서 더 많이 보탠 것이다. 따라서 이 『새 사전』에는 초·중·고등 각종 교재 50여 가지 속에 들어있는 어휘가 다 뽑히었으며, 그밖에 소설·신문·잡지·일반 단행본에서도 상당한 수효가 선택된 것이다.

특히 1950년대 시대적 상황을 중하게 생각하여, 한국전쟁 후에 나온 새말·시쳇말, 그리고 갑자기 불어난 각종 외래어, 곧 군사·정치·경제·운동·요리·복식·미용 등, 여러 분야에 걸쳐서 될 수 있는 대로 많이 모아 넣었다는 점이다.

이 사전의 어휘 선택에 대해서는 고유한 우리말이나 한자말은 물론, 외래어·신어·익은말·각종 전문어를 널리 모아서 거두었다. 그러나 편저자들은 독서 생활에서 국어사전을 사용하는 실제 형편을 살펴 본 결과, 기본 단어가 될 만한 아주 쉬운 단어들을 찾는 일은 매우 드문 것임을 알게 되었다. 그뿐만 아니라, 대부분의 사전에는 전혀 찾는 일이 없는 혹은 일평생을 두고 좀처럼 찾지 않을 그러한 괴팍한 어휘도 많이 거두어져 있다는 사실을 발견한 것이다. 이러한 어휘는 사실상 사전의 부피만을 늘이는 결과가 되는 것이라고 생각되어 엄밀히 검토한 뒤에 다 빼버렸다고 한다. 그런 까닭에 이 『새 사전』은 조그마한 부피에 반하여 찾고자 하는 단어가 거의 다 망라된 것으로 커다란 사전의 몫을 십분 감당하고도 남음이 있는 매우 오달진 속내를 가지고 있음을 스스로 자부하고 있다.

이것은 어디까지나 편리하고 믿을 만한 사전을 만들려는 두 편저자의 노력의 결과일 것이다.

이 사전은 편찬 시기(1950년대)가 매우 이른 시기임을 볼 때, 좀 더 상세한 설명을 위해 '사전의 사용법'을 머리말 다음으로 실었다. 독자들을 위해 사용법을 안내한 사례는 이 사전이 처음으로 보인다. 그 주요 내용은 ①단어를 어떻게 찾아내는가?(찾기 표제어, 표기가 같고 다른 단어, 복합어, 파생어와 변화어) ②표기법과 발음을 어떻게 보는가?(장음 표시, 변한 발음, 예외 없이 변하는 발음) ③원어·어원을 어떻게 보는가?(한자어, 외래어, 부호의 생략) ④문법 형태를 어떻게 보는가?(품사 표시, 번어난 풀이씨) ⑤어휘의 종류(전문어의 소속)를 어떻게 보는가? ⑥뜻풀이를 어떻게 보는가?(번호 붙은 풀이, 관련된 다른 단어들의 소개, 표제어의 용례와 그림풀이) 등으로 정리해 두었다는 점이다.

③『한글 맞춤법 사전』(초판 1961)

이응백 편저『한글 맞춤법 사전』은 1961년 문호사에서 발간하였다. 총 653면의 10.5cm×17cm 규격의 소사전으로 이 사전은 제목에서처럼 '표준말과 맞춤법'을 강조하기 위해서 편찬된 것이다.

 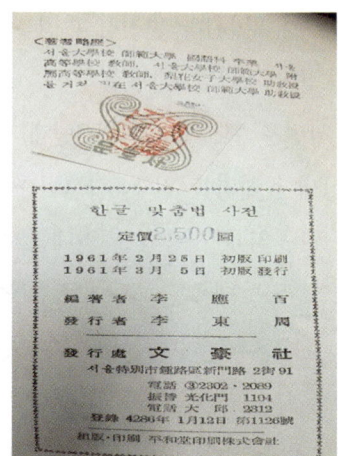

『한글 맞춤법 사전』(초판 1961)

  이 사전은 당시 규정에 의거하여, 맞춤법과 표준말, 띄어쓰기, 외래어 표기 문제, 한자문제, 문법 용어, 발음법, 일본어식 말 문제, 문장 부호, 교정 부호, 활자 및 판의 종류 등, 표기에 관련되는 일체의 참고 자료는 물론, 맞춤법과 표준말 원리를 시각적으로 도표화하여 체계적으로 파악할 수 있도록 부록으로 실어 놓았다.

④『찡짱 초등 국어사전』(2006)

  이 사전은 소위 작가(동화책, 위인전, 소설 등)가 초등학생을 위해 편찬한 국어사전이다. 또한 그림을 곁들였는데, 낱말의 뜻풀이를 만화와 함께 실었다는 점이다.

『찡짱 초등 국어사전』(2006)

『찡짱 초등 국어사전』은 301면의 10cm×17cm의 소사전인데, 우리말을 익히고 공부하는 어린들이 쉽고 재미있게 낱말 공부를 할 수 있도록 만들었다. 초등학교 교과서 속에서 필수 낱말들을 찾아서 가려 뽑고, 어린이들이 흥미를 가질 수 있도록 일러스트로 재미있는 상황을 연출해 두었다. 거기에 표준어 발음을 듣고 따라 할 수 있는 CD를 첨부했다. 재미있는 그림을 보면서 정확한 발음을 반복해서 듣고 따라 하다 보면 자신도 모르는 사이에 우리말 실력이 부쩍 늘어 있을 것임을 강조하였다.

 이 사전은 국립국어원 정호성 학예연구관의 추천사를 통해 '듣는 국어사전'이라는 점을 특징으로 하고 있다. 이 사전에 첨부된 시디(CD)에서는 단어뿐만 아니라 뜻풀이와 예문까지 전문 성우 목소리로 들을 수 있도록 하여 어린이들이 정확한 발음을 익힐 수 있도록

205

하였다. 컴퓨터를 통해 보고 들으면서 국어 단어를 익힐 수 있어서 어린이들이 국어를 한층 더 친숙하게 만날 수 있다는 장점이 있다. 보고 들을 수 있게 만든 『찡짱 초등 국어사전』의 획기적인 시도가 돋보인다.

이 국어사전은 기존의 사전 전문 출판사에서 편찬한 수많은 사전들과는 많은 차이가 있다. 몇몇 사전을 들여다보면, 낱말 풀이의 이해를 돕기 위한 삽화(揷畵)와 사진 등이 간간히 실려 있음을 본다.

그런데 『찡짱 초등 국어사전』은 어린이를 대상으로 기획된 사전인 만큼 만화를 통해 재미있게 풀어낸 낱말 사전으로, CD-ROM과 함께 제작하여 동영상으로 배울 수 있도록 하였다. 이렇듯 사전이라는 책이 기존 틀을 벗어나, 그 대상을 명확히 결정하여 맞춤형으로 학습될 수 있도록 한 것이다.

일반적으로 사전(辭典)은 단어를 모아 일정한 순서로 배열하고 그것에 대한 발음·어원·의미·용법 등을 해설한 책으로 알고 있다. 또한 단어의 품사·용법·어원·표기법 등을 해설한다. 다른 한편으로 사전(事典)은 사상(事象)의 체계적 분석·기술에 의한 지식 및 정보를 제공하는 책으로도 활용되고 있다.

고정욱『찡짱 초등 국어사전』은 찾아서 읽는 사전 기능도 하고 있지만, 그냥 한 장 한 장 읽어보는 사전으로도 기능을 다하고 있다. 이는 새로운 사전의 탄생이다. 따라서 이 사전은 순수 사전의 의미보다는 만화를 통해 낱말을 익히고 어휘력을 키울 수 있도록 하였다. 궁금한 단어를 찾아보는 것도 좋고, 아무 곳이나 펼쳐 처음부터 끝까지 읽어도 좋은 사전으로 평가된다.

제3장

덤핑판 국어사전, 활개 치다

* 덤핑(dumping) : 싼 가격으로 상품을 파는 일

1. 국어사전의 대중적인 보급 시기

일제강점기에도 온갖 희생을 무릅쓰고 출판을 감행한 것 중의 하나가 문세영 편저 『조선어 사전』이다. 국판(A5판) 1,680면에 본문 6호 4단 조판으로 된 이 사전은 우리 민족의 자존심을 담은 출판이었기 때문인지 신문 사설에서도 칭찬을 아끼지 않았고, 당시 '7원'이라는 고가임에도 불구하고 1938년 7월 10일에 초판이 출판되고 다음해 12월에 재판이 나올 정도로 독자들의 절대적인 환영을 받았다.

문세영 편저 『조선어 사전』에서 시작되어, 조선어학회(한글학회)와 을유문화사가 편찬한 『큰 사전』(전6권), 그리고 민중서림, 동아출판사, 어문각 등 여러 출판사에서 대사전·중사전·소사전 형태로 사전을 발간하기 시작했다.

1960년대 후반에서 1970년대 초반은 경제적 성장 등으로 조금 더 나은 생활을 꿈꿀 수 있었고, 이에 상응하는 교육열도 높아졌다. 배우지 못한 한(恨)을 간직한 문맹의 많은 농산어촌 사람들이 도시로 나와 공장 등을 다니며 돈을 벌면서 자식에게는 배우지 못한 원통함을 남기지 않기 위해서 교육에 필요한 것이라면 아끼지 않고 투자를 했다. 그 중에서 국어사전을 비롯한 학습서들은 학습활동에 있어 필수품으로 간주되었던 시절이었다.

그러나 '사전'만 하더라도 당시에는 상당한 고가품이었다. 국어사전, 영어사전, 옥편 등 여러 종류의 사전이 필요했고, 교과서와 참고서 등은 당장 필요한 책이었다. 그리고 소설, 시집, 에세이 등 교양서적의 책들도 필요했던 시절이었다.

 1960~70년대에 조금이라도 더 싼 가격에 구입하기를 원하는 사람들이 늘어나면서 소위 '덤핑판 책(사전)'이라는 새로운 형태의 사전들이 쏟아져 나오기 시작했다. 책의 내용은 짜깁기와 베끼기로 해서 옮겼고, 특히 인기 있는 외국 서적을 자의적으로 번역하여 출간하는 등 조악한 내용으로 꾸며졌다. 특히 판권이나 원고료, 등록비 등이 없는 '해적판', '덤핑판' 책들이 시장의 수요를 채우기 위해 마구 쏟아지기 시작했다.

 그리고 하나의 국어사전이 여러 가지 형태로 만들어져서 판매되기 시작했다. 당시엔 찾는 고객이 있으므로 해서, 어떤 형태로든 만들어 내기만 하면 팔렸다. 사전류는 공부하는 사람이라면 꼭 필요한 책이다. 그러다보니 새로운 형태의 제작 내지 판매 방식이 도입되었다. 기존 발행되어 있던 '대사전'을 표준으로 삼아, 필요한 부분만 발췌하여 용도에 맞게 새롭게 제작하면 되는 책들이었다. 초등학생용, 중·고등학생용, 가정집 거실에 장식할 수도 있는 4.6배판 이상의 크기로 양장본, 가죽본 등으로 호화롭게 만들기도 하고, 각종 소설류 전집을 팔면서 사은품 명목으로 사전류를 끼워서 주기도 했다.

 또한 학습 참고서를 만드는 출판사에서는 부록으로 사전을 만들기도 했고, 심지어는 청소년 잡지를 만드는 출판사에서조차도 부록으로 사전을 제작했다.

 게다가 판매망도 확장되어 할부로 책을 판매하는 세일즈맨에게도 기회가 주어져, 책 상품으로 가능한 대형 사전이 여러 출판사에서 제작되었다.

  기존의 국어사전을 편집하여 판형을 크게 만들고 활자도 크게 하여 영한사전, 한영사전, 옥편, 여성백과사전, 동의보감, 생활법률사전 등 10여권의 책을 묶어서 높은 가격으로 책정해 놓고 1권 값만 받는다는 식으로 판매하였다. 할부 책 세일즈맨들도 2~3명씩 팀을 꾸려서 사람이 많이 모이는 곳이면 찾아가서 홍보 등의 바람잡이와 구경꾼 역할을 하면서, 군중의 심리를 이용하여 판매하기도 했다. 누군가가 한보따리를 구입하면 구경하던 사람들도 덩달아 주소와 이름을 적어가며 사은품으로 배포되는 묵직한 사전을 한권씩 안고 가게 했다.

  또한, 초등학교 정문 앞에서 책 등 홍보물을 전시하고, 사은품(학용품) 등을 나누어 주어, 부모님을 조르면 사준다는 것을 미리 생각해 둔 상술이었다. 그러면서 주소와 부모님 도장 찍어오라는 안내문을 나누어 주면서까지 어린이의 마음을 달랬다. 이때 작은 포켓 초등학교용 국어사전도 사은품으로 큰 역할을 했다. 물론 이 사전도 덤핑판으로 제작된 것이다.

  이 시절 덤핑판 국어사전으로 양주동·이숭녕·한갑수 등의 학자들이 감수했다는 사전이 마구 쏟아져 나왔다. 이러한 국어사전은 판형을 여러 출판사로 넘기면서 정가는 높게 책정하고, 속 내용은 같으면서 출판사만 달리하여 사은품 등으로 많이 활용하였다.

  청계천 헌책방 골목에서도 일부 출판 경험이 있는 책방 주인들이 포켓용 사전을 저렴한 가격대로 제작하여 판매하기도 하였다. 그리고 전국 헌책방을 통해 싸게 공급되면서, 책방마다 덤핑판 책들을 취급하게 되었다.

 덤핑판, 해적판 사전이라 해서 그냥 흘려버릴 것이 아니다. 여기에는 사정이 있었다. 당시 경제적으로 어려운 환경이었지만, 교육열에 힘입어 책 한 권을 사기 힘들었던 가정에서는 저렴하게 구입할 수 있도록 하는 등 나름의 역할을 하게 되었음도 간과하지 말아야 할 것이다.

 이런 덤핑판 책 판매에 힘입어 1990년대에 이르러서는 어느 집을 방문하여도 1~2권정도 사전은 있었다. 국어사전만큼은 전 국민이 보유했다 할 정도로 다양한 형태로 저렴한 가격대를 형성하면서 보급되었다. 가장 활발하게 책이 판매될 수 있었던 것은 월부 판매 제도가 정착되었기 때문이다.

 1950년대 말에 시작된 대형 기획 출판은 1960년대 중반에 접어들면서 새로운 양상으로 발전했는데, 그동안 보지 못했던 호화 장정 대형 전집물을 일시에 출판해 한꺼번에 제공하고, 대금은 할부로 받는 방식이 일반화되었다.

 낱권으로 제작하여 전권 예약을 받고, 점차 차례차례 늘어나는 권수에 따라 할부 판매로 이어지면서, 전권이 완결된 뒤에 세트 판매하던 처음 방식으로 되돌아갔다. 막대한 제작비와 홍보비를 일시에 투입하는 적극적인 상술이 도입된 것이다. 인쇄 물량이 폭주하는 현상까지 빚었다. 때마침 신흥 주택경기를 타고 책이 장식용 기능까지 겸하게 되면서 이러한 할부 판매는 호화판 대형 전집 출판의 경쟁을 부추겼고, 장정(裝幀)·제책(製冊) 등 기술을 향상시키는 계기가 되었다.

출판사가 판매원을 직접 관리하던 방식에서 할부 판매를 전담하는 '책 외판센터'가 다투어 생겨났다. 이들 가운데는 전국적인 판매망을 가진 곳도 적지 않았으며, 판매와 수금·관리를 분리·전문화시켰다. 책 외판센터가 일정한 수량을 매절(買切, 상인이 팔다가 남더라도 반품하지 않는다는 약속으로 몰아서 사는 일)과 동시에 판매원에게는 판매 수수료 이외에 고액의 장려금을 지급하는 방문 판매 제도도 도입되어 판매원 간의 경쟁을 부추겼다. 서적 외판원이 제각기 연고를 찾아 전국 방방곡곡, 가가호호 누비고 다녔다. 책 판매 방식도 이른바 '기다리는 장사'에서 '공격적인 판매'로 본격화되었고, 이는 '출판의 산업화', 바로 그것이라고 해도 지나치지 않았다.

판매 촉진책으로 도입된 할부 판매는 모순과 결함도 적지 않았다. 무엇보다 빼어 놓을 수 없는 것은 자금 조달의 자주성이다. 할부 판매에만 의존하던 업체 가운데는 자금 면에서 영세한 업계의 취약성을 그대로 드러내기도 했다. 대담한 투자에 비해 판매 성적이나 자금 회수가 부진하여 운영에 차질을 부르는 예도 적지 않았다. 부도로 도산하는 출판사나 센터가 빈발했다. 눈앞의 매상에만 집착한 나머지 무원칙하게 전집이나 사전을 남발하는 안이한 기획은 유사한 내용의 경합 출판으로 서적 출판 본래 모습을 타락시키기도 했다.

전집물을 수탁·판매하는 외판센터의 번성은 출판사도 독자도 서점을 외면하는 역기능을 가져와 서점의 상대적인 침체를 더욱 가속화시켰다.

당시 전국의 서점 수는 852개였는데, 외판센터는 서울에만도 72개

소가 성업하고 있었으니, 외판센터가 얼마나 번성했는지를 짐작할 수 있다. 또한 연고 판매에 의존하는 등 외판업자도, 세일즈맨의 질적 향상과 판매 윤리의 확립이 절실한 과제가 되었다. 이러한 문제들로 인해 할부 판매가 성행하면 할수록 사회적 지탄의 소리도 높아갔다.

 대형 출판물의 할부 판매에 대한 사회적 비판은 출판사들로 하여금 무엇이 할부 판매에 최적인 서적인가? 그러한 서적을 어떻게 만들어 어떠한 방법으로 판매해야 할 것인가? 독자는 무엇을 바라는가? 등 이에 대한 탐구하고 반성하도록 만들었다. 결국 대형 전집물의 할부 판매는 1970년대 조정기를 거치면서 안정적인 출판물 판매 채널의 하나로서 자리를 잡아가게 되었고, 단행본 출판과 전집의 경장화輕裝化 바람을 불러일으켰다.

 우리나라 출판물 할부 판매는 출판의 산업화를 촉진시키고 출판계에 커다란 변화를 가져왔다. 호화로운 대형 전집물의 할부 판매가 전성기를 맞이하면서 출판업계 매출 규모는 급격히 확대되었고, 출판의 기업화를 촉진시킬 수 있는 기회가 된 것이다.

 이러한 국내 출판 판매 환경에 따라 다양한 모양의 국어사전은 그 틈새를 견고히 지켜가고 있었다.

2. 본격적인 상업 출판 시대의 덤핑책(1970~2000)

'조국 근대화' 기치를 내건 군사정부는 사회 각 분야의 개혁을 서둘렀다. 출판계도 그 대상에서 예외일 수는 없었다. 군사정부는 1961년 7월부터 출판사 신규 등록 업무를 일체 중단하고 정비 작업에 착수했다.

당시 366개 회사에 이르는 무실적 출판사 등록을 취소시켰다. 이어 '출판사 등록에 관한 규정'을 만들어 등록 요건과 출판사 관리 기준을 엄격하게 강화하고, 그 사무도 각 시·도 교육위원회로 이관시켰다. 이러한 규정 제정은 출판사 간의 무익한 경쟁을 억제시킴으로써 출판업을 건전하게 발전시킨다는 취지를 내세웠지만, 내부적으로는 출판에 관한 실태를 보다 정확히 파악하여 관리 철저를 기하려는 군사정부의 출판 정책 의지가 강하게 배어 있었다.

군사정부는 출판 현실의 가장 고질인 부실한 출판사들을 일제히 정비하여 모방·중복 출판을 뿌리 뽑고, 특히 거래 질서의 확립을 위해 기필코 정가 판매제를 수행하겠다는 의지가 강했다. 이는 한편으로 덤핑판 책들이 유통되는 계기를 마련하는 일이기도 했다.

이러한 규정의 철저한 운용은 궁극적으로 출판의 양적 성장과 경영 기반의 안정을 가져오는 긍정적인 결과를 가져온 것으로 평가할 수 있다. 또 '출판윤리강령' 선포와 출판윤리위원회 발족을 서둘러 만든 계기가 되었다. 그러나 부작용도 적지 않았고 뜻대로 이루어지지 못한 측면도 많았다.

먼저 출판의 양적 증대를 촉진시켜 1962년에 발행량은 전년대비

30% 가량 증가한 2,966종이 발행되었지만, 질적인 저하를 가져왔다. 출판 등록을 유지하기 위해 2종 이상 실적을 채우느라 저급한 도서 출판이 조장되었다. 이는 덤핑 시장의 창궐을 촉진시킨 원인의 하나로 작용했다.

또한 아동만화가 일반 도서와는 별도로 1,318종이나 출판되는 비대 현상이 일어났다. 이들 만화는 순전히 대본소용(만화방 등에서 돈을 받고 책을 빌려 줌)으로 이때부터 대본소용 아동만화의 팽창은 어린이들에게 미칠 악영향을 우려하는 여론이 분분한 가운데 1980년대까지 지속적으로 증가일로를 보이게 되었다.

정부의 강력한 의지에도 불구하고 정가 판매제 이행은 실패로 끝났다. 통화개혁(1962년 6월)과 환율개정(1964년 5월) 등의 긴축경제 조치와 이로 인한 물가 상승은 가뜩이나 영세한 출판·서점업계를 더욱 어려운 지경으로 몰아넣었다. 특히 환율개정은 아직도 수입에 의존하는 용지 가격 급등을 초래하였다. 이에 설상가상으로 한·일 회담 반대 시위와 계엄령 선포에 따르는 각급 학교 휴교 조치는 출판을 위축시켰고, 극도의 출판 불황은 모처럼의 정가판매 운동을 무력화시키고 말았다. 이 틈을 악용하여 악질적 덤핑 행위는 더욱 극성을 부리게 되었다.

지금까지 책 덤핑 판매는 정상적으로 출판된 재고 도서를 처분하기 위한 수단으로 이루어졌는데, 이때부터는 아예 잘 팔리는 책만을 골라 덤핑용으로 조잡하게 제작하여 시장 질서를 교란시키는 것이었다. 서울의 종로 6가 덕성빌딩을 중심으로 한 이른바 '대학로 상가'는 이러한 덤핑 출판의 최대 온상이었다. 여기서 유통되는 덤핑 도서는 2,000여 종에 이르고, 이러한 덤핑 도서를 제작하는데 소요되는 용지의 양도 월간 2,000연이 넘는 것으로 추정되었다. 이렇게 만들어진 덤핑 도서가 전국 서점에서 정상적인 도서들과 맞교환되어 정상적인 출판물마저 대폭 할인 판매되는 악순환이 한동안 계속되었다.

그런 가운데 두드러진 출판 경향은 중농(中農) 정책에 힘입어 영농 기술과 관련된 도서 출판이 눈에 띄게 증가하여 1960년대 전반은 농업서적 전성기를 이루었다. 또한 기술공학 도서의 양적 성장도 가져왔다.

그리고 현암사『법전』이 중요한 상품으로 각광을 받기 시작한 것도 이때부터다. 그 이유는 군사정부가 쉴 틈 없이 만들어 내는 수많은 새로운 법률들에 대한 정보를 정확히 파악하고 즉시 활용해야 하는 사법 기관과 판·검사, 변호사, 사법서사는 물론 사법고시생들에게『법전』은 없어서는 안 될 필수적인 도구가 되었다.[19]

여기에 편승하여『국어사전』을 비롯한 각종 백과사전류 등도 덩달아 수요에 맞게 공급되었다. 당시만 해도『국어사전』은 정가 자체가 높았다. 이에 기존의 사전 편찬 출판사인 을유문화사, 민중서림, 동아출판사, 금성출판사, 어문각, 교학사 등에서 출판된 사전을 원본으로 한 재편집·재인쇄 등으로 해서 덤핑판 사전이 마구잡이로 쏟아지게 된 것이다.

요즘 아이들에게 '해적판'이 어떤 책인지 알리는 글[20]을 소개한다.

---

[19] 이중한·이두영·양문길·양평,『우리 출판 100년』, 한국문화예술총서(12), 현암사, 120~122쪽.

해적판은 고르지 않는다.

 같은 책도 저작권을 지불한 것과 해적판으로 나온 것을 나란히 놓고 비교하면 색감의 차이를 금방 알 수 있다. 해적판은 국가의 위신을 떨어뜨리고 양심 있는 출판사가 설 자리를 잃게 하므로 사지 말아야 한다. 좌판에서 몇 천 원 주고 산 옷가지는 세탁비를 들이기도 아깝다. 해적판으로 들여 온 책의 번역에 출판사가 많은 돈을 지불하고 싶을까?
 이런 책의 예가 『요린데와 요링겔』이다. 육영사는 이 책을 저작권료를 지불하지 않고 그림만 베껴 출간했다. 밀레의 만종을 그대로 베껴 그린 이발소 그림들처럼 조악하기 짝이 없다. 창피한 줄은 아는지 베껴 그린 사람의 이름은 싣지 않았다. 보림은 '위대한 탄생'이란 시리즈로 이 책을 저작권료를 지불하지 않고 복사하여 1989년부터 전집으로 판매하다가 최근에 저작권료를 지불하고 단행본으로 판매하고 있다. 양식 있는 출판사라면 이런 일들을 더 이상 해서는 안 된다.

육영사(덤핑판)   보림(원본)

 위 두 그림을 비교하면 엉성하게 베껴 그린 해적판과 저작권을 사 정식으로 출간한 그림책의 차이를 알 수 있다.

---
20) 김은하, 『우리 아이, 책 날개를 달아주자』, 현암사, 2002, 168~169쪽.

3. 덤핑판 국어사전, 감수자를 내세우다

 덤핑판으로 출간된 일명 'B급 출판사'들이 발간한 국어사전만을 감수자별, 연도별로 해서 살펴본다.
 먼저 해당 출판사는 감수자와 동의해 정식으로 국어사전에 대한 감수 절차를 밟았다고 보기는 어렵다. 이러한 사실은 '감수의 말'을 통해서 볼 수 있는데, 이 글 자체도 타 출판사 글을 그대로 가져다 붙인 경우가 많다. 덤핑판 사전이 유통되는데 있어서 필요한 것은 다름 아닌, 정통한 국어학자들이 감수했다는 것을 내세우며 사전들을 마구잡이로 발간했던 까닭이다. 당시 저명한 국어학자로 감수자로 이름이 남발된 분들이 바로 양주동, 이숭녕, 한갑수다.
 양주동이 감수한 국어사전은 현재(소장자) 15 종류가 있다. 이는 출판사별로 구분한 것인데, 출판사만 다를 뿐 사전 체재(體裁)는 동일하고, 감수의 말 또한 연도 차이가 있을 뿐 동일한 내용으로 기록되었다.
 덤핑판 국어사전의 머리말과 감수의 글을 살펴보는 이유는 그만큼 복사본 사전이 난립하면서 덤핑된 사례가 많았음을 살펴보고자 함이다.
 양주동 박사가 감수해서 출판된 국어사전을 보면, 머리말이 동일한 출판사로는 명학출판사, 학력개발사, 삼오문화사, 일중당, 한국과학교육연구소, 도서출판 양문 등이다.
 그 내용을 옮겨본다.

머리말

어느 나라를 막론하고 국어사전은 그 나라의 문화를 가늠하는 하나의 척도가 되는 법입니다. 다행히 성왕 세종대왕께서 세계 어느 나라의 문자에 비해도 뛰어나게 훌륭한 훈민정음을 창제해 주신 덕택에, 우리는 오늘날 아무런 불편을 느끼지 않고 국어생활을 영위하고 있습니다.

그러나, 올바른 국어생활을 하자면 정확하고 좋은 국어사전이 있어야 함은 새삼 말할 나위도 없는 일입니다.

우리나라의 국민이 누구나 합리적인 국어생활을 할 수 있도록 해야겠다는 사명감에서 이 사전을 편찬하기에 이르렀읍니다. 이 사전은 바르고 합리적인 국어생활을 지향하는 사회 각층의 모든 국민에게 가장 친근하고 미더운 조언자가 될 수 있도록, 그 내용과 체재에 일대 혁신을 기한 새로운 국어사전입니다.

생각건대 사전의 편찬 사업이란 워낙 막대한 시간과 노력과 자금이 소요되는 매우 어려운 사업입니다. 그러므로 좋은 사전의 출현을 바라기란 극히 어려운 일인 바, 다행히 우리도 선각자 여러분의 희생적 노력의 결정으로 우리말 사전을 몇 가지 가지게 되었음은, 온 겨레가 함께 기뻐하여 마지않던 바입니다.

그러나, 그 중의 더러는 그 어휘 수의 지나친 빈약으로 인하여, 더러는 그 다루기에 불편할 만큼 지나치게 큰 체재로 말미암아, 실로 대중적이고 실용적인 사전이 되기에는 아직도 거리가 먼 느낌이 없지 않았던 것입니다. 더구나 말이란 항상 신진 대사와 진화를 거듭하여 쉬지 않는 것이므로, 이를 담는 그릇이 될 국어사전 또한 그러한 움직임에 대하여 무감각할 수는 없는 것입니다. 나날이 뭇 사람들이 입에 새로 등장하고, 신문·잡지·학술서적 등을 통하여 연달아 소개되는 새로운 말들은, 헤아리기 어려울 정도로 복잡하고 혼란을 이루고 있어, 어제의 사전이 오늘의 언어의 모습을 제대로 반영시킬 수는 없다는 것을 절실히 느끼게 하는 바 있읍니다.

영국의 옥스퍼드나 미국의 웹스터, 프랑스의 라루스 등의 사전이 오랜 역사를 자랑하면서도, 늘 시대의 변천에 대한 예민한 감각을 지니고 탈피 작용을 꾸준히 거듭해 나감으로써, 한결같이 그 시대 국민의 광범한 신뢰와 애용을 받고 있음을 알고 있는 나는, 이에 견줄만한 우리말 사전이 없음을 적이 아쉽게 생각해 왔던 것입니다.

나는 일찍부터, 현대의 언어를 재정리하고 이에 하나의 새로운 체계를 줌으로써 현대인의 욕구에 응할 수 있는 새로운 국어사전의 출현을 오랫동안 기다려 왔읍니다. 그러던 차에 다행히 [선문출판사·학력개발사·문화출판사(삼오문화사)·일중당·한국과학교육연구소·도서출판양문]에서 나와 같은 취지의 사전 간행에 뜻을 두고, 이미 오래전부터 준비를 해 오다가 나에게 감수를 의뢰해 왔읍니다. 평소에 내가 생각해 오던 바와 뜻이 같으므로 이에 흔쾌히 찬동하고 협조를 아끼지 않기로 작정했으며, 감수를 맡아 보기로 하였습니다.

먼저 선진 제국의 대표적인 사전들을 본받아, 다루기에 알맞은 간편성과 널리 사용될 수 있는 실용성 등을 참작하여 사전의 크기를 46배판 3단 조판 1,000면으로 한정하고 새로 만든 사전 전용 신체 6포인트 활자로 조판하여 이에 담을 수 있는 최대의 어휘 수를 25만으로 잡았읍니다. 이미 수집된 20여 만의 어휘를 전면적으로 재검토 재정선하였으며, 다시 국내외의 주요 간행물을 널리 조사한 결과 새로운 학술 전문어와 신어를 대폭적으로 보충하여, 단권 사전으로서는 이 정도가 극한에 가까운 숫자가 아닐까 자부하기에 이르렀습니다.

풀이의 방식에 있어서는 주관식 독자적인 것을 피하고 과학적 합리적인 것을 위하였으며, 학술 전문어는 각 부문 전문가의 의견을 널리 물어 가장 새로운 해석에 따르도록 하였고, 학생들의 광범한 이용을 고려하여 되도록 쉬운 말을 썼을 뿐 아니라, 동의어나 용례도 풍부히 덧붙여 말의 개념 파악의 정확성을 가하도록 하였습니다.

　체재의 참신은 이 사전을 큰 자랑이 되겠읍니다. 활자의 미려, 인쇄의 선명, 장정의 호화, 제본의 견고 등은 능히 현대적인 시각을 만족시킬 수 있을 것이며, 이 점만으로도 이 사전은 종래에 볼 수 없었던 독보적인 존재가 되리라 믿습니다.

　이 사전은 이로써 일단 완성을 본 셈입니다마는, 이에 만족하지 않고 꾸준히 다듬고 증보해 나감으로써, 보다 완벽하고 보다 시대에 알맞은 사전을 이루어 나갈 생각입니다. 바라건데 이 사전을 쓰시는 여러분께서도 이 사업의 뜻 있는 바를 헤아리시와, 혹시 그릇되거나 모자란 점을 발견하실 경우에는 기탄없는 교시를 주시면 이에서 더 고마운 일이 없겠습니다.

　끝으로 학술 전문 각 분야에서 귀한 조언과 고견을 베풀어 주신 여러분들에게 사의를 표하며, 이 어려운 사업을 열성적으로 추진해 주신 〔선문출판사 사장·학력개발사 사장·문화출판사(삼오문화사)·일중당 사장〕을 비롯하여 편집부 여러분에 대하여 깊은 감사를 드립니다(1974년 9월 9일, 梁柱東).

　위 머리말에서 발견된 내용을 보면, 출판사는 '명학출판사'인데, 머리말에는 '선문출판사'에게 감사하다고 하는 것과 '삼오문화사'판의 머리말에는 '문화출판사'로 기록하였다. 이렇듯 덤핑판 국어사전은 출판사가 감수자의 유명세를 이용한 것으로 본다.

　다음은 민정사판 국어사전으로 편자의 머리말을 다르게 실었다.

머리말

국어는 우리의 문화를 집대성한 것이라 볼 수 있으며, 나아가서는 우리의 문화를 가장 올바르게 반영해 준다고 말할 수 있을 것입니다. 우리의 문화를 더욱 찬란히 발전시킴에는 국어의 사명이 더없이 막중한 것이며, 따라서 국어사전의 필요성은 절대적이라 하겠습니다.

현대는 고도로 성장한 과학문명이 날로 새로운 말을 낳고 있어, 외래어를 포함한 국어의 어휘도 날로 늘어가고 있읍니다. 그래서 우리들에게는 이러한 시대의 변천에 예민한 감각을 지닌 국어사전이 절실히 필요하게 되었읍니다.

이러한 현대의 요구에 호응하여 본 출판사에서는 수 년 동안에 걸쳐 빈틈없고 정확한 『현대 국어 대사전』의 편찬에 착수하여, 마침내 사회 각층의 모든 국민에게 가장 믿음직스러운 사전을 내놓게 되었읍니다. 이 사전은 다음과 같은 장점을 들 수가 있습니다.

1) 가장 방대한 어휘 수록–학술 서적, 신문과 잡지, 방송을 포함한 사회 전반에서 쓰이는 신·구의 모든 어휘를 망라하여 20만이 넘는 충분한 어휘를 실었읍니다.

2) 정확한 풀이–각 어휘는 보편적인 풀이를 통하여 무리가 없도록 하였으며, 표제어에 따른 파생어는 표제어의 밑에다 최대한으로 풀이를 하였읍니다.

3) 영어의 대역–세계 공용어인 영어를 표제어는 물론 파생어에도 곁들여 『한영사전』을 겸하도록 하였읍니다.

4) 연관 관계 표시–각 어휘마다 동의어·유사어·큰 말·작은 말·센 말·서센 말·높임 말·낮춘 말·변한 말·틀린 말 등의 상호 관계를 뚜렷이 밝혔읍니다.

5) 전문어의 평이한 해석–정치·종교·경제·사회·과학·예술 등의 각 분야에

쓰이는 전문어는 그 개념을 금방 이해할 수 있도록 쉬운 용어로 해석하여 놓았읍니다.

 6) 풍부한 외래어·시사어-날로 늘어나고 있는 외래어와 시사어(신어)는 빠짐없이 수집하여 실었읍니다.

 7) 주요 인명·지명·서명-학생들의 편의를 도모하고자 우리나라는 물론 세계의 주요 인명·지명·서명을 간략히 소개해 두었읍니다.

 8) 유용한 부록-'한글 맞춤법 통일안'을 비롯한 15개 항의 부록을 실어 유용히 쓰도록 하였으며, 특히 '민속자료 도회'는 획기적인 참고가 될 것입니다.

 이 사전은 일단 이렇게 하여 완성을 하였읍니다만, 본 출판사는 이에 그치지 않고 시대적 조류에 알맞은 보다 완벽한 사전으로 만들기 위해 계속해서 노력할 것이오니, 혹 불충실하거나 잘못된 점이 있으면 독자 여러분의 조언이 있었으면 고맙겠읍니다.

 끝으로 이 사전을 편찬함에 있어 '민중서관' 간행 『국어 대사전』과 '동아출판사' 간행 『새국어 대사전』은 좋은 참고가 되었음을 밝히는 한편, 이 사전의 출간을 위해 노력과 고견을 아끼지 않으신 여러분에게 심심한 사의를 표하는 바이며, 특히 편집의 감수를 맡아 주셨던 양주동 박사의 서거를 가슴 아프게 생각합니다.(편자)

머리말(동아도서)

 사람이 짐승과 다르다는 것은 언어가 있기 때문입니다. 언어라는 것은 모든 의사소통의 매체이며 모든 문화는 언어의 발달에 따라 형성됩니다. 또한 사람이 태어나면서 하나의 국가에 속하고 그 국가는 반드시 하나의 언어를 갖고 있습니다.

그게 곧 국어라고 말할 수 있읍니다.

우리는 태어나면서 말을 배우고 성장하면서 글을 익힙니다. 그것은 모든 의사소통을 원활히 하고 그 의사를 문자로 새겨 오래 보존하기 위함입니다. 그러기에 보다 더 그 언어가 지닌 깊은 의미를 터득하거나 또는 언어의 정립을 위해 국어사전은 모든 사람에게 필요로 하는 필수서인 것입니다.

무엇보다 물질문명이 고도로 발달하면서 국가와 국가 간의 교류가 원활해지고 개인의 생활도 국제적으로 비약하는 현대인의 생활 양식은 많은 외래어의 홍수 속에서 살아야 하는 것입니다. 그래서 우리들에게는 시대의 변천에 예민한 감각을 지닌 국어사전이 절실히 필요로 하게 되었읍니다.

이러한 현대인의 생활 양상에 맞게 본 출판사에서는 수년 동안에 걸쳐 빈틈없고 정확한 자료와 실무진에 의하여 사전의 편찬사업이 지닌 막대한 시간과 노력과 자금의 어려움을 무릅쓰고 과감히 본 국어사전을 편찬한 것은 우리나라 국민이면 누구나 합리적인 국어생활을 할 수 있도록 지향해야 겠다는 사명감 때문입니다.

그러기에 본 국어사전은 다음과 같은 장점을 수록하게 되었습니다.

1) 가장 방대한 어휘 수록—학술 서적, 신문과 잡지, 방송을 포함한 사회 전반에서 쓰이는 신·구의 모든 어휘를 망라하여 20만이 넘는 충분한 어휘를 실었읍니다.

2) 정확한 풀이—각 어휘는 보편적인 풀이를 통하여 무리가 없도록 하였으며, 표제어에 따른 파생어는 표제어의 밑에다 최대한으로 풀이를 하였읍니다.

3) 영어의 대역—세계 공용어인 영어를 표제어는 물론 파생어에도 곁들여 『한영사전』을 겸하도록 하였습니다.

4) 일어의 대역–중요한 단어의 말미에 일어를 수록하여 일어를 공부하는 사람에게『한일사전』을 겸하도록 하였습니다.

 5) 연관 관계 표시–각 어휘마다 동의어·유사어·큰 말·작은 말·센 말·서센 말·높임 말·낮춘 말·변한 말·틀린 말 등의 상호 관계를 뚜렷이 밝혔읍니다.

 6) 전문어의 평이한 해석–정치·종교·경제·사회·과학·예술 등의 각 분야에 쓰이는 전문어는 그 개념을 금방 이해할 수 있도록 쉬운 용어로 해석하여 놓았읍니다.

 7) 풍부한 외래어·시사어–날로 늘어나고 있는 외래어와 시사어(신어)는 빠짐없이 수집하여 실었읍니다.

 8) 주요 인명·지명·서명–학생들의 편의를 도모하고자 우리나라는 물론 세계의 주요 인명·지명·서명을 간략히 소개해 두었읍니다.

 9) 유용한 부록–'한글 맞춤법 통일안'을 비롯한 15개 항의 부록을 실어 유용히 쓰도록 하였으며, 특히 '민속자료 도회'는 획기적인 참고가 될 것입니다.

 이처럼 완벽한 내용으로 꾸며진 사전이기는 하나 영국의 옥스포드나 미국의 웹스터, 프랑스의 라루스 사전이 오랜 역사와 전통을 자랑하면서 늘 시대의 변천에 따라 민감하게 수정, 보수 작업을 해 왔듯이 앞으로 모든 독자 여러분께 신뢰와 애용을 받을 수 있도록 계속 수정, 보수하는 노력을 아끼지 않을 것이며 이번에 문교부 시안으로 새롭게 개정된 표준어를 완전히 개정 삽입했음을 아울러 밝히는 바이며 본 사전이 보다 더 완벽을 기할 수 있도록 혹 불충실 하거나 잘못된 점이 있으면 독자 여러분의 조언이 있었으면 감사하겠습니다.(편자, 동아도서)

 머리말을 중심으로 분석한 것을 정리해 보면, 이 사전은 양주동 박사가 감수했다고 하면서, 감수자에 대한 언급이 없는 사전도 있었으며, 사전 앞장에는 '책임감수 문학박사 양주동'과 사전 뒷면에는 '무애 양주동 박사 약력'과 '판권'란에 '감수자 양주동'으로 표기했다. 이렇듯 앞뒤가 맞지 않는 사전도 있다는 점이다. 또한, 사전의 머리말은 '민정사'판 『국어 대사전』의 머리말과 일부분은 동일하며, 머리말을 편자의 글로 대신하고 있다.

머리말(한영·신한출판사)

 한 나라의 언어는 그 나라의 문호를 집대성한 것이라 할 수 있으며, 그 나라의 문화를 가장 정확하게 반영해 준다고 볼 수가 있습니다. 그러므로 문화의 발전과 새로운 역사를 창조함에 있어 그 언어가 맡은 바 사명은 실로 크다 하지 않을 수 없습니다.
 이와 같이 무거운 소임을 지닌 언어를 집약해야 하는 사전의 편찬은, 급변하는 세계정세와 변천해 가는 시대의 조류에 가장 예민한 감각으로 충실하고도 정확하게 적응해 나가지 않으면 안 될 것입니다.
 새 시대가 요구하는 새 사전을!
 이 사전은 이와 같은 새 시대의 절실한 요망에 따라, 보다 현대성과 실용성에 알맞도록 우리말을 과학적·합리적으로 정리하고 배열하여 정확하고, 알기 쉽고, 상세하게 다음어서 완벽한 기획으로 정성들여 이 세상에 내어 놓게 된 것입니다.
 돌이켜 보면 이 사전을 계획하고 착수한 지도 5년 전, 3년이란 기간에 걸쳐 광범위하게 20여만 어휘를 수집하고 정리하여 실용적이고도 학술적인 어휘를 더 보충하였으며, 신문·잡지를 통하여 소개되는 새로운 말과 시사어를 최대한으로 실었습니다. 이렇게 하여 이 사전은 어휘의 정선, 풀이의 정확, 내용의 충실, 획기적인 편집, 정밀한 인쇄로 애용자 여러분의 언어생활에 길잡이가 될 것입니다.

 이 사전의 특징을 갖추려 보면 대략 아래와 같습니다.

 1. 많은 어휘를 무리없이 수록하고 충실하게 풀이하기 위하여 가능한 한 많은 파생어를 수록했으며, 충분한 예문도 아울러 수록했읍니다. 그리고 각 파생어도 표제와와 똑같이 다루어 풀이에 소홀함이 없도록 했읍니다.

 2. 동의어·유사어·반대어, 큰말·작은말, 센말·거센말, 높임말·낮춤말·낮은말, 원말·변한말·준말, 바른말·틀린말 등의 상호 관계를 명백하게 하기 위하여 풀이어 뒤에 이를 체계적으로 밝혔읍니다.

 3. 정치·경제·과학·예술 등, 각 분야에 걸쳐서 최신 어휘를 망라했고, 부정확하게 쓰기 쉬운 외래어나 시사어를 정확하게 해석하고 풀이했읍니다.

 4. 옛말을 풍부하게 수록했으며, 각기 예문을 들어 옛말이 이해에 편의를 기했읍니다.

 5. 특히 우리의 언어생활에 상당한 분야를 점하고 있는 영어의 비중을 감안하고 우리말의 이해를 더욱 돕기 위하여 될 수 있는 한 많은 풀이어 뒤에 해당되는 영어를 실어서 한영사전으로도 겸용할 수 있게 했습니다.

 위와 같이 다양하고도 풍부한 내용으로 엮어진 이 사전은, 국어 학도는 물론 현대인 여러분이 국어 생활에 많은 도움이 되리라 믿어 의심치 않습니다. 그리고 이 사전은 나날이 변해가는 시대와 언어생활에 발을 맞추어 계속 보강되고 수정되어 갈 것을 약속하면서, 애용자 여러분의 끊임없는 지도와 편달을 바라 마지않습니다.

 끝으로 이 사전을 처음부터 끝까지 지도 감수해 주신 양주동 박사님과 학술 전문 분야를 맡아서 감수해 주신 여러 교수님들께 깊은 감사를 드립니다. 또한 이 어려운 사업의 성취를 위하여 방대한 자료 수집을 맡아주신 여러 선생님들을 비롯하여 뜨거운 성의를 다해 주신 편집부원 여러분에게도 감사를 드리는 바입니다(1975년 5월, 김근택).

이상과 같이 덤핑판 국어사전은 한 출판사가 다른 출판사의 머리말을 동일하게 옮기고, 한편으로는 편집 스타일도 동일하게 해서 제작하여 유통되었다. 이러한 현상은 당시 그만큼 국어사전에 대한 수요가 많았기에 나타난 현상으로 본다. 왜냐하면 기존의 정품 국어사전은 판매 가격이 높게 책정되어 있는 관계로 소비자 입장에서는 부담이 되었을 경우도 생각해 본다.

양주동 박사가 감수한 사전으로 표기된 사전 종류는 다음 표와 같다.

< 표 3 > 양주동 박사가 감수한 『국어사전』

구분	사전명	출판사	발간연도	가격(원)	머리말	편집구성
동일판형	최신국어사전	명학출판사	1979	20,000	양주동('74)	3단
	최신국어대사전	학진출판사	1980	20,000	양주동('74)	3단
	최신국어대사전	선문출판사	1976	6,000	양주동('74)	3단
	국어대사전	학력개발사	1984	20,000	양주동('74)	3단
	국어대사전	삼오출판사	1985	20,000	양주동('74)	3단
	최신국어대사전	영창서관	1977	12,000	양주동('74)	3단
	최신판국어대사전	양문출판사	1986	25,000	양주동	3단

	최신 국어대사전	대영출판사	1975	10,000	양주동 ('74)	3단
동일 판형	새 국어대사전	한영출판사	1975	12,000	김근택	2단
	새 국어대사전	신한출판사	1976	14,000	김근택 발행자	2단
동일 판형	국어대사전	민정사	1978	15,000	편자	3단
	국어대사전	동아도서	1985	25,000	편자	3단
기타	현대 국어대사전	일중당	1984	25,000	양주동 ('76)	3단
	현대 국어대사전	상지사	1985	30,000	양주동 ('76)	3단
	국어대사전	선일문화사	1977	25,000	표시 없음	2단

양주동 감수의 국어 사전 표지

양주동 박사가 감수한 사전의 발행 표시

다음은 양주동 박사가 서언(序言)을 남긴 『국어대사전』(선일문화사, 1977)이다. 여타의 사전은 '감수의 글'로 대신하고 있는데, 이 사전은 '서언'의 형식을 취했다.

우리 겨레가 몇 번이나 외구의 침략으로 인해 비운(悲運)을 맛보았지만 민족문화 유산인 국어만은 결코 동화시키지 못했다. 이처럼 값진 문화유산(文化遺産)을 계계승승(繼繼承承)하면서 갈고 다듬어져 과학적(科學的)이고 조직적(組織的)인 글자로써 세계에 으뜸가는 문화민족으로 인정을 받고 있다. 이는 예림(藝林)에서 잡초를 뽑고 사해(辭海)에 유주(遺珠)를 줍겠다는 학자들의 긍지아래 날로 다듬고 가꾸어지고 있으며 고도(高度)로 성장한 과학문명으로 말미암아 언어생활도 수많은 신어(新語)를 몰고 와 그 어휘의 수도 부쩍 늘어났다.

 이러한 점을 고려하여 5년여에 걸쳐 내놓은 대국어사전은 그 나름대로 특색을 살리기 위해 얼른 이해하기 힘든 주석(註釋)에는 사진과 그림을 삽입하여 이해증진토록 했다.

 뿐만 아니라 새마을 용어를 비롯하여 과학기술 용어, 신어, 이두, 고어, 방언 등 30만 어휘와 국내 유명한 삽화가 10여명을 동원하여 1만5천 개의 그림을 넣었다. 또한 이 사전은 한영사전(韓英辭典)과 활용사전을 겸할 수 있도록 힘썼으며 주석은 간결하면서도 정확하게 풀이되었다.

 또한 이 사전에서는 어휘배열에 있어서, 평면적으로 가, 나, 다 차례에 따라 나열하던 종례의 방식을 지양하고 표제어는 원칙적으로 하나의 단어이어야 한다는 점에서 밑에 연어(連語)나 구(句)는 그와 관련된 기본 단어의 그늘 밑에 둠으로써 보는 사람으로 하여금 어휘 배열의 입체적이고 정리된 느낌을 주도록 용심하였다.

 다만 이 사전의 발행에 앞서 고(故) 양주동(梁柱東) 박사께서 투병하시면서도 일일이 교열(校閱)을 맡아 주시면서 이미 발행된 사전의 오류(誤謬) 오식(誤植)된 부분을 수정해 주시다가 출간의 빛을 보지 못하시고 세상을 떠나시게 됨에 가슴 아프게 생각한다. 끝으로 독자 제현의 질정(叱正)을 바랍니다.

 위 내용 또한 다른 출판사의 머리말로 옮겨지고, 심지어는 이숭녕 박사가 감수했다는 덤핑판 국어사전의 머리말에도 인용되는 경우도 있었다.

양주동 박사가 감수자로 된 덤핑판 국어사전들

다음은 이숭녕 박사가 감수했다고 하면서 여러 출판사에서 국어사전을 펴냈다.

< 표 4 > 이숭녕 감수 국어사전

구분	사전명	출판사	발간 연도	가격 (원)	머리말	편집 구성
판형 동일	새 바른말 국어대사전	민정사	1979	18,000	이숭녕 (79)	3단
	새 국어대사전	도서출판 계명사	1993	98,000	편저자	3단
	국어대사전	주식회사 동아	1985	48,000	편저자	3단
	국어대사전	성문사	1995	70,000	편저자	3단
	새 국어대사전	금진출판사	1993	50,000	편저자	3단
판형 동일	표준 국어대사전	약진문화사	1980	30,000	이숭녕 (78)	2단
	표준 국어대사전	한영출판사	1990	50,000	이숭녕	2단
	새 국어대사전	한국도서 출판중앙회	1996	150,000	이숭녕	2단
	표준 국어대사전	대중서관	1979	24,000	이숭녕 (78)	2단
판형 동일	새 국어대사전	일중당	1985	35,000	이숭녕 (84)	3단
	새 국어대사전	도서출판 유한	1993	50,000	이숭녕	3단
판형 동일	최신 국어대사전	숭문사	1992	60,000	편저자	3단
	최신 국어대사전	한국교육 문화사	1995	150,000	편저자	3단
판형 동일	현대 국어대사전	동신문화	1983	30,000	편저자	3단
	현대 국어대사전	한서출판	1973	12,000	편집부	3단

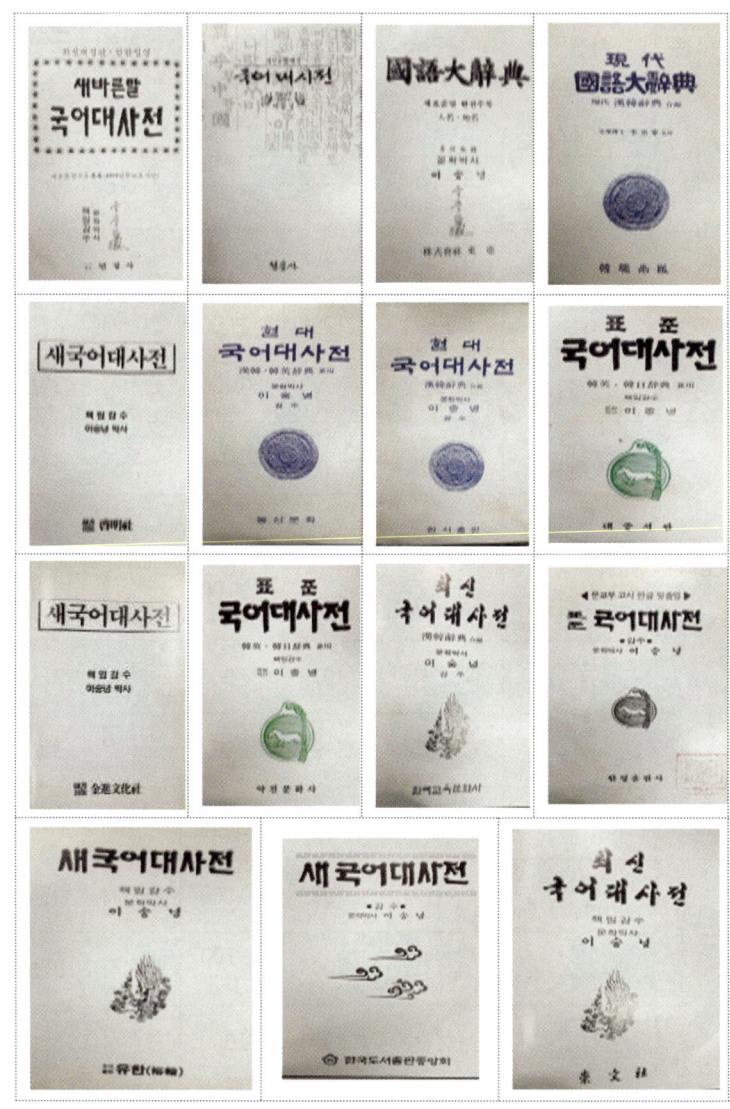

이숭녕 감수 국어사전

이숭녕 감수 국어사전의 서문序文과 머리말을 통해서 덤핑판 사전들의 문제점을 살펴본다.

최신 개정판·한한일영, 『새 바른말 국어 대사전』, 도서출판 민정사(1979)의 序文을 보면,

한 나라의 문화발전은 그 나라의 사전을 보면 거의 판정이 날것이라고 하겠다. 우리나라에서도 그것이 우리의 손으로 사전이 엮어진 것은 해방 전의 문세영님의 노작임은 주지의 사실이다. 그러나 오늘날 거의 「붐」을 이룩하다 싶이 사전이 나오고 있으니 자축할 일이라고 하겠으나 솔직히 말해서 거기에는 공통된 허점이 보인다.

그것은 어휘의 수를 과시하려는 경향인데, 그 사전의 우열은 어휘의 수보다는 그 풀이의 정확성 여부에 달린 것이라고 하겠다. 같은 어휘라고 해도 예문의 제시와 이에 따라 의미의 분석이 정확해야 하는데 이것이 아쉽다. 같은 어휘도 예문의 제시에 따라 그 다의성(多義性)이 충분히 고려되지 않고 있음이 느껴진다.

그런데 이번 민정사의 『새 바른말 국어사전』은 전 국민의 국어생활에 다시없는 반려의 구실을 뜻하고 엮은 것이다. 정확 간결한 풀이와 어휘도 현대인의 생활을 위한 보편과 과학성을 담뿍 지니고 있다고 하겠다. 그리고, 부록으로 인명과 지명의 조화와 해설이 있어 여지껏의 우리가 알고 싶어 했던 것을 다 갖춘 셈이다. 이런 점이 이 사전의 특징이기도 하며 나날이 바쁜 생활에서 좌우에 두고 친해야 할 반려가 아니랴!

이번 이 사전은 내가 책임지고 감수한 것이다. 이제 새삼 들추어내기도 쑥스럽지만 내가 모르는 사이에 내 이름으로 사전이 나도는 것을 발견하고 놀라 마지않은 일도 있고, 지기의 간청으로 서문을 써 주었으나 그 뒤 감감 소식이어서 감수의 책임을 다할 길도 없어 궁금히 여기고 있었는데

잊어버릴 쯤 해서 돌연 길에서 "이박사가 감수한 …… 운운"으로 소리를 지르면서 광고하고 있으니 상도나 인사가 이럴수가 있으랴.
　그러나 이번 사전은 내가 책임지고 감수를 도맡은 것이니 독자는 안심하기 바란다.(1979년 7월 10일, 李崇寧)

　이번 사전만큼은 직접 책임지고 감수했다고 강조하는 말을 싣고 있다. 여기에 머리말을 보면,

머리말(편자)

　사람이 짐승과 다르다는 것은 언어가 있기 때문입니다. 언어라는 것은 모든 의사 소통의 매체이며 모든 문화는 언어의 발달에 따라 형성됩니다. 또한 사람이 태어나면서 하나의 국가에 속하고 그 국가는 반드시 하나의 언어를 갖고 있읍니다.
　그게 곧 국어라고 말할 수 있읍니다.
　우리는 태어나면서 말을 배우고 성장하면서 글을 익힙니다. 그것은 모든 의사 소통을 원활히 하고 그 의사를 문자로 새겨 오래 보존하기 위함입니다. 그러기에 보다 더 그 언어가 지닌 깊은 의미를 터득하거나 또는 언어의 정립을 위해 국어사전은 모든 사람에게 필요로 하는 필수서인 것입니다.
　무엇보다 물질문명이 고도로 발달하면서 국가와 국가 간의 교류가 원활해지고 개인의 생활도 국제적으로 비약하는 현대인의 생활 양식은 많은 외래어의 홍수 속에서 살아야 하는 것입니다. 그래서 우리들에게는 시대의 변천에 예민한 감각을 지닌 국어사전이 절실히 필요로 하게 되었읍니다.

이러한 현대인의 생활 양상에 맞게 본 출판사에서는 수년 동안에 걸쳐 빈틈없고 정확한 자료와 실무진에 의하여 사전의 편찬사업이 지닌 막대한 시간과 노력과 자금의 어려움을 무릅쓰고 과감히 본 국어사전을 편찬한 것은 우리나라 국민이면 누구나 합리적인 국어생활을 할 수 있도록 지향해야 겠다는 사명감 때문입니다.

그러기에 본 국어사전은 다음과 같은 장점을 수록하게 되었읍니다.

1) 가장 방대한 어휘 수록–학술 서적, 신문과 잡지, 방송을 포함한 사회 전반에서 쓰이는 신·구의 모든 어휘를 망라하여 20만이 넘는 충분한 어휘를 실었읍니다.

2) 정확한 풀이–각 어휘는 보편적인 풀이를 통하여 무리가 없도록 하였으며, 표제어에 따른 파생어는 표제어의 밑에다 최대한으로 풀이를 하였읍니다.

3) 영어의 대역–세계 공용어인 영어를 표제어는 물론 파생어에도 곁들여 『한영사전』을 겸하도록 하였습니다.

4) 일어의 대역–중요한 단어의 말미에 일어를 수록하여 일어를 공부하는 사람에게 『한일사전』을 겸하도록 하였습니다.

5) 연관 관계 표시–각 어휘마다 동의어·유사어·큰 말·작은 말·센 말·서센 말·높임 말·낮춘 말·변한 말·틀린 말 등의 상호 관계를 뚜렷이 밝혔읍니다.

6) 전문어의 평이한 해석–정치·종교·경제·사회·과학·예술 등의 각 분야에 쓰이는 전문어는 그 개념을 금방 이해할 수 있도록 쉬운 용어로 해석하여 놓았읍니다.

7) 풍부한 외래어·시사어–날로 늘어나고 있는 외래어와 시사어(신어)는 빠짐없이 수집하여 실었읍니다.

8) 주요 인명·지명·서명–학생들의 편의를 도모하고자 우리나라는 물론 세계의 주요 인명·지명·서명을 간략히 소개해 두었읍니다.

9) 유용한 부록-'한글 맞춤법 통일안'을 비롯한 15개 항의 부록을 실어 유용히 쓰도록 하였으며, 특히 '민속자료 도회'는 획기적인 참고가 될 것입니다.

이처럼 완벽한 내용으로 꾸며진 사전이기는 하나 영국의 옥스퍼드나 미국의 웹스터, 프랑스의 라루스 사전이 오랜 역사와 전통을 자랑하면서 늘 시대의 변천에 따라 민감하게 수정, 보수 작업을 해 왔듯이 앞으로 모든 독자 여러분께 신뢰와 애용을 받을 수 있도록 계속 수정, 보수하는 노력을 아끼지 않을 것이며 이번에 문교부 시안으로 새롭게 개정된 표준어를 완전히 개정 삽입했음을 아울러 밝히는 바이며 본 사전이 보다 더 완벽을 기할 수 있도록 혹 불충실 하거나 잘못된 점이 있으면 독자 여러분의 조언이 있었으면 감사하겠습니다.(편자)

라고 밝혔다.

하지만, 이숭녕 감수의 민정사판, 성문사판(1995), 株式會社 東亞판(1985) 국어사전들은 머리말이 양주동 감수의 한영·신한출판사판의 머리말과 동일하다.

결국 감수자의 이름만 변경하였을 뿐, 덤핑판 사전의 전형을 보여준다. 또한 대중서관 『표준 국어 대사전』(1979)과 도서출판 유한 『새 국어 대사전』(1993)의 머리말이 동일하다.

머리말

어느 나라를 막론하고 국어사전은 그 나라의 문화를 가늠하는 하나의 척도가 되는 법입니다. 다행히 성왕 세종대왕께서 세계 어느 나라의 문자에 비해도 뛰어나게 훌륭한 훈민정음을 창제해 주신 덕택에, 우리는 오늘날 아무런 불편을 느끼지 않고 국어생활을 영위하고 있읍니다.

그러나, 올바른 국어생활을 하자면 정확하고 좋은 국어사전이 있어야 함은 새삼 말할 나위도 없는 일입니다.

우리나라의 국민이 누구나 합리적인 국어생활을 할 수 있도록 해야겠다는 사명감에서 이 사전을 편찬하기에 이르렀습니다. 이 사전은 바르고 합리적인 국어생활을 지향하는 사회 각층의 모든 국민에게 가장 친근하고 미더운 조언자가 될 수 있도록, 그 내용과 체재에 일대 혁신을 기한 새로운 국어사전입니다.

생각건대 사전의 편찬 사업이란 워낙 막대한 시간과 노력과 자금이 소요되는 매우 어려운 사업입니다. 그러므로 좋은 사전의 출현을 바라기란 극히 어려운 일인 바, 다행히 우리도 선각자 여러분의 희생적 노력의 결정으로 우리말 사전을 몇 가지지 가지게 되었음은, 온 겨레가 함께 기뻐하여 마지않던 바입니다.

그러나, 그 중의 더러는 그 어휘 수의 지나친 빈약으로 인하여, 더러는 그 다루기에 불편할 만큼 지나치게 큰 체재로 말미암아, 실로 대중적이고 실용적인 사전이 되기에는 아직도 거리가 먼 느낌이 없지 않았던 것입니다. 더구나 말이란 항상 신진 대사와 진화를 거듭하여 쉬지 않는 것이므로, 이를 담는 그릇이 될 국어사전 또한 그러한 움직임에 대하여 무감각할 수는 없는 것입니다. 나날이 뭇 사람들이 입에 새로 등장하고, 신문·잡지·학술서적 등을 통하여 연달아 소개되는 새로운 말들은, 헤아리기 어려울 정도로 복잡하고 혼란을 이루고 있어, 어제의 사전이 오늘의 언어의 모습을 제대로 반영시킬 수는 없다는 것을 절실히 느끼게 하는 바 있읍니다.

영국의 옥스퍼드나 미국의 웹스터, 프랑스의 라루스 등의 사전이 오랜 역사를 자랑하면서도, 늘 시대의 변천에 대한 예민한 감각을 지니고 탈피 작용을 꾸준히 거듭해 나감으로써, 한결같이 그 시대 국민의 광범한 신뢰와 애용을 받고 있음을 알고 있는 나는, 이에 견줄만한 우리말 사전이 없음을 적이 아쉽게 생각해 왔던 것입니다.

　나는 일찍부터, 현대의 언어를 재정리하고 이에 하나의 새로운 체계를 줌으로써 현대인의 욕구에 응할 수 있는 새로운 국어사전의 출현을 오랫동안 기다려 왔었읍니다. 그러던 차에 다행히 〔선문출판사·학력개발사·문화출판사(삼오문화사)·일중당·한국과학교육연구소(도서출판양문)〕에서 나와 같은 취지의 사전 간행에 뜻을 두고, 이미 오래전부터 준비를 해 오다가 나에게 감수를 의뢰해 왔습니다. 평소에 내가 생각해 오던 바와 뜻이 같으므로 이에 흔쾌히 찬동하고 협조를 아끼지 않기로 작정했으며, 감수를 맡아 보기로 하였습니다.

　먼저 선진 제국의 대표적인 사전들을 본받아, 다루기에 알맞은 간편성과 널리 사용될 수 있는 실용성 등을 참작하여 사전의 크기를 46배판 3단 조판 1,000면으로 한정하고 새로 만든 사전 전용 신체 6포인트 활자로 조판하여 이에 담을 수 있는 최대의 어휘 수를 25만으로 잡았읍니다. 이미 수집된 20여 만의 어휘를 전면적으로 재검토 재정선하였으며, 다시 국내외의 주요 간행물을 널리 조사한 결과 새로운 학술 전문어와 신어를 대폭적으로 보충하여, 단권 사전으로서는 이 정도가 극한에 가까운 숫자가 아닐까 자부하기에 이르렀습니다.

　풀이의 방식에 있어서는 주관식 독자적인 것을 피하고 과학적 합리적인 것을 위하였으며, 학술 전문어는 각 부문 전문가의 의견을 널리 물어 가장 새로운 해석에 따르도록 하였고, 학생들의 광범한 이용을 고려하여 되도록 쉬운 말을 썼을 뿐 아니라, 동의어나 용례도 풍부히 덧붙여 말의 개념 파악의 정확성을 가하도록 하였읍니다.

체재의 참신은 이 사전을 큰 자랑이 되겠읍니다. 활자의 미려, 인쇄의 선명, 장정의 호화, 제본의 견고 등은 능히 현대적인 시각을 만족시킬 수 있을 것이며, 이 점만으로도 이 사전은 종래에 볼 수 없었던 독보적인 존재가 되리라 믿습니다.

이 사전은 이로써 일단 완성을 본 셈입니다마는, 이에 만족하지 않고 꾸준히 다듬고 증보해 나감으로써, 보다 완벽하고 보다 시대에 알맞은 사전을 이루어 나갈 생각입니다. 바라건데 이 사전을 쓰시는 여러분께서도 이 사업의 뜻 있는 바를 헤아리시와, 혹시 그릇되거나 모자란 점을 발견하실 경우에는 기탄 없는 교시를 주시면 이에서 더 고마운 일이 없겠습니다.

끝으로 학술 전문 각 분야에서 귀한 조언과 고견을 베풀어 주신 여러분들에게 사의를 표하며, 이 어려운 사업을 열성적으로 추진해 주신 [선문출판사 사장·학력개발사 사장·문화출판사(삼오문화사)·일중당] 사장을 비롯하여 편집부 여러분에 대하여 깊은 감사를 드립니다(1978년 2월 10일, 문학박사 李崇寧).

위 사전의 머리말은 양주동 감수로 펴낸 학력개발사, 삼오문화사, 일중당(1984), 한국과학교육연구소, 도서출판 양문과 동일한 내용으로 되어있다.

이숭녕 감수의 국어사전들도 여럿 출판사를 통해 재탄생은 되었으나, 어느 것이 원판이고, 어느 것이 복사판인지를 구분하기 매우 어렵다. 좀 더 빠른 연도에 발행한 것이 원본에 가깝다고 하겠으나, 이것 또한 신뢰성이 없는 관계로 덤핑판 사전의 한계를 보여준다.

이숭녕 박사가 감수한 국어사전

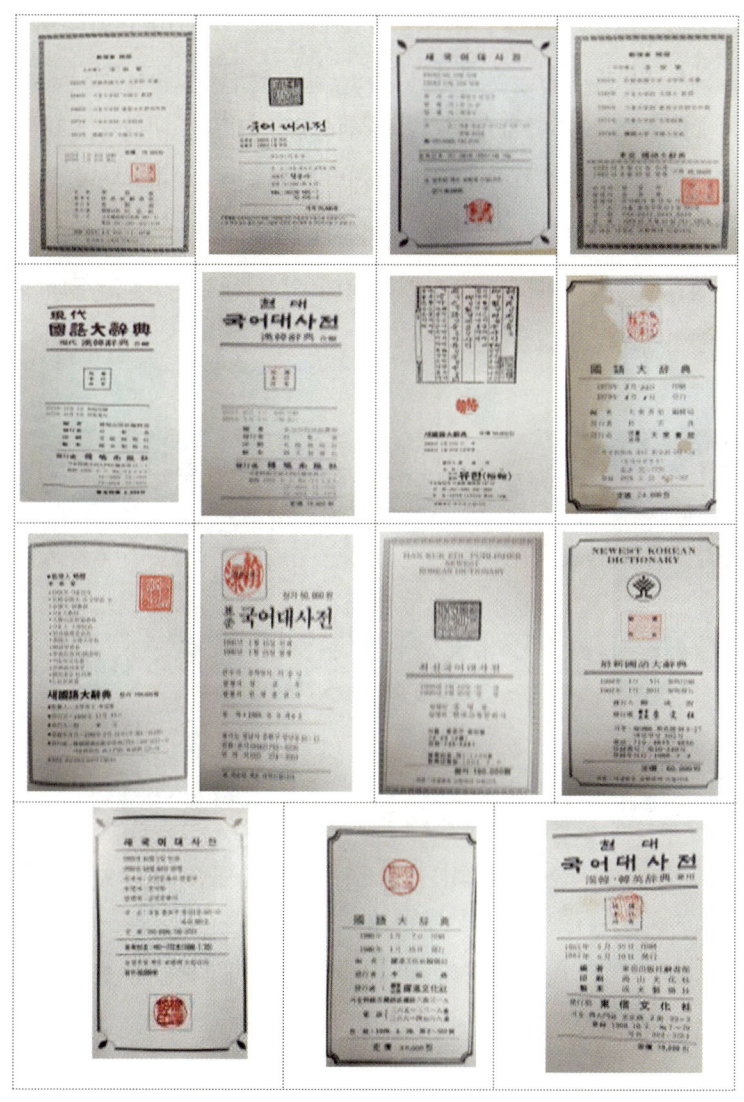

이숭녕 박사가 감수한 국어사전

다음은 한갑수 선생이 감수한 국어사전으로 모두 10여 곳의 출판사에서 발행되었다. 그 중에서 먼저, 한갑수 편 『바른말 고운말 사전』(1975)은 삼중당에서 발간한 사전으로 덤핑판은 아니다. 그리고 이 사전은 기존의 사전과는 다른 체재(體裁, 스타일)로 구성되어 있다. 이 사전이 탄생한 배경은 머리말에 잘 나타나 있는데, 당시 시대적인 상황을 이해할 수 있는 내용이 있어 새로운 국어운동의 한 방향이었음을 알 수 있다.

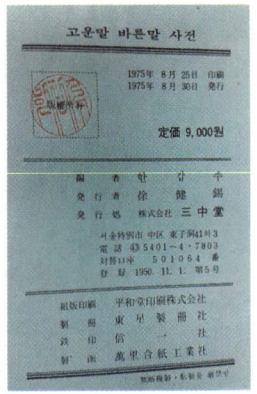

한갑수, 『바른말 고운말 사전』(삼중당, 초판 1975)

해방직후부터 방송을 통해 우리말 바로쓰기에 대해 방송해 온 한갑수는 지명도 있는 국어학자로 알려졌다. 그가 방송활동으로 인해 우리말의 가치와 소중함을 알려온 학자로 더욱 알려지게 된 것이다. 한갑수는 사전 출판에 대해 다음과 같이 밝혔다.

해방 직후부터 "국어 강좌"라는 이름으로 시작한 국어 교양 방송이 한국 전쟁으로 중단되었다가, 서울 수복과 함께 "우리 말의 바른 길"이라는 이름으로 계속되었으나 다시 "4·19 혁명"으로 중단되었다가, 1961년 이래 "바른 말 고운 말"이라는 이름으로 계속 되었다. 중간에 몇 차례 부득이한 사정으로 중단은 됐으나, KBS 텔레비전을 통한 "바른 말 고운말" 방송까지 보태면 KBS를 통한 방송만도 30년이 거의 되는 정도인데, "군 방송"에서 8년, "극동 방송"에서 6년, 재일 교포를 위한 국어 강좌 3년, "동양 방송"에서 "5분 사전" 1년, "전일 방송"에서 "우리말의 향기"에 1년 등, 저자가 국어 교양 방송에 참여한 것이 50년에 이릅니다.

오랫동안 국어 교양 방송을 계속할 수 있었던 것은 KBS를 비롯한 여러 방송 당국이 고마우신 배려의 덕분임은 말할 나위도 없겠거니와, 청취자 여러분께서 보여 주신 국어 순화에 대한 지대하신 관심과 끊임없는 격려의 덕분으로 알고 감사함을 금할 길이 없습니다.

제가 방송을 시작한 후 수 십만의 질문 편지가 산더미같이 쌓여 있으나 제한된 시간을 통해서 일일이 해답 방송을 해 드리지 못하고, 극히 적은 수의 질문에 대해서만 방송을 해 드렸고, 나머지는 방송으로도 편지로도 해답을 드리지 못하고 있어서 송구하여 몸 둘 곳을 모르겠습니다.

방송은 잘못 쓰는 말 바로잡기, 문법, 맞춤법, 말소리, 표준말, 뜻풀이, 한자어, 외래어, 옛말 등 아홉 부문에 걸쳐서 실시되었는데, 특히 국어사전을 가지고도 해결할 수 없는 문제를 다룬 일이 많았습니다.

날이 갈수록 방송 내용을 책으로 엮어서 펴 주었으면 하는 희망을 보여 주시는 분의 수가 점점 많아졌기 때문에 이에 보답하기 위해 1968년 12월에 "바른 말 고운 말" 초판을 냈던 바, 10여 일 만에 책이 매진되고 말았습니다. 그러나 불행히도 사정이 뜻 같지 못해 재판을 곧 이어 내지 못하고 시일을 끌어 오다가 "삼중당" 서건석 사장님의 호의로 이번에 초판 내용을 깁고 더해서 재판을 내게 되었습니다. 그러나 방대한 방송 내용에 대해서 여기 수록한 내용은 너무도 빈약함을 솔직하게 고백하며, 아울러 멀지 않은 장래에 새로운 증보판을 낼 것을 약속합니다.

 1945년부터 오늘까지 보내 주신 청취자 여러분의 질문 편지 가운데 중복된 것이나 다룰 수 없는 것만을 없애고, 그 많은 편지를 지금도 소중하게 간직하고 있어서, 저자의 형편만 닿는다면 언제든지 엮어 낼 수 있는 자료는 무진장 가지고 있는 셈입니다. 따라서 여기에 엮어 내는 이 책은 제1집의 재판으로 생각하시고, 앞으로 계속 2집, 3집이 나올 것으로 기대해 주시기 바랍니다.

 재판에서는 새로 제정된 "과학 시술 용어" 1천 단어를 끼워 넣었고, 부록으로 외래어를 대폭 수정하였습니다. 외래어는 "문교부"에서 제정한 "외래어 표기법 통일안"에 좇아서 정리했으나 더러 "문교부 통일안"과 부합되지 않는 표기가 있는 것은, 앞으로 여기 보인 표기대로 새로 조절하여야 되겠다고 믿는 부분을 미리 고쳐 놓았기 때문입니다. 될 수 있으면 방송된 내용을 그대로 문면에 나타내 보려고 노력했으나, 녹음기를 다루기가 그리 쉬운 일이 아니었고, 또 너무 장황하여지는 느낌이 있어 그런 방식을 쓰지 아니하기로 하였습니다.

 초판에서는 "인천 사대"의 이강로(李江魯) 교수의 도움으로 원고가 정리되었고, 재판에서는 "삼중당"에 계신 여러분께서 수고하여 주셔서 이 정도의 정리라도 된 것을 고맙게 생각합니다. 그러나 아직도 오자, 오식이 적지 않게 보이는 것을 부끄럽게 생각하며, 판을 거듭하는 동안 시정해 나갈 것을 약속합니다. 질문 편지를 보내 주신 여러분의 주소가 그때 당시의 것을 그대로 실었기 때문에 현재의 주소와 다른 것이 많을 줄 압니다. 당사자 되시는 분은 새 주소를 알려 주시면 다음에는 고치도록 하겠습니다. 삼중당(三中堂)의 서건석(徐建錫) 사장님 이하 여러분의 노고에 감사드립니다. 또 제자를 써 주신 평보(平步) 서희환(徐喜煥)선생께 감사드립니다(1975년 8월, 한갑수).

 위 사전은 일반 국어사전과는 형식이 다르고, 우리말에 대한 궁금한 점들을 망라하여 상세하게 설명한 것 등 기존의 사전 내용도 다르다. 이러한 형태의 국어사전은 이후 '우리말 갈래 사전' 등 다양한 사전을 탄생시키는 초석이 되었다. 방송을 통해 국어 순화에 헌신하여 "바른 말 고운 말" 찾기에 진력한 한글학자 한갑수 선생의 역작인 것이다. 하지만 한갑수 선생의 유명세를 이용해 출판사들이 작정하고 복제한 덤핑판 국어사전들은 다음과 같다.

< 표 5 > 한갑수 감수의 덤핑판 국어사전

구분	사전명	출판사	연도 (초판)	가격 (원)	머리말 감수자	편집 구성
판형 동일	국어 대사전	대호 출판사	1981	45,000	국어사전편찬 위원회(머리말) 한갑수 감수	2단
	국어 대사전	흥문 도서	1975	14,000	이종택(머리말) 한갑수 감수	2단
판형 동일	최신 새국어 대사전	삼성 문화사	1982	25,000	한갑수 감수	3단
	학력 새국어 대사전	학력 개발사	1992	35,000	한갑수 감수	3단
기타	국어 대사전	교육 서관	1990	68,000	한갑수 감수	2단

감수자가 한갑수인 학력개발사의 『새국어대사전』(1992) 감수의 글을 본다.

반만 년이라는 오랜 역사의 흐름과 더불어 이어받고 내려온 우리말을 풀이한 국어사전을 편찬함이 쉬운 일이 아니라는 것은 누구나 다 아는 사실입니다. 그러기에 국어사전은 어느 나라를 막론하고 그 나라의 문화를 가름하는 척도라고 까지 말하고 있습니다.

영국의 옥스퍼드나, 미국의 웹스터, 프랑스의 라루스 등의 사전들이 오랜 전통과 함께 시대의 변천에 따라 새로운 감각을 도입함으로써 더욱더 신뢰와 애용을 받고, 있음을 그냥 넘겨 버릴 수 없습니다. 다행하게도, 선배 여러분들의 희생적 노력이 결과로 민족의 문화적 무기요. 문화의 척도라고 할 수 있는 국어사전을 몇 가지 가지게 되었음은 우리 민족의 자랑이며 우리 겨레의 기쁨이라 하겠으나 어휘의 부족과 곡해, 체재의 불균형, 실용성의 빈약 등 시대적 감각에 따르지 못하는 점들을 느끼지 않을 수 없었습니다.

그러나, 지금 우리는 민족중흥과 조국 근대화라는 중차대한 거국적 사명을 눈앞에 두고 온 겨레가 일치단결하여 매진하게 되었으며, 그 어느 때보다도 우리 말을 사랑하고, 바르게 깨우쳐서 빛나는 미래의 문화유산과 번영된 조국 영광을 이룩하여야 된다는 역사적 명제에 보탬이 될 수 있는 사전 편찬의 필요성에 따라, 좀 더 체계적이고 과학적이며 진취적인 방법으로 46배판 3단 조판 1,200면에 담을 수 있는 20여만 낱말을 수록하였으나, 각 분야에서 활용하시는 독자 여러분들의 기탄없는 교시에 따라 그때그때 보완 정정하여 더 좋은 사전을 만들기에 최선을 다할 것을 다짐하는 바입니다.

끝으로 학술 전문 분야에서 아낌없는 조언과 고견을 베풀어 주신 여러

분과 이 어려운 사업을 열성적으로 추진하여 주신 민중도서 사장님을 비롯하여 편집부 여러 분께 감사를 드립니다(한갑수).

위 사전은 '학력개발사'에서 발행하였는데도 불구하고, 감수의 마지막 말에 '민중도서'를 표기한 것으로 보아 이 사전은 덤핑판으로 보인다. 그리고 이 사전의 머리말을 보면, 발행일이 1979년으로 되어 있는데, 감수는 1992년, 발행은 1979년으로 보아 한참 후에 감수의 글을 덧붙인 듯하다.

옛 부터 문화가 있는 민족은 번영을 계속할 수 있으나 문화가 없는 민족은 타 민족에 합병되거나 동화되어 이 지구상에서 사라지고 만다고 했다. 저 중국 만주대륙에 웅거했던 만주족이 그랬고 지금도 사라져 가고 있는 민족이 무수히 있는 것이다.

다행이 우리 민족은 옛 조상들이 슬기로와 중국이라는 대륙에 인접해 있으면서 항상 그 영향을 받으며 지내 왔으나 우리 고유의 말과 문화가 있었기에 한 민족이 생존해 있을 수 있었으며 또한 이 세상에서 가장 편리하고 과학적인 체제를 갖춘 한글을 만들어 낼 수 있었던 것이다.

그러나 이 편리하고 멋진 한글이 한동안은 언문이라 하여 하급사회에서만 사용돼 왔으니 역사의 아이러니 아니할 수 없다. 대한민국의 정부수립과 함께 빛을 보게 된 한글이 이제는 국어순화 운동이라는 민족의 대명제 앞에 그 거대하고 찬란한 큰 뜻으로 우리 민족의 사상과 감정, 정신생활의 총화와 물질생활이 전부를 투영하는데 일호의 손색이 없는 가장 편리한 언어 문자로 갈고 다듬어져 가고 있는 것이다.

우리는 이와 같이 아름답고 훌륭한 언어와 문자를 가졌으면서도 이 말들을 정리 수록한 사전이 없다가 한글학회에서 일제 수난기에 몰래몰래

숨어서 편집해 오던 것을 해방 후에 편집한 『큰 사전』을 시초로 여러 종류의 훌륭한 국어사전들이 많이 나오게 됨은 참으로 다행한 일이다. 차체에 우리 출판사에서도 국민문화생활의 창달과 국어순화운동에 일익이나마 담당해 보고져 심혈을 기우려 오던 중 이제사 그 빛을 보게 된 것이 『새 국어 대사전』인 것이다.

편집하고 정리하여 인쇄하는 도중 1936년에 제정된 표준말, 1933년 제정 한글맞춤법, 1958년 제정 외래어 표기법, 1959년 제정 로마자 표기법을 현대 언어생활에 맞도록 개정하는데 그 목적을 둔 「문교부 발표 개정 시안」이 발표되어 그 전체의 윤곽은 틀이 잡혔으나 내용은 아직 확정되지 않은 시안(試案)이기에 우선 그 시안의 골자만을 뽑아 서두에 우선적으로 삽입하는 바이며 애용자 여러분은 참고로 참조하시기 바라는 바이다.

끝으로 이 사전을 편집하는데 협조해 주신 편집동인 여러분 그리고 끝까지 감수해 주신 선생님께 심심한 감사를 드리는 바입니다.(1979년 1월)

다음은 교육서관의 『국어대사전』(1990) 머리말이다.

언어는 인류의 역사와 함께 존재하여 인류 사회의 형성과 문화의 발전을 이룩하였다. 또한 세계 여러 나라와 민족은 어떤 형태로든 제 나름대로 가꾸어 온 언어를 가지고 있으며, 그 나라 국운(國運)의 성쇠와 더불어 민족 문화의 우열(優劣)에 깊은 관계를 맺어 왔다.

언어는 항상 문화의 발전과 더불어 진화하여 시대의 변천에 따라 변화한다. 이런 까닭으로 우리 민족의 고유(固有)한 언어인 국어를 애써 갈고 닦아야 하며, 나아가서는 민족 문화의 향상을 위해 모든 분야의 학문을 밝히고 이끌어 주는 구실을 할 수 있게끔 하여야 한다. 이러한 사명감(使

命感)에서 우리의 빛나는 언어를 간추려 담아 놓을 수 있는 그릇인 「국어사전」을 편찬하기에 이른 것이다.

지금 우리는 20세기 후반에 임해 역사적 시련과 전환기(轉換期)를 맞이하였다. 이러한 시대적 요청과 시대 조류에 따라 정치·경제·문화·사회·과학 등 학문의 여러 분야에서 필요한 지식을 널리 얻을 수 있어야 함은 물론이다. 따라서 이 사전을 편찬함에 있어서 애써 백과사전적 색채를 탈피하면서도 편리하게 여러 방면에 활용될 수 있는, 실용성이 많은 다목적용(多目的用) 사전을 편찬하는 데 온 힘을 기울였던 것이다.

수년 여에 걸쳐 각종 도서·사전(事典)·정기 간행물·교과서 등 광범위한 방면을 섭렵(涉獵)하여 자료 수집에 진력하였으며, 기본 어휘를 비롯하여 전문적 학술어·신어·외래어·고어들은 물론, 심지어 시사어·유행어·관용어까지도 조사 보충하여 약 20만 단어에 이르는 방대(尨大)한 어휘를 엄선 수록하였다.

그리고 영어와 일어를 대역하여 주석의 갈래마다 넣음으로써 일어와 영어의 학습과 참고에 도움이 되도록 하였다. 이것은 또 우리가 외국어를 습득하여야만 이룩할 수 있는 문화의 교류와 흡수를 통해 우리들의 실력을 기르고 나아가서는 그들을 능가(凌駕)할 수 있는 기초를 마련하는 데에도 도움이 될 수 있을 것으로 믿는다.

많은 어휘를 고루 망라하여 실으면서도 격조 높은 체재(體裁)와 참신한 면모를 갖추어야 한다는 것이 국어사전을 편찬하는 데 있어 가장 심혈(心血)을 기울여야 할 점인 것이다. 그러므로 처음 편찬 계획을 수립할 당시부터 빈틈없는 면밀성(綿密性)을 가지고 유기적(有機的)인 연결이 맺어질 수 있도록 일관성 있는 기획을 세웠으며, 통일성 있는 체계와 정확성에 입각한 실용도(實用度)를 높이도록 하였다.

사전 편찬이 워낙 어려운 일임에도 불구하고 이 거대한 사업이 결실하여 햇빛을 보게 된 데에는, 국어의 순화(醇化)에 헌신하여 "바른 말 고운

말" 찾기에 진력한 한글학자 한갑수(韓甲洙) 선생님의 감수(監修)와 지도에 힘입은 바 크며, 각 전문 분야에서 감수 편찬에 애써 주신 선생님들의 노고가 컸음을 밝혀 두는 동시에 아울러 감사를 드린다.

그리고 각기 전문 분야에서 직접 협조하여 주신 동학 제현(諸賢)들, 또 편찬자를 도와 시종 일관 내용의 검토와 교정에 일심정려(一心精勵)하여 준 편집원 제위에게도 충심으로 감사를 드린다.

더욱이 이 사전을 아껴 주시고 널리 애용하여 주시는 독자 여러분들의 기탄없는 교시(敎示)를 받아, 보완 정정하여 판(版)을 거듭할수록 좋은 사전이 될 것을 확신하여 마지않는 바이다.

다음은 한갑수 감수자의 말이다.

우리가 사용하고 있는 말은 언제나 신진 대사와 변화를 거듭하여 쉬지 않기 때문에 이를 담는 그릇이 될「국어사전」또한 그와 같은 변동에 대해서 무감각할 수는 없는 것이다.

나날이 뭇 사람들의 입에 새롭게 등장하는 말이나 또는 신문·잡지·학술 서적 등을 통하여 계속 소개되는 새로운 말들은 헤아리기 어려울 만큼 복잡하고 혼란하다. 이런 때에 어제의 사전을 가지고는 오늘 사용되는 언어의 모습을 올바르게 반영시킬 수는 없다.

영국의 '옥스퍼어드'나 미국의 '웹스터', 프랑스의 '라루스' 등의 사전이 가장 오랜 역사를 자랑하고 있으면서도 항상 시대 변천에 대해서 예리한 감각으로 탈피 작용을 꾸준히 거듭해 나아감으로써, 언제나 국민의 두터운 신뢰와 애용을 받고 있음을 우리가 잘 알고 있다.

우리 주위에는 여러 형태로 편찬, 저술된 국어사전이 많이 있다. 그러나 그 가운데에는 올림말의 수가 너무도 빈약해서 쓸모가 없거나, 또 어떤 사전은 다루기에 불편할 만큼 지나치게 큰 규모이기 때문에 실로 대중적이고도 실용적인 사전이 나와 주기를 기다린 지 오래이다.
 사전을 편찬하는 작업이란 원래 막대한 시간과 노력과 비용이 드는 일이기 때문에 훌륭한 사전의 출현을 쉽게 원한다는 것은 매우 어려운 일이라 하겠다. 다행히 우리도 선각자 여러분의 희생적 노력의 결정으로 몇몇 우리말 사전을 가지게 된 것은 겨레와 더불어 기뻐할 일이라 하겠다. 그러한 오늘에 시대의 요구에 맞는 이 「국어사전」을 출간하게 된 것은 감수자로서 국어를 사랑하는 여러분과 함께 기뻐할 일이다.
 이 사전의 특징은 바르고도 합리적인 국어생활을 지향하는 사회 각층의 모든 국민에게 가장 친절하고 정확한 지침이 될 수 있도록 그 내용과 체재에 일대 혁신을 가한 새로운 국어사전이라고 믿어진다. 또한 새로운 학술 전문어와 신어가 대폭 보충 편찬된 것은 단권 사전으로 경이할 만한 일이라 하겠다.
 낱말 풀이에 있어서도 주관적이나 독단적인 것을 피해서 가급적이면 과학적이고도 합리적인 것을 취했으며, 또한 여러 분야에서 우리 말의 올바른 뜻을 필요로 하는 사람들에게 많은 도움을 줄 것으로 믿어 의심치 않는다.
 그 밖에도 학생층의 광범한 이용을 예측하여 가급적이면 쉬운 말을 썼을 뿐 아니라 동의어나 용례도 풍부하게 실음으로써 그 말 자체의 개념 파악에 정확을 기하도록 했으며, 각 부문에 걸쳐 전문가의 의견을 따라 가장 새로운 해석을 기준으로 하였고, 학술 기술 용어에 있어서도 역시 새로 제정된 것을 널리 삽입하여 새 시대 새 사전의 어엿한 면모를 갖추도록 힘썼다.
 단권 사전으로서 20만 어휘가 수록되어 있고, 원말과 변한말, 준말과 본말, 큰말과 작은말, 센말·거센말·틀린말·반대어 등의 관계가 빈틈없이 밝혀진 것이 특징이며, 한자말과 외래어에 대해서는 되도록 그 나라 원글자를 표시했고, 오늘날의 학생을 위하여 일본어를 수록한 것은 이 사전의 특징이라고 하겠다. 아울러 좀더 정확한 우리말의 풀이와 이해에 대해서 이 국어사전이 이바지하는 바 클 것을 믿고 있다.

한글학자 한갑수

 이상의 내용을 정리해 보면, 『국어대사전』(1975, 흥문도서)의 머리말은 '교육서관'과 동일하며, 책임감수 한갑수(한글학회 이사)의 '감수자의 말' 또한 동일하다. 『국어대사전』(1981, 묫浩출판사)은 '교육서관(1990)'과 '흥문도서(1975)'와 머리말이 동일하며, 한갑수 감수로 해서 '감수자의 말' 또한 동일하다. 따라서 이 모든 사전들은 덤핑판으로 출판되어 유통된 것이다.

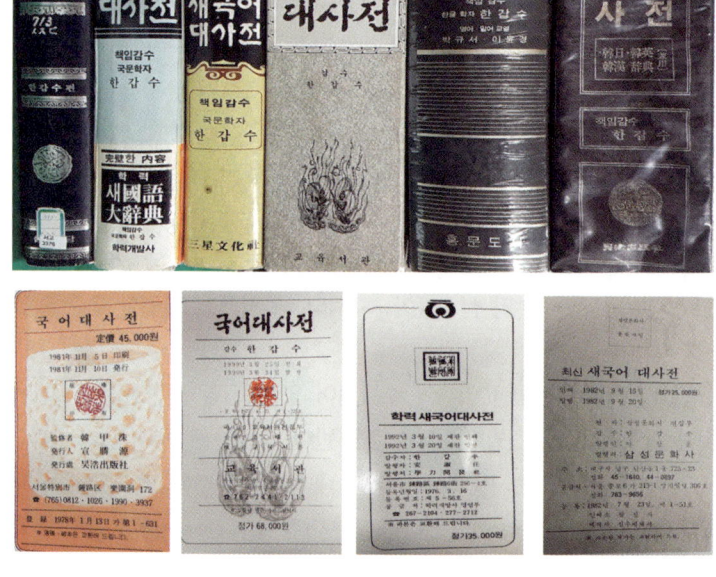

한갑수 감수 사전들

4. 이상사理想社의 소사전

이상사는 소사전을 전문으로 해서 출판해 왔으며, 나름의 소신을 갖고 사전 편찬 출판에 매진하였다. 이점은 그동안 필자가 수집한 소사전 중에서 이상사의 국어사전이 다량으로 있는 것을 확인하면서, 아마도 대중적으로 많이 보급된 사전이었기에 가능했을 것이다.

< 표 6 > 이상사 출간 국어사전

사전명	연도 (초판)	편저	규격	가격 (원)
『실용 국어사전』	1961	국어연구회	10.5cm×14.5cm	특제 250 병제 200
정해 『국어사전』	1975	-	10cm×15.5cm	1,000
표준 『새국어사전』	1971	-	10cm×17.5cm	3,000
최신 『한글사전』	1982	-	10cm×17.5cm	3,000
표준 『새국어사전』	3판 1993	남광우 감수	10cm×17.5cm	5,000
국민학교 『국어사전』	1990,	-	10cm×17.5cm	2,200
초등학교 『국어사전』	1996	-	12cm×17.5cm	9,000

이상사는 일찍이 소사전을 주로 편찬했는데, 『실용 국어사전』은 국어연구회에서 편저하고 출판은 이상사에서 한 것이다.

이상사는 사전 편찬에 있어서, 나아가서는 문화발전에 부질없이 권위주의, 독선주의에 사로 잡혀서는 안 된다며 과거, 현재의 모든 형식적인 권위를 재비판·재검토해 배타적인 사고 방식을 지양해야 한다고 밝혔다.

또한 과거 십여 년을 통하여 여러 종류의 국어사전을 편찬하여 그때그때 독자들의 격려를 포함한 많은 찬사를 받았지만, 이에 만족할 수 없었으며 자기 스스로를 끊임없이 부정에 부정을 거듭함으로써 자기 자신을 심화하고 지양해 나가는 데 게으를 수 없었다고 했다. 이러한 여러 가지 관점과 각도에서, 모든 문제를 주도면밀히 검토한 끝에 본 사전의 보다 이상적인 개편에 착수하는 용단을 내리지 않을 수 없었지만 사서 편찬이란 결코 쉬운 일이 아니었다. 이에 국한된 지면에 무엇을 어떻게 수록하고 배열하며 풀이하느냐의 문제는 편찬에 대한 일정한 기준과 원칙과 자세 등을 감안해 가장 현대적인 감각을 통하여 새롭게 이룩해 발간한 사전이 1982년 초판한 『최신한글사전』이다.

이처럼 창사 이래 30년 동안 이상사에서는 많은 국어사전을 출간하였고, 그때마다 항상 「새 사전」 만들기에 온갖 정성을 기울여 왔다고 밝힌다.

이후 1993년 3판 표준 『새국어사전』을 발간하며 ①어휘의 취사선택(取捨選擇)에 신중을 기했고, ②그 풀이에 있어서 필요 불가결한 내용과 현실에 가장 적합한 내용을 간결하게 간추렸고, ③시각적(視覺的)으로 선명하게 드러나도록 편집과 조판에 특별한 기술을 배려하였으므로, 학생들의 학습면으로나 일반 교양인들, 그리고 직장인에게 간편하면서도 실용성 있게 사용되어 명실 공히 참다운 언어생활의 반려(伴侶)가 될 수 있을 것이라는 것을 믿어 의심하지 않는다고 밝히고 있다.

1971년 초판한 표준『새국어사전』을 전면 개편한 최신판이며 문학박사 남광우 감수도 밝혔다. 그동안 이상사에서 펴낸 여러 사전들이 있었지만, 처음으로 감수자를 거쳐서 펴냈다는 점을 강조했다.

그리고 이어서 1989년 3월 1일을 기하여 새「한글 맞춤법」과 「표준어 규정」이 시행됨에 따라, 40년에 가까운 세월 동안 사서 편찬에 온갖 정성을 기울여 온 이상사도 해방(解放) 직후의 사서 편찬 때를 제외하고는, 「살아 숨쉬는 사서」의 현실적인 필요성과 당위성을 더 절실히 느껴 본 적이 일찍이 없었다며 기존 도서의 전면 개편이라는 시대적인 요구에 부응하여 사명감을 가지고 발간한 사전이 초등학교『국어사전』(1996, 理想社, 825면) 이다. 이 사전은 이상사가 초등생을 위한 전학년·전과목용으로 펴냈는데, 이 사전을 시작으로 초등생용 사전을 지속적으로 개편하여 펴냈다.

5. 다양한 출판사의 덤핑판 소사전

 덤핑판 국어소사전은 당시 'B급' 출판사에서 국어대사전을 만들면 이를 다시 재편집 또는 축소하여 소사전으로 제작하여 판매하였다. 기존의 정품 국어사전과 비교해 보면 가격은 저렴한 편으로 내용에는 문제가 없다. 다만 인쇄, 종이의 질 등에서 많은 차이를 보인다.
 그러면 이런 사전을 '누가 구입하겠는가?' 하고 의문을 품을 수도 있지만, 이 사전들은 1970년대는 귀한 대접을 받았으며, 그만큼 많이 판매되었기에 지금까지도 헌책방의 한 구석을 차지하고 있는 것이다. 여러 출판사에서 다양하게 출판한 사전들은 다음과 같다.

< 표 7 > 다양한 출판사의 덤핑팡 소사전

사전명	연도	출판사	규격	가격(원)
『완전 국어사전』	1973	신한출판사	11cm×17cm	1,100
『학습 국어사전』	1978	연수사	10cm×17cm	1,800
『모범 초등 국어사전』	1992	동화사	10cm×17.5cm	7,000
『정선 새 국어사전 (고어증보판)』	1994	동화사	11.5cm×18.5cm	12,000
새 스탠다드 『國語辭典』	1988 재판	학력개발사	10cm×17.5cm	7,000
『최신 개정판 초등학교 국어사전』	1990	학력개발사	10cm×17cm	2,000

『초등 교과서 국어사전』	2003	도서출판 유한	10cm×17cm	7,000
『밀레니엄 새 국어사전』	2002	한국아동 교육개발원	10cm×18cm	9,800
『국어새사전』	1976	문화공론사	10.5cm×18cm	600

 이 중에서 신한출판사에서 1973년 출간한 『완전 국어사전』은 중고등학생들이 휴대하기도 편리하고 찾아보기 쉽도록 함으로써 학습 생활에 편리하게 편찬했다고 밝혔다. 그래서 이 사전에는 어떤 전문 분야에서 쓰이는 특수한 단어라든가, 일상생활에 그다지 쓰이지 않는 어휘는 버리고, 중고등학생과 교과 과정에 알맞은 어휘만을 엄선 수록하였다고 밝혔다.

 연수사에서 1978년에 출간한 『학습 국어사전』(5판 인쇄, 772면) 소사전은 권말 부록에 한자를 실었다고 하는데, 그 내용은 없고 '가정 의례 준칙'을 풀이해 놓았다. 국어사전에 '가정의례준칙'이 실려 있는 점이 특이하다.

덤핑판 소사전들

1992년 출간한 동화사의 『모범 초등 국어사전』은 장정이 예쁘고 내용이 풍부히여 항상 가지고 다녔으면 좋겠는데, 부피가 좀 커서 불편하니 휴대하기 간편하고 학습에 도움이 될 '미니 국어사전'을 만들어 달라는 요청을 받아들여서 꾸며진 모범 새 국어사전과 자매간이 되는 소사전이라고 밝혔다.
　이어 동화사는 1992년 11월에 발간된 『정선 새 국어사전』에 대하여 '사용하기 간편하고, 내용이 실용적이다'라는 격려와 함께 고어(古語)를 증보하여 '고문 학습에도 활용되었으면 좋겠다'라는 학생들과 일선 학교 선생님들의 도움 말씀에 부응하고자 '고어편'을 증보하여 『고어 증보판 정선 새 국어사전』을 1994년 발행했다. 이 사전은 문학박사 이상익 감수로 되어 있으며, 166면에 이르는 고어(古語)편을 싣고 있는데, 내용의 참신성과 실용성, 형식의 새로운 미적 감각을 표출하는 독창성, 특히 장정(裝幀) 면에서는 감히 타의 추종을 불허하는 사서계의 일대 혁신이라고 자부하고 있다.
　학력개발사는 오늘의 국어생활에서 우리의 욕구를 풀어주려고 사전과 삽도(插圖)로 독자의 시각적인 파악을 돕고, 필요에 따라서 외국어를 어휘의 풀이 속에 넣어 국어생활의 시대성에 발맞추려고 『새 스탠다드 국어사전』을 1988년 재판했다. 공통된 사전의 병폐를 시정하고 다년의 연구와 조사 뒤에 엮은 것이니, 그만치 사전계에 새 기록을 마련할 것으로 믿는다고 밝혔다. 특히 『새 스탠다드 國語辭典』(1988 재판)의 특징은 어휘풀이도 정확을 기하고 간결을 방침으로 삼아 전권 어디를 보아도 허식과 과시의 체취가 풍기지 않아 실속 있는 편집을 했다고 한다.

이어 1990년에는 『최신 개정판 초등학교 국어사전』을 발간하는데, 이 사전의 특징이라고 한다면, 기본적인 필수 어휘와, 가능한 한 우리말의 근간을 이루고 있는 필수 한자어를 빠짐없이 수록했다는 점이다. 또 국민학교 교과서에 나오는 인명·지명·자연과학 용어들을 지면이 허락하는 한에서 자세한 설명과 함께 고루 게재하였고, 기초 외국어 교육의 일환으로 모은 표제어에는 한자와 외래어, 영문 등을 필히 명시해 두었다는 것 등을 들 수 있다고 밝혔다.

한편 2003년 도서출판 유한은 『초등 교과서 국어사전』 개정신판을 발간했다고 하는데, 이 사전은 학력개발사 『국어사전』(1990) 머리말과 동일하다. 부록으로 속담풀이와 수수께끼를 23면에 걸쳐 추가로 실었다. 그리고 이 출판사는 대사전을 펴낸바 있는데, 이 사전 또한 덤핑판으로 해서 기존의 사전을 그대로 찍어낸 것이다. 이 출판사에서 2002년 발간한 『에리트 國語辭典』도 위의 『초등 교과서 국어사전』과 동일한 머리말을 실었고, 더 보탠 것은 고사성어를 8면에 걸쳐 보태었다.

새천년을 맞이하여 사전 이름도 『밀레니엄 새 국어사전』이라고 붙인 사전이 2002년 한국아동교육개발원에서 발간되었다. 이 사전은 몇 년 사이 새로이 태어난 낱말들을 오늘 현재의 국어사전에서 채택이 가능한 모두 실었다. 그리고 역사 속에서 사라지는 낱말들도 삭제했는데, 이를테면 「동독」, 「소련」이라는 단어는 쓰지 않기 때문이었다. 특히 『밀레니엄 새 국어사전』은 초등학생의 수업을 돕기 위해 삽화·사진들을 도입해 넣어 명실공히 학습의 기초자료로써 독자 여러분의 좋은 친구가 되어 줄 것이라고 했다.

한편 특이하게 '1969 학원 6월호' 부록으로 사전이 발간되었는데

『학생 국어사전(하)』(초판 1969, 학원출판사, 476면)도 있다. 이 사전은 매우 드물게 나오는 책으로 언제 어디서나 필요할 때 볼 수 있는 사전으로 비매품이다.

1985년 동아출판사에서 발간한 『高1 국어낱말사전』도 『뉴우 코오스 정복 高1 국어 자습서』의 별책부록으로 김사영이 엮은 소책자의 사전이다. 『뉴우 코오스 고교 국어 자습서』의 혁신판을 내면서 교과서 본문 공간 안에 학습상 요점을 적기(摘記)함으로써, 속도와 효율과 경제적인 현장학습이 동시에 해결되도록 한 것은 참고서 출판 사상 하나의 획기적인 일이라고 밝히며, 이에 따라서 상세한 낱말풀이와 어법상의 보충 설명, 심화학습을 위한 학습 자료 등을 별책으로 하여 휴대와 활용에 편하도록 한 핸디한 판형으로 다시 엮어 낸 것이 바로 『高1 국어낱말사전』이다.

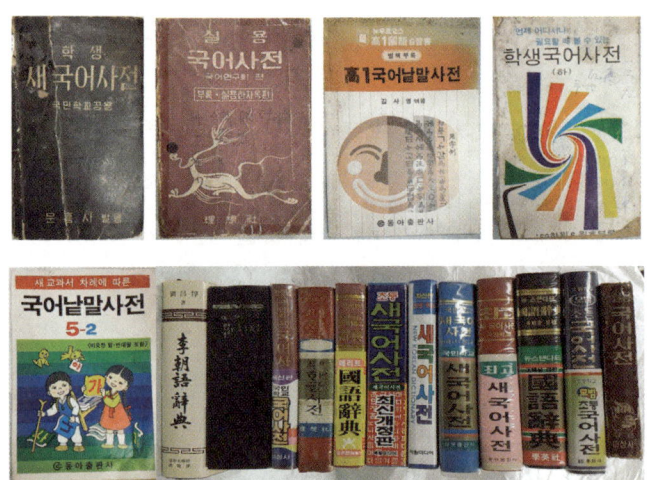

별책부록 사전과 덤핑판 사전들

그런가하면 고려문화사『초등학교 새국어사전』(2006, 772면)은 학력개발사의『국어사전』(1990, 384면)과 머리말 앞부분이 동일하며, 이 사전의 특징을 14개 항목으로 구분해서 나열한 것이 다르다. 그리고 머리말은 1999년 1월(편집부)라고 되어 있지만, 인쇄 및 발행은 2006년으로 되어 있다. 또한 384면(1990)에서 772면(2006)으로 어휘가 늘어난 것으로 보아, 15여 년 동안 수차례 판을 달리해서 찍어낸 것으로 보인다.

2000년대에 들어 예림미디어는 2002년에『초등학교 전학년용 새국어사전』(431면)을 내고, 2009년에는『초등(최신판)새국어사전』, 2002년『새국어사전』을 토대로 어휘가 늘었으며, 머리말은 동일하다.

제4장

사전의 미래

1. 글로벌한 언어의 시대

삶의 긴 여정은 곧 언어생활이다. 평생 동안 말(語)을 하며, 말(言)을 소비한다. 또한 그 말의 도움을 받으며, 인생을 살아가야만 한다. 그런데 말은 대체로 보아 결핍의 기호다. 가령 밥을 준다고 알리는 종소리가 파블로프의 개를 움직인다면, 그 종소리가 1차 기호, 그리고 실제 종소리가 아닌 '종소리'라는 단어는 2차 기호가 된다. 실제로는 사물과 직접적인 연관이 없는 말이 무어 그리 중요할까? 그리고 그 말들을 모아놓은 사전이 어떻게 인간 삶에 도움이 된다는 것일까?

사전이라는 말의 모음집을 자세히 살펴보면, 사전에는 말과 사물의 신비한 관계가 도사리고 있다. 왜냐하면 말의 정의는, 그 실재를 찾아가는 2차 기호이고, 용례는 1차 기호가 되는 것이기 때문이다. 이것을 노자(老子)의 『도덕경』 1장에 나오는 글을 통해 살펴보면, "도라고 할 수 있는 도는 영원한 도가 아니고 道可道, 非常道, 이름을 부를 수 있는 이름은 불별의 이름이 아니다 名可名, 非常名"라는 '단어(한자)'를 가지고 설명해 본다.

조선시대의 지식인들은 글(한자)을 알고, 표현을 하는데 있어서, 여기서 나오는 단어인 '道'·'常'의 뜻을 깨우치기 위해 평생을 정진했다고 해도 과언이 아니다. 먼저 이 단어의 깊은 뜻(정의)을 깨우치고, 그 다음 실생활(용례)에서 그것을 관찰함으로써, 인생과 세상의 오묘함을 인식하는 길로 나아갔던 것이다. 조선시대는 한자(한문)가 문자생활의 도구였기에 당연한 것일 수 있다. 지금까지도 우리에게는 한자의 뜻풀이가, 한편에서는 글쓰기 사고(思考)의 새로운 전환을 불러일으킨다.

이러한 우리 문자 생활사에서 '단어(한자)'의 인식과 변화는 우리에게 '근대'近代라고 하는 새로운 사회 문화적 요구로 인하여 '한글'이 '한자'를 대신해야 하는 '한글 혁신'이 추진된다. 그러면서 '한글'이 중심이 되어 사전을 만들기 시작한다. 여기에는 온전히 '한글'만의 사전은 아니었으며, 서서히 한자를 대신해서 '한글 중심적인 생각'이 탄생되는 것이다.

이렇게 볼 때, 사전의 탄생은 곧 언어의 탄생이고, 언어의 탄생은 곧 세상의 탄생으로 이어지는 것이다. 세상은 너무나 광대하기 때문에 어차피 분절(分節, 사물을 마디로 가름. 또는 그 마디)해서 이해할 수밖에 없다. 이 분절의 구체적 결과가 말(단어)이고, 그 말을 있는 그대로 집성해 놓은 것이 사전인 것이다.[21]

이처럼 중요한 사전, 그것도 세상에서 가장 위대한 사전이라고 칭송되는 『옥스퍼드 영어사전』의 탄생 과정을 비교해서 탐구한다. 여기에는 세상에서 가장 과학적인 원리로 창제되어 반포(1446)된 한글이, 무려 511년 만에 탄생된 우리 말 『큰 사전』(1957)과 함께 탐구해 보는 것이 이 장의 목적이다.

한글과 영어를 담은 새로운 사전의 탄생에 대해서, 여기에는 두 사전이 탄생하는 데 겪어야만 했던 사회 문화적인 맥락, 주요 인물 등을 통해 두 사전이 지닌 위대함을 발견하는 것이다. 한국의 국어

---

21) 사이먼 윈체스터 지음·이종인 옮김, 『영어의 탄생 : 옥스퍼드 영어사전 만들기 70년의 역사』, 책과 함께, 2005, 355쪽.

사전과 영국의 영어사전을 비교하는데 임의적으로 제시한 텍스트는 말과 사물의 관계를 되돌아보게 하는 좋은 자료(책)이기 때문이다.

1) 『큰 사전』의 탄생과 이를 계승한 새 사전
: 종이 사전에서 웹 사전으로의 변화

『큰 사전』(1947~1957)은 조선어학회(지금의 한글학회)에서 엮은 한국인을 위한 국어사전이다. 모두 6권으로 구성되어 있으며, 본문 3,672, 총 3,804쪽, 2단 가로짜기로 을유문화사에서 간행했다. 올림말로 '현대에 표준으로 쓰이는 순조선말, 한자말, 외래어, 숙어, 각종 전문어들'과 '이두말, 옛 제도어, 사투리, 변말, 곁말, 및 유명한 땅이름, 사람이름, 책이름, 명승고적의 이름'들까지 망라한 어휘들을 수록했다. 총 수록 어휘는 16만 4,125개에 달한다.

『큰 사전』의 시작은 1929년 10월 31일이다. 이날 108명의 발기로 조선어사전편찬회를 조직하여 권덕규 외 32명의 사업추진준비위원을 두고, 신명균·이극로·이윤재·이중화·최현배로 5명의 집행위원을 두어 편찬 작업을 시작했다. 1936년 4월 편찬 작업이 조선어학회로 넘어가면서 전임 집필위원으로 이극로·이윤재·정인승·한징·이중화 5명을 선임하고, 뒤에 권승욱·권덕규·정태진 3명을 증원했다. 1942년 가을까지 대부분 어휘 카드 초벌풀이를 끝냈으며, 일부가 조판에 들어갔으나 조선어학회 사건으로 원고를 몰수당해 8·15 해방 때까지 찾을 수 없었다.

마침내 1945년 10월 3일 서울역 창고에서 원고뭉치를 찾았으며,

정인승 책임 하에 이극로·김병제·이중화·정태진·한갑수·권승욱 등이 나시 편찬 작업을 계속했다. 1947년 10월, 그 첫 권이 을유문화사에서 간행되었고, 뒤이어 2권이 1949년 5월 5일, 3권이 1950년 6월 1일, 4권이 1957년 8월 30일, 5권이 1957년 6월 30일, 6권이 1957년 10월 9일에 각각 간행되었다.

1·2권의 책명은 『조선말 큰 사전』이고, 엮은이도 조선어학회였으나, 조선어학회가 한글학회로 개칭되면서 3권부터는 『큰 사전』으로 이름이 바뀌고, 엮은이도 한글학회로 바뀌었다.

『큰 사전』 특징은 올림말 배열 순서가 된소리를 모음에 앞세워 '갸갸거겨……갸까꺼껴……'가 아니라 '가까거거……' 순서로 배열한 것이다. 그리고 일상생활에서 쓰이는 일반어뿐만 아니라 전문어·고유명사·옛말·이두 등까지 포괄한 확장형 사전이었다. 마땅한 백과서전이 없었던 당시에 언어사전 이외의 기능까지도 수행했다. 표준말이 아닌 말에 '('표를 하여 주의를 끌게 했고, 음소변동의 부분에만 한글로 발음을 표시했으며 변칙으로 활용되는 용언에는 표시하지 않았다.

『큰 사전』 편찬은 일제강점기에 우리말 연구의 최전선에서 많은 어려움을 무릅쓰고 이루어진 기념비적 업적이다. 편찬 작업 앞에서는 우리말에 대한 총체적인 이해가 필요했고, 그 뒤에는 더 넓은 지평의 확대가 가능했다. 따라서 이후에 나온 사전 역시 거의 모두가 『큰 사전』에 기반을 두고 있다고 해도 과언이 아니다.[22]

---

[22] 『브리태니커 세계 대백과서전』(22권), 한국브리태니커회사, 1997, 114쪽.

『옥스퍼드 영어사전 The Oxford English Dictionary(OED)』(옥스퍼드대학교 출판사 사전부)처럼, 우리말『큰 사전』(전6권)이 완성된 1957년 이후부터 지속적으로 한글학회『큰 사전』이 중심이 되어, 수정·증보판이 계속 나왔는지에 대해 의문을 던져본다.

왜냐하면 OED는 우리나라 사전 편찬 시스템과는 다르게 운영되었기 때문이다. OED는 시작부터 일관성 있게 옥스퍼드대학교 출판사 사전 편집부에서 총괄하여 수정·증보판을 간행하였다는 점이다. 그래서 사전에 관해서는 옥스퍼드가 정통성과 전통성을 자랑하는 것이다.

우리에게『큰 사전』의 정통과 전통을 이은 국어사전은 어떤 것일까? 이는 한글학회가 조선어학회의 사명을 잇는 순수 민간학술단체로서 지속적인 사전 편찬의 또 다른 결실은 결국 1947년 조선어학회의『조선말 큰 사전』이후 44년 만에 간행된『우리말 큰 사전』(한글학회 지음, 어문학, 1992) 이다. 이 사전은 말 모으기 10년, 원고 집필 10년, 편집·제작 5년으로 1945년 8·15 해방 후 한글학회 최대 작업으로『큰 사전』편찬 후속으로 마침내 빛을 보았다. 기존의 국어사전들은 무분별한 말수 늘리기를 지양하고, 우리말의 올림말을 최대한 거두어 풀이한『우리말 큰 사전』은 세종대왕께 부끄럼이 없도록 애썼다는 평가를 받았다. 한글학회는 지속적으로 국어사전을 편찬해 왔음은 분명하다.[23]

---

23) 1957년『큰 사전』(전6권) 완성(1929~1957), 1958년『중사전』, 1960년『소사전』, 1965년『새 한글 사전』, 1967년『쉬운말 사전』, 1992년『우리말 큰 사전』(전3권).

하지만 1992년 이후부터는 한글학회 이름으로 국어사전 편찬이 이루어지지 않았다. 결국은 우리 국어사전의 결정판이라고 할 수 있는 국립국어원에서 편찬한 『표준국어대사전』(1999)이 한글학회 『큰 사전』과 『우리말 큰 사전』의 전통을 계승한 국어사전으로 볼 수 있다.

여기서 생각해 볼 점은 한글학회가 중심이 되어 국어사전 편찬에 관해서 지속적으로 수정·증보 작업을 하고 있었느냐에 대해서다. 현재로서는 이 사업이 국립국어원으로 옮겨졌다.

물론 우리나라는 국립국어원(1991년 개원)이 『표준국어대사전』(1999)을 시작으로 해서 사전의 완결성을 위해 개정 작업을 끊임없이 추진하고 있다는 점에서는 높이 평가한다. 여기에는 2000년부터 『표준국어대사전』 내용에 대한 질의에 답하는 수준에서 수정 작업이 이루어지기 시작했지만, 본격적인 사전 개정 작업은 2003년부터 시작되었다. 2004년 6월에 『표준국어대사전』 정오표(正誤表)를 제작·배포하였으며, 2006년에는 웹(Web, 하이퍼텍스트를 이용하여 인터넷의 정보를 검색할 수 있도록 해 주는 프로그램) 사전 형태의 『표준국어대사전』 개정판을 기획하였다.

하지만 개정판을 종이 사전이 아니라, 웹 사전 형태로 제작하고 있다는 것이다. 이에 대한 가장 큰 이유는 종이 사전의 경우, 내용을 수정하기가 매우 어렵다는 점이다. 급격한 사회 변화와 정보 통신의 발달에 따른 정보의 변화 및 생성을 종이 사전에 반영하기란 어려운 일일 것이다.

그뿐만 아니라, 기존의 종이 형태로 발간된 『표준국어대사전』은 총 3권이며, 이 방대한 두께와 무게, 유상 판매라는 점 때문에 일반인들이 구입하여 이용하기가 어렵다는 점도 이해된다.

국립국어원은 이러한 문제점을 해결하기 위해 『웹 사전』 형태로 개정판을 발간하여 일반에 제공하기로 방향을 정한 것이다. 이미 2002년부터 온라인으로 『표준국어대사전』이 제공되고 있었지만, 이는 종이 사전을 그대로 옮겨 놓은 것에 불과한 것이어서 다양한 검색 기능 등을 포함한 진정한 『웹 사전』이라고 할 수는 없다는 점이다.

이러한 배경에서 2006년에 사전 내용을 데이터베이스화하여 『웹 사전』 형식으로 새롭게 편찬하기 시작하였다. 『웹 사전』은 종이 사전에서는 불가능했던 자료의 상시 추가와 갱신이 가능하고, 사용자들은 시간과 장소의 제약을 받지 않고 사전을 활용할 수 있다는 장점이 있다. 이와 함께 종이 사전은 더 이상 출간하지 않게 되었다. 그래서 종이사전은 점점 그 활용가치가 쇠퇴하고 있다고 보는 것이다. 그래도 국내 사전 전문 출판사에서는 매년마다 기존의 사전을 증보·개정판으로 출간하고 있다.

2008년 10월, 한글날에 맞춰 『표준국어대사전』 개정판 『웹 사전』이 개통되었다. 내용 면에서는 1999년 판 『표준국어대사전』에서 누락된 표제어와 신어를 반영하였으며, 외래어의 한글 표기 변경과 관련된 표기를 수정하는 등 규범 개정 사항이 반영되었다. 또한, 뜻풀이와 용례, 북한어와 관련한 오류를 바로잡고 변경 사항을 반영하였다. 표제어 개수도 50만여 항목에서 약간 늘어나 51만여 항목이 수록되었다.

일명 『웹 표준국어대사전』의 가장 큰 특징은 강력한 검색 기능을 구현하는 명실상부한 전자사전이라는 데 있다. '찾기, 따로 보기, 자세히 찾기' 등 다양한 검색 방식을 제공했고, '지정 검색, 다중 검색 기능'과 같이 정교한 검색도 가능하게 되었다. 이로써 단순히 단어 뜻만 찾는 식의 단조로운 사전 검색에서 벗어나 다양한 활용이 가능해졌고, 차원 높은 단계의 지식 습득이 가능하게 되었다.
 초판인 『표준국어대사전』이 '규범'의 기준을 확립한 사전이었다고 한다면, 개정판 『표준국어대사전』(웹 사전)은 거기에 덧붙여 본격적인 전자 사전의 시대를 연 사전이라고 평가할 수 있다.
 『웹 표준국어대사전』이 새롭게 탄생함으로써 현재의 스마트폰과 같은 정보기기에서도 사전 정보를 이용할 수 있으며, 한 걸음 더 나아가 한국어 지식 정보를 망라하는 '개방형 한국어 지식 대사전'으로 이어지는 계기가 되었다고 할 수 있다.
 이후, 『웹 표준국어대사전』은 2017년에 웹 사전의 여러 기능을 개선하였고, 2019년 3월에는 사전 검색 시스템과 디자인 등 서비스를 개편하여 대중에게 다시 한 번 새로운 모습을 선보이게 되었다. 또한 『표준국어대사전』에 등재되어 있던 '북한어', '옛말', '방언' 등 9만여 항목을 삭제함으로써 '규범의 확장'으로서 『표준국어대사전』의 성격을 조금 더 강화하였다. 삭제된 항목은 2016년에 개통한 '우리말 샘'에 더욱 확대된 형태로 등재하여 국민들이 활용하는데 불편함이 없게 하였다.
 2019년 개편 당시 중요하게 생각했던 점 중 하나는 인터넷으로 바뀐 환경에서 사전 활용도를 높이는 것이다. 이에 『표준국어대사전』의 저작권을 국민 모두에게 개방하여 사전 전체 내용을 누구나 자유롭게 활용할 수 있도록 하였다. 그리고 표제어의 뜻풀이를 수정하고 싶거나 어휘에 대한 정보를 더 알고자 할 때에는 '우리말샘'으로 쉽게 연결되도록 연동 기능을 추가하였다.

< 표 8 > 『표준국어대사전』 웹 사전의 규모 및 구성 내용

(2020년 12월 기준)

범주	일반어	전문어	합계
표제어 수(개)	218,480	204,702	423,182
비율(%)	51.6	48.4	100
기타 정보 자료	발음	멀티미디어 자료	
		사진	동영상
표제어 수(개)	115,337	10,475	197

2) 영어의 모든 것을 담고자 했던 『옥스퍼드 영어사전』 탄생
: 종이사전에서 온라인 사전으로 변화

영어의 모든 단어를 실었다고 자부하는 『옥스퍼드 영어사전 The Oxford English Dictionary』 일명, OED는 1857년에 사전 제작의 필요성이 제기되어 1861년에 초대 편집장 허버트 콜리지가 부임했고, 1879년 3대 편집장 제임스 머리가 취임한 후, 분책 형식으로 나오기 시작하여, 1928년에 초판 10권이 완간되었다. 총15,490페이지에 414,825개의 표제어와 1,827,306개의 예문을 수록했다. 제작 발의에서 실제 완성까지 총 71년이 걸렸고, 그 후 1933년에 증보판 1권, 1972~1986년에 추가 증보판 4권이 나왔다.

다시 1989년에는 초판 10권과 증보판 5권을 모두 알파벳 순서대로 수록한 2판(총20권)이 나왔는데, 총 615,100개의 표제어에 예문 2,436,600개를 담았다. 현재 수정 제3판 작업이 진행 중이다.[24]

OED는 영어권 단어의 역사적 변천을 정밀하게 기술한 영어사전 결정판으로 불러진다. 이 사전은 1884년 2월 1일부터 1928년 4월 19일까지 10권으로 간행된 『역사적 원칙에 따른 신영어사전 A New English Dictionary on Historical Principles』(NED)의 최신 개정판이다.

NED는 12세기 중엽부터 영어권에서 사용되어 온 단어의 총 목록이다. 1933년에 NED와 OED는 모두 옥스퍼드의 클레어 런던 출판

---

24) 사이먼 윈체스터 지음·이종인 옮김, 『영어의 탄생 : 옥스퍼드 영어사전 만들기 70년의 역사』, 책과 함께, 2005.

사에서 발간했다. OED는 어의를 역사적인 발생 순서에 따라 배열하고, 영어 문헌과 기록물에서 약 500만 개의 시대별 인용문을 뽑아 용례를 들었다. 1933년판에 따르면 이 사전의 목표는 "영어 어휘를 형성해 온 단어들을 기록상 최초의 시기부터 현재까지 알파벳 순으로 정리하고, 그 어형과 역사적으로 변천되어 온 단어의 의미 및 어원과 관련한 제반 사실들을 수록하는 것"이었다.

1857년 언어학회(런던)는 처음으로 이 사전의 발간을 제안 받고, 그 직후 자료 수집을 진행했다. 초대 편집장과 2대 편집장을 거쳐, 새로운 편집 작업은 1879년 당시 언어학회 회장이었던 제임스 머리를 편집장으로 하여 착수되었다. 머리가 편집장을 맡은 동안 사전의 거의 절반에 해당하는 a~d, h~k, o,p,t 부분을 작업했다. 곧 뒤를 이어 헨리 브래들리와 윌리엄 알렉산더 크레이기, C.T. 오니언스 등이 편집을 맡았다.

1933년판 OED를 2권으로 줄인 『축소판 옥스퍼드 영어사전 The Compact Edition of the Oxford English Dictionary』이 간행되었다(1971). 4권짜리 『옥스퍼드 영어사전 증보판 A Supplement to the Oxford English Dictionary』(1972~1986)은 OED의 준비 이후에 영어권에서 쓰인 단어를 수록한 것으로 1955년 R.W. 버치필드의 책임 아래 편집이 착수되어 클레어 런던 출판사에서 발간되었다.

'OED 2'로 알려진 『옥스퍼드 영어사전』 제2판은 1989년 옥스퍼드 대학교 출판부에서 20권으로 간행되었다. 편집은 존 A. 심프슨과 에드먼드 S.C. 웨이너가 공동으로 맡았다. 제2판에는 원래의 12권짜리 OED와 5권의 증보판에 수록된 모든 단어가 단일한 알파벳 순서로 수록되있다. 'OED 2'의 제작과정에서 사전의 본문 전체가 전자 데이터베이스에 수록되었다.25)

OED는 여러 단계를 통해 온라인으로 옮겨갔다. 1990년대부터 다 듬어지지 않은 방대한 역사적 자료가 담긴 데이터베이스를 이용할 수 있게 된 것만 해도 커다란 변화였다. 하지만 변화는 거기에서 그치지 않았다. 1993년에 온라인 텍스트 데이터베이스가 처음 나왔을 때 OED의 북아메리카 리딩 프로그램은 효과적으로 운영되고 있었다. 그래서 리딩 프로그램 담당자는 다른 곳으로 관심을 돌릴 수 있었는데, 바로 OED를 인터넷에 넣는 방법이었다.

1993년 옥스퍼드에서는 OED를 종이책 중심의 사전에서 벗어나게 만들자는 제안 자체는 신성모독에 가까웠다. 옥스퍼드 대학교와 옥스퍼드 대학교 출판사가 극도로 잘하는 일은 (사전 말고도) 여러 가지가 있었지만, 인터넷의 가치 예상은 그 목록의 상단에 없었다. 하지만 제프리는 OED를 전체적으로 검색 가능한 온라인 데이터베이스로 만드는 소프트웨어의 개발 가능성을 깨달았다.

1992년부터 OED 2판이 CD로 이용 가능해졌고, 학자들은 '사전 단어'를 통해서가 아니라, 사전 안에서 정보를 검색할 수 있다는 사실에 점점 익숙해졌다.

여기에 한발 더 나아가 CD 사전의 검색과 디스플레이 기능을 인터넷으로 옮겨 CD 사용자뿐만 아니라 전 세계 누구나 사용할 수

---

25) 『브리태니커 세계 대백과사전』(16권), 한국브리태니커회사, 1997, 305쪽.

있도록 하는 것이었다. 어떤 결과로 이어질지 알 수는 없었다. OED처럼 방대하고 복잡한 문헌 텍스트로 그런 작업을 성공시킨 사례는 없는 듯했다. 아직 뼈대 밖에 없는 계획이었다. 무슨 일인지 알 수 없기에 동의한 사람도 없었다. 과거에 OED는 언어사전의 개척자였다. 이번이 다시 개척자가 될 수 있는 기회인지도 몰랐다. 새로운 세대의 사용자들을 끌어들일 수도 있었다.

문제는 옥스퍼드와의 공감대였다. 하지만 안타깝게도 그들(옥스퍼드 대학교와 출판사의 의사 결정자들)은 온라인 사전이 옥스퍼드 출판사 같은 전통적인 종이책 출판사에 잘 어울리는 옷이 될 수 있다는 사실을 상상조차 하지 못하는 듯했다(과거 너머를 보지 못하는 현상을 '옥스퍼드 코마'라고 부르기도 한다).

온라인 OED 개발은 비밀스러움 속에서 시작되었다. 옥스퍼드의 소수 관계자들과 몇 명, 미국 컴퓨터공학과의 지인들 밖에는 그 존재를 몰랐다. 이에 대한 연구와 편집 작업의 혁신과 함께 OED를 통째로 인터넷에 옮기는 일을 계속 밀어붙였다. 하지만 이 아이디어를 실행하려면 출판사로서는 엄청난 변화 계획이 필요했고, 실패할 경우 큰 재앙이 되거나 당혹감을 피할 수 없기 때문이다.

우여곡절 끝에 드디어 2000년 3월, 옥스퍼드 대학교 출판사 홍보 담당자들은 OED 온라인을 위해 본격적인 준비를 갖추고, OED는 마침내 온라인에서 새로운 삶을 시작했다.[26]

---

26) 존 심프슨 지음·정지현 옮김, 『단어 탐정 : 옥스퍼드 영어사전 편집장의 37년 단어 추적기』, 지식 넘어, 2018, 351~361쪽 내용 요약함.

3) 『큰 사전』과 『옥스퍼드 영어사전』 탄생 비교

『큰 사전』을 탄생시키는 데 큰 역할을 수행했던 한글학자들 가운데 나름의 종교적 신념을 지닌 경우가 있었다. 이들은 일제의 침략을 극복하기 위해서는 단군사상을 중심으로 국권을 회복해야 했다. 당시 나철의 메시지는 방황하던 조선 지식인 사회에 환한 이정표와도 같았다. 그때부터 단군교는 독립지사들을 중심으로 급속히 퍼져나갔다. 서일·김좌진·홍범도·지청천·이범석을 비롯한 무장 독립운동 세력과 신채호·박은식·정인보 같은 민족 사학자, 한글문화 운동을 일으킨 주시경·지석영·김두봉·이윤재 그리고 민족 지도자 이시영·신규식·안재홍·이동녕 같은 인물들이 적극적으로 단군교에 참여했다.

한편 한글문화의 정립 과정에서 주시경과 같은 기독교 계열 지식인들의 역할은 새로운 서사 규범을 체계화하는 데만 머물지 않고 우리말 교육에서도 주도적인 역할을 하였다.

교회와 학교는 우리말 교육의 장이었으며, 일반인과 학생을 대상으로 우리말 교육을 진행하였다. 이들 활동은 1920년대 후반과 1930년대 초반 전국적으로 진행된 문맹타파 운동으로 이어졌다.

조선어학회 회원들 중에는 배재학당이나 연희전문 등 우리말 운동의 전통이 있는 기독교 학교에서 수학한 사람들이 많았으며, 졸업 후 기독교 학교에서 교편을 잡고 조선어를 가르치는 사람도 많았다. 이만규, 김윤경, 최현배, 이윤재 등이 그 대표적인 인물이었다. 목사였던 강병주는 1933년 조선어학회의 '한글 맞춤법 통일안'이 만들어지고 난 뒤, 이윤재와 함께 통일안 보급에 적극적으로 나섰다.

 1929년부터 1957년까지 28년 동안 『큰 사전』은 세 번의 시련을 겪었다. 조선어학회 사건, 6.25전쟁, 그리고 한글 맞춤법 간소화 파동이다. 또한 이윤재와 한징이 조선어학회 사건으로 옥사했으며, 이중화와 정태진이 6.25전쟁 중에 목숨을 잃었다.

 한글 맞춤법 간소화 파동의 고비를 넘지 못했다면, 그리고 정인승을 비롯한 권승욱, 이강로, 유제한, 김민수, 정재도 등 사전 편찬원들의 헌신과, 이우식을 비롯해 김양수, 장현식, 김도연, 신윤국, 이인, 서민호, 김종철, 민영욱, 임혁규, 정세권, 장세영, 공병우 등의 후원, 을유문화사, 박문, 협진, 서울신문, 선미인쇄소, 록펠러재단 등의 협력이 없었다면 『큰 사전』은 세상의 빛을 볼 수 없었을 것이다.27)

 민족의 얼이자 정체성인 우리글을 가꾸기 위한 노력으로 종교를 넘어서, 사전편찬을 위해 목숨을 바친 선각자들까지 지난한 과정속에서 큰 사전은 탄생될 수 있었던 것이다.

 큰사전을 편찬하고자 했던 목적과 종교적 배경, 그리고 사전 편찬에 참여했던 이들과 후원 등 사전 편찬을 위한 전반적인 시대 배경과 특징을 살펴보면 다음과 같다.

---

27) 정재환, 『나라말이 사라진 날 : 우리말글을 지키기 위한 조선어학회의 말모이 투쟁사』, 생각정원, 2020, 246쪽 재인용.

< 표 9 > 『큰 사전』의 탄생 요약

구분	주요 내용
사전편찬 목적	나라 잃은 민족의 정체성을 한글 재창조를 통해 새로운 가치 정립. 민족문화의 발전을 위한 가장 핵심적인 사업. 조선어는 곧 우리 민족의 얼이자 자존심
탄생시기	1929년 사전편찬회 발기인 108명 결성 1947년 『조선말 큰 사전』 1권 출간 1957년 『큰 사전』 전6권 완간
웹 사전	2006년 『웹 표준국어사전』 개정판
종교배경	대종교, 기독교
학회 및 참여인력	조선광문회와 계명구락부, 조선어학회, 조선어학연구회, 조선어사전편찬위원회, 해방 직후 사전 편찬 종사자, 조선어학회 사건 관련 33인
수난과정	일제강점기(1909~1945), 조선어학회사건(1942) 해방공간의 이념 갈등, 6·25 전쟁(1950~1953) 한글파동 2회 겪음(1948/1953), 인쇄·출판, 자금 문제 등
관련 콘텐츠	영화 <말모이>, 윤혜숙 『말을 캐는 시간』(소설, 2021) 등
사전편찬 참여자와 후원자	- 『신자전』과 『말모이』: 주시경 김두봉, 이규영, 권덕규 - 『큰 사전』 편찬 : 이극로, 정인승, 정태진, 김병제 - 사전 원고 기증자 : 이상춘 - 전문어 풀이에 참여한 사람들 이만규(물리학·화학), 권덕규(고어·궁중어), 강병주(기독교어), 이명칠(수학), 조복성(곤충학), 이원철(천문학), 송병기(불교어), 송석하(민속어), 이중화(제도어·음식), 이덕봉(식물학), 조헌영(한의학), 정문기(수산학), 이경식(체육), 권상로(고전건축), 김문집(현대문학), 이용기(숙담·은어) - 후원자(사전편찬후원회) 공진항, 이우식, 김양수, 장현식, 김도연, 서민호, 신윤국, 김종철, 선태희, 설원식, 윤홍섭, 민영욱, 임혁규, 조병식, 정세권, 김병준, 이 인 - 북(北)으로 간 문법가들 이극로, 김두봉, 이만규, 정열모, 김병제, 유 열

한편 『옥스퍼드 영어사전』은 빅토리아 시대에 대영제국의 부활과 세상을 정의할 목적으로 '옥스퍼드 사전 편찬 프로젝트'가 시작되었다.

1857년 웨스트민스터의 주교인 리처드 체네빅스 트렌치는 언어학회에서 행한 감동적인 연설에서 기존의 사전들은 진선미하지 않다고 주장함으로써 완전히 새로운 영어사전 제작을 주장했다. 이어 <어원위원회>와 <단어의 역사 및 문헌 위원회>를 구성하여 주교관에서 이 조직을 지휘하면서 사전 편찬은 시작되었다.

사전 편찬을 위해 제 1, 2, 3대 편집장이 거쳤으나, 제4대 편집장인 헨리 브래들리가 1896년에 정식으로 편집장이 되어 진행하게 된다.

영어사전 제작에는 수많은 자원봉사자들이 있었는데, 그 중에는 미국 군의관이면서 살인자인 마이너도 있었다. 그는 버크셔의 크로손에 있는 브로드무어 정신병 범죄자 수용소 독방에서 지칠 줄 모르고 사전 작업을 했는데, 책을 읽고 예문을 보내오는 일을 주로 했다. 마이너는 21년 동안 OED를 위해 부지런히 일했다.

이처럼 사전이 탄생하는데, 왜 그렇게 많은 사람들이 보상도 거의 없는 일에 그토록 많은 시간을 바쳐 일했는지 궁금한 대목이 많다. 이것은 사전이라는 엄청나게 민주적인 사업을 진행하는 과정에서 벌어지는 정말 믿기 어려운 미스터리로 남아있다.

특히 몇 백 명씩 되는 사람들이 알려지거나 알려지지 않은 이유로, 또는 말하거나 말하지 않은 이유로, 저마다 있는 힘을 다하여 복잡한 언어를 기술하는데 도움을 주었던 것이다.

그들은 역사상 가장 위대한 문학적 프로젝트라는 기념비적 사업에 헌신적으로 참여하여 작은 벽돌을 무수히 쌓아올렸고, 좀 더 특별한 자원봉사자는 완성된 대사전의 1권 「서문」의 각주에 8포인트 클래런던 활자로 남게 되었다.

옥스퍼드 영어사전의 제작과정은 소설과 영화로도 소개돼 널리 알려졌는데, 소설은 『교수와 광인』(사이먼 윈체스터 지음)이라는 제목으로 2000년 3월에 발행되었고, 국내에도 출간되었다. 또 영화는 <프로페서 앤 매드맨>(The Professor and the Madman)이라는 제목으로 2021년 6월 2일에 국내에 개봉되었다.

우리말 큰 사전이 일제강점기에 우리의 정체성을 갖고자 수많은 희생속에 제작되었다면, 옥스퍼드 영어사전은 영어를 통한 포교와 전교를 위한 목적으로 편찬되었고 자원봉사자들의 참여가 컸다는 것이 큰 차이를 보인다.

다음은 옥스퍼드 영어사전이 탄생된 배경을 정리해 본다.

< 표 10 > 『옥스퍼드 영어사전』 탄생 요약

구분	주요 내용
사전편찬 목적	영어를 통한 기독교와 천주교가 하나의 세계로 그리스도 교회로 조합. 영어를 통한 포교·전교에 활용함.
탄생시기	1857년 新영어사전 필요성 제기 1861년 초대 편집장 1879년 3대 편집장 1928년 초판 10권 완간
온라인 사전	1992년 CD 사전 제작 2000년 온라인 OED 시작
종교배경	기독교
학회 및 참여인력	언어학회, 옥스퍼드 출판사 편집장, 조수 등 자원봉사자들 (초대 편집장은 147명의 자원봉사자 확보로 시작함)
수난과정 (시련)	초대 편집장(허버트 콜리지, 27세)이 사전 편찬을 맡은 지 1년 만에 요절(31세), 망설임과 불확실성, 격노의 외침, 포기의 위협, 짜증 섞인 논쟁 등이 점철되던 시련기
관련 콘텐츠	소설 『교수와 광인』, 영화 <프로페서 앤 매드맨>
사전편찬 참여자와 후원자	- 언어학회 사전 창립자(3명) : 리처드 체네빅스 트렌치, 허버트 콜리지(1년), 프레더릭 퍼니발 - 편찬 참여자 : 제임스 어거스터스 헨리 머리, 헨리 브래들리, J.R.R. 톨킨, 프레더릭 스웨트맨 - OED 사전 편집자 : 찰스 어니언스, 윌리엄 크레이기 등 - 무수한 자원봉사자 참여 - 헨리 헉스 기브스 : '사전을 구출한 사람'으로서 나중에 앨더넘 경이라는 작위를 받음. 그는 자금을 빌려주고 갈등 상황에 개입하여 성질 급한 제임스 머리가 사직하겠다고 위협할 때마다 그를 만류하면서 도와주었음

2. 언어생활의 변화가 곧 사전의 탄생

1) '민족주의'의 언어로 시작된 한글과 국어사전

우리나라 '국어학'의 뿌리를 더듬어 보면, 개화기를 시작으로 근대에 우리나라 국어학의 선구자인 주시경 선생(1876~1914)이 등장한다. 주시경 선생은 국어연구를 현대적으로 발전시킨 대표적인 국어학자로, 세종대왕의 『훈민정음』은 주시경 선생에 이르러 '한글'로 다시 태어났다[28]는 점은, 곧 국어사전 만들기가 이때부터 시작점이 된다는 것이다.

아래의 글은 우리말과 글을 지킨 한글학자 주시경 선생의 일대기를 요약한 내용이다. 이를 통해 당시, 이 땅의 민중들이 한글을 재인식하는 시대적 상황을 이해할 수 있을 것이다.

상호(주시경 선생의 본명)는 열여덟 살이 될 때가지 한문 공부를 했다. 그러나 해가 갈수록 한문 공부는 점점 어려웠다. 한문은 우리말이 아니기 때문에 너무 어렵다. 우리에겐 쉬운 우리글이 있지 않은가! 그런데 굳이 어려운 한문을 배워야 하는가? 상호는 비로소 우리글에 대해 눈을 뜨기 시작했다.

---

28) '한글'이란 이름은 주시경 선생이 1913년에 만든 이름으로 알려져 있으며, 뜻은 대체로 두 가지로 해석하고 있다. 하나는 '대한제국'의 '한'에 '글'이 이어진 것으로, '우리 겨레의 글'이란 뜻이며, 한편으로 '한글'의 '한'을 '하나(一), 한 가지(同一), 크다(大), 바르다(正)'의 뜻으로 쓰이는 순수한 우리말이라고 해석하여, '한글'은 '하나이며, 크고 바른 글'이란 뜻으로 새기고 있다.

이듬해, 상호는 한문 공부를 그만두었다. 새롭게 변화하는 시대에 맞는 것을 배워야 한다고 생각했기 때문이다. 상호는 신식 학교인 배재학당에 들어갔다. 그리고 긴 머리도 짧게 잘라 버렸다. 상호는 배재학당에서 세계 여러 나라의 역사와 지리를 배웠다. 학문은 새로운 세상을 알게 했다. "아 정말 대단하구나!" 상호는 학교에 다니는 하루하루가 새롭게 느껴졌다. "문명이 발달하고 힘이 강한 나라들은 자기 나라의 글을 가지고 있습니다. 글은 나라를 발전시키고 생활을 편리하게 해 주는 아주 중요한 것입니다." 수업 시간에 선생님이 해 주신 이 말이 상호를 크게 흔들어 놓았다. 그는 두 주먹을 불끈 쥐고, 굳게 다짐했다. '앞으로 내가 할 일이 무엇인지 알겠다.'

그 후 주시경은 미국에서 돌아온 서재필 선생한테 배울 기회를 얻게 되었다. "우리의 말과 글에는 우리 민족의 정신이 스며있네, 사람들을 깨우치려면 우리글이 필요하네, 그러므로 자네가 지금 하려는 일이 얼마나 중요한지 한시라도 잊어서는 안 되네." 서재필 선생의 말은 주시경에게 큰 힘이 되었다. 그는 서재필 선생을 통해 민주주의에 눈을 뜨기 시작했다.

그래서 <협성회보>라는 한글로 된 신문 만드는 일을 맡아 보기로 했다. 그리고 서재필 선생을 도와 우리나라 최초의 한글판 신문인 <독립신문>을 만드는 데 필요한 돈을 관리하는 일과 글자나 문장이 잘못되지 않았나 살펴보는 일도 맡았다.

<독립신문>이 나오자 사람들은 모두 좋아했다. 신문을 통해 정부가 하는 일에 대해 알게 되고, 잘못된 것에 대해서 비판도 하게 되었으니까 곧이어 서재필 선생을 중심으로 '독립협회'가 만들어졌다. 나라를 사랑하는 많은 사람들이 독립협회에서 활발한 활동을 했다. 그들은 사람들을 깨우치는 일을 했다. 물론 주시경도 독립협회에서 일을 하며, <독립신문>을 만드는 데 힘을 쏟았다. 신문사 안에 '국문동식회'라는 모임을 만들어, 한

글 맞춤법을 연구하며 한글사전을 만들고, 한글쓰기를 권장하는 운동도 벌였다.

　주시경의 한글에 대한 연구는 해가 갈수록 깊어졌다. 주시경은 한글의 편리함과 아름다움에 깊은 감동을 받았다. "한글은 정말 놀라운 글이구나!" 주시경은 오랜 노력 끝에 『국어 문법』이라는 책을 완성하게 되었다. 이 책은 펴내지는 않았지만, 학생들에게 공부를 가르칠 때 사용했다.

　주시경은 우리말을 가르쳐 달라는 곳이면 어디든지 찾아갔다. 우리말을 배우면 우리의 정신을 지킬 수 있다는 신념으로... 이렇게 해서 우리 역사상 처음으로 우리말을 학생들에게 정식으로 가르치게 되었다. 선생은 외국인들에게도 우리말을 가르쳤다. 그러면서 우리말 연구에 더욱 정성을 다했다. 그리고 본격적으로 국어운동에 뛰어들었다.

　우리 말과 글을 통해 사람들을 깨우치는 것이 위기에 처한 나라를 구하는 길이라고 생각했기 때문이다. 이런 노력에도 불구하고 을사조약(1905년 일본이 우리나라의 외교권을 빼앗기 위해 우리 정부와 강제로 맺은 조약임)이 맺어졌다. "나라의 외교권을 빼앗겼으니 어떻게 산단 말인가?" 당시의 백성들은 가슴을 치며 거리로 나와 울었을 것이다. 주시경은 더욱 이를 악물고 학생들에게 국어교육을 시키는 데 온 힘을 쏟았다.

　주시경은 이화학당을 비롯하여 여러 학교에서 국어교육을 했다. 그에게는 언제부터인가 '주 보따리'라는 별명이 따라 다녔다. 언제나 많은 자료들을 보따리에 싸 가지고 다녔기 때문이다. 이렇게 일생 동안 오로지 한글만을 위해 몸을 바쳤지만, 죽음의 그림자는 너무 빨리 찾아오고 말았다.

　한일병합 이후, 일본의 감시와 박해가 심해지자 주시경은 만주로 떠나기로 결심했다.

　주시경은 곧 고향으로 내려가 부모님께 작별 인사를 드렸다. 그런데 그날 밤, 만주로 떠날 짐을 챙기고 있을 때 갑자기 배가 아파 오기 시작했다. 그러고는 다시는 자리에서 일어나지 못했다. 그의 나이 39세, 우리 민족에게는 너무나 안타까운 일이었다.29)

그렇다면 주시경 선생의 국어연구, 그 이전의 시대로 거슬러 올라가면, 우리의 선학자들이 언어에 대한 창의적인 관심을 가진 것은 표기법 문제였다.

표기법(차자 표기법30))에 대한 관심은 삼국시대에 이미 시작되었으며, 오랜 세월을 끊임없이 노력한 결과, 궁극적으로는 『훈민정음』이라는 독창적이고 과학적인 문자를 창제하기에 이른 것이다. 『훈민정음』의 창제는 우리의 언어학 수준을 높였다는 점에서 의의가 크다. 체계적인 음운이론을 바탕으로 새로운 음소문자를 만든 것이기 때문이다.

한글이 곧 한민족의 자존심으로 새로운 의식의 싹이 돋는 데에는 중국과 일본이라는 두 제국의 틈바구니에 낀 한반도에서, 국가 없는 나라에서, 한국인은 '민족과 민족주의'를 발명했고, 그 개념을 어떻게 표상(表象, 대표적인 상징)하고, 어떻게 표현하느냐의 문제는 곧 언어의 전복(顚覆, 뒤 집어 엎음), '말과 글의 혁신'으로 해서 '한글'의 재탄생으로 이어진다.

---

29) 이남영, 『주시경』, 한국헤밍웨이, 2020, 참조.
30) 차자표기법(借字表記法)은 한자의 음과 훈을 빌려 우리말을 기록하던 표기법이다. 다른 말로 한자차용표기법이라고도 한다. 이는 이전에 향찰(鄕札)·이두(吏讀)·구결(口訣)·고유명사 표기라고 구분하여 오던 것을 통틀어 일컫는 말이다. 이 표기법을 통하여 얻은 국어 표기의 경험과 전통은 『훈민정음』 창제의 한 중요한 요인이 되었다.

1895년 청일전쟁 이후, 이 땅에 민족주의 운동의 목적은 처음으로 획득한 독립을 지키고, 1905년 일본의 주권 강탈과 1910년 주권 박탈이후에는 잃어버린 국권을 되찾고자 함이었다. 이러한 시점에 개화기 근대의 일부 지식인 집단이 스스로를 한국인이라는 고유 민족으로 나타내는 문화적 전략에 대한 고민으로 한글 연구에 매진하는 경향으로 나타난다.

한글 연구와 한글 보급의 싹이 신문과 잡지를 통해 본격적으로 조직적인 한글 운동으로 실행된다.

나라의 수난은 그대로 겨레의 수난으로 나타나며, 겨레의 수난은 나라말의 수난사로 이어진다. 일제의 '조선어말살책'에서도 보듯이 남의 나라를 빼앗으면 우선 그 나라의 말을 없애려 드는 것이 침략자의 상투수단임을 동서고금의 역사가 증거 해 보이는 바, 말이 곧 나라를 지탱하는 바탕이기에 말을 없애지 아니하고는 나라를 없앨 수 없기 때문이다.

나라말을 잃지 않는 민족은 끝내 살아남는다. 우리가 피 흘리며 나라말을 지켜냈기에 해방을 맞이할 수 있었다. 그러나 국토가 분단되어 겨레가 이산되고 남북이 서로 다른 어법으로 말씨를 길들여, 오늘에 이르러서는 이 땅에 새로운 두 언어 공동체가 형성될 위기에 빠져들어 있다.[31]

타 문화와 섞이지 않은 순수하게 한국적인 것을 복원해야 한다는 요구는 시대적 사명이었다. 그것은 수 세기 동안의 문화적 교류와

---

31) 박용수 지음 『새 우리말 갈래사전』, 서울대학교출판부, 1995, 머리말에서 인용함.

예속의 역사에도 불구하고 '중국 대륙에서 발원한 문화'와 '한반도에 뿌리를 둔 문화'가 단순 명쾌하게 분리될 수 있다는 믿음 속에서 가능한 것이었다. 마치 인류학자가 땅속을 파헤쳐 문화유산을 발굴해 내는 것처럼, 민족성도 시간의 모래 더미에서 또렷하게 발굴될 수 있다고 믿었던 것이다. 이것은 문화유산이 도자기의 파편처럼 실제로 존재하듯이, '민족성'도 탐색되고 발굴되며 회복될 수 있다는 논리였다. 훼손되지 않은 채 본래의 상태 그대로 말이다.

민족성을 복원하기 위해서는 선조들에게 물려받은 무수한 전통과 관습, 상징들이 추출되고 선별될 수 있었다. '중국적'인 것으로 밝혀진 문화적 형태들은 따로 분리 수거되어야 했다. 희미하기 하지만 분명히 존재했던 한국문화의 정수를 드러내기 위해서, 그 어떤 다른 쟁점들보다 '글쓰기 방식의 전환'이 이러한 민족주의자들의 민족성 복원 프로젝트에 걸맞은 일이었다. 이를 위해 중국의 한자를 사용하던 관습으로부터 한글이라는 표음문자로 표기 체계를 전환하는 것은 수 세기 동안에 걸쳐 일어난 변화였으며, 이미 널리 알려진 사실이다.

그런데 여기서 중요한 것은 특히 1895년 이후부터 한자 대신에 표음문자(表音文字, 말소리를 기호로 나타낸 글자인 한글을 '국문'(national script)으로 격상시키려는 움직임이 강하게 드러났다는 점이다. 이 과정은 언어의 '순수성'을 향한 민족주의자들의 고뇌를 반영하고 있으며, 이제 전통적인 지식의 의미가 변화하고 있음을 반영하는 것이기도 했다.[32]

---

32) 이 시대 언어 개혁의 전반적인 역사를 개관하고 있는 연구는,

세종대왕이 1443년에 한글을 창제하여 선포한 이후부터 19세기 말에 이르기까지, '백성을 가르치고 소리를 바르게 하는' 『훈민정음 訓民正音』은 애초 세종대왕의 의도와는 달리 국어로서 국가를 대표하는 주도적 역할을 담당하지 못하고 있었다. 세종대왕이 최초로 한글을 선포했을 때, 그는 표음문자의 효율성을 강조했다.

　한글 창제의 목적을 일컬어 "어리석기에 …… 그들의 뜻을 능히 펴지 못하는 백성, 글자를 몰라 의사소통을 하지 못하는 백성들이 스스로 자신의 의사를 표현할 수 있도록"하기 위함이라고 선언하고 있다. 한글은 백성들이 '편리하게, 일상 속에서' 글을 읽고 쓸 수 있도록 고안된 것이었다. 이러한 언급은 '한자'와 '한국인의 일상적 구어체' 사이의 깊은 간극을 지적하는 것이었음에도 불구하고, 당장 글쓰기 체계의 전통적인 민족성 자체를 정면으로 문제 삼는 것은 아니었다.[33]

　이 땅에 서구의 '새로운 지식'이 제국주의 열강의 '총'과 '자본'이 함께 유입되면서, 지식과 한문의 특권적 관계는 점차 도전받게 되었다.

　유교적 진리와 유교적 인식론은 점차 효력을 잃어갔고, 그 빈자리에 점차 새로운 서구 문명이 잠식해 들어가기 시작했다. 새로운 지식을 향한 요구가 빗발쳤으며, 이제 새로운 지식으로 진입하는 출구를 '한자'만이 독점할 수는 없었다. 한글이든, 영어든, 일본어든,

---

　이기문, 『개화기의 국문 연구』(일조각, 1970), 「개화기의 국문 사용에 관한 연구」, 『한국문화』(5호), 1984.
33) 앙드레 슈미드 지음·정여울 옮김, 『제국 그 사이의 한국(1895~1919)』, 휴머니스트, 2007, 179~180쪽.

그 어떤 표기 체계라도 새로운 지식에 접근할 수 있는 시대가 도래한 것이다.

<황성신문>은 한문이 특별한 속성을 지니고 있으며 누구도 침해할 수 없는 독특한 의미를 담고 있다는 식의 논리를 공격했다. <황성신문>은 "중토中土의 현자들이 만든 위대한 한자는 말로는 이루다 표현할 수 없는 의미들을 포함하고 있다"34)는 식으로 한자만을 특권화 시키는 행위를 부패한 유학자들의 편견이라고 비판했다. 비록 한자가 경전의 지식을 숙달하기 위해서는 유일한 출구가 될 수 있을지 모르지만, 우리 민족을 위한, 새로운 과제를 수행하기에는 효과적이지 못하다는 것이 분명한 사실이었다.35) 해외에서 공부하던 한 유학생은 다음과 같이 자신의 걱정을 토로했다.

아! 왜 우리 민족은 지난 500여 년간 마치 한글이 전혀 필요 없는 문건인 것처럼, 우리의 고유한 글자를 버려놓은 채로, 오직 외국(중국)에서 수입된 한자만 숭배해 왔을까? 왜 헛되이 중국어의 사성(四聲)을 구분하느라 시간을 허비하고, 여덟 가지 한자의 서체(八體)를 배우느라 허송세월을 보냈단 말인가?36)

이러한 논리에 공감하면서, 또 다른 필자는 다음과 같이 한탄했다.

---

34) <황성신문> 1898년 9월 28일자, 인용문의 원문을 보면 "漢文은 中土聖人의 所製신 故로 言外意를 形容하고"
35) 이것은 <독립신문>의 일반적인 주장이었다. 이 신문 1896년 5월 16일자, 7월 25일자, 12월 22일자 등에 밝혔다.
36) 사성은 시적인 전통에서 운율적인 틀을 구성하는 핵심 원리였고, 팔체는 산문적 글쓰기의 기분적인 체제였다. 한흥교(韓興教), 「國文과 漢文의 關係」, 『대한유학생학보』 (1호), 1907, 29쪽. 원문을 현재말로 풀어씀.

"우리의 위대한 반만 년 역사가 오늘날 이토록 비참하게 먹구름에 휩싸여버린 깃에는 여러 가지 이유가 있다. 그 중에서도 최고의 주범은 바로 한자다."37) 기존에는 한없이 추앙받던 한자에 관한 지식이, 이제는 쓸모없는 선비의 이미지로 상징되고 있는 것이다. 이제 선비들은 "쌀이나 축내는 어휘사전" 정도로 비유됨으로써 평가 절하되기에 이르렀다. 선비는 집안은 물론 민족 전체에게 무익한 존재이며, 한자는 경제에 손해를 입힌 주범일 뿐이라는 주장이었다.

조선의 방방곡곡에서 수많은 선비들과 유학자들은 경전을 학습했다. 그들은 소리 높여 경전을 읽는 데 능숙하고, 탁상공론을 늘어놓는 데 익숙하다. 그러나 그들은 바로 대문 밖의 가게에서 쌀값이 얼마나 하는지도 모른다. 그들은 고전과 역사, 시문詩文, 그리고 순수 문학 작품의 모호한 의미를 이해하는 데는 익숙하다. 하지만 그들은 당시의 세태에 대해서는 전혀 알지 못한다. 그들은 40년 또는 50년 동안 수백 권의 경전을 읽고 암송하는 데 모든 노력을 바쳐왔지만, 조그만 생계수단 하나도 제대로 마련하지 못하는 족속들이다.38)

이러한 주장을 뒷받침하는 예시 자료로 영국과 미국, 프랑스, 독일의 사례가 인용되었다. 주시경 선생은 서구 열강은 중국인에게 의존하지 않고도 그토록 부강해졌다는 것이다.39) 이제 한자는 지식에

---

37) 이보경, 「국문과 한문의 과도시대」, 『태극학보』(21호), 1908년 3월, 17쪽.
38) 신해영, 「漢文字와 國文字의 損益如何」, 『대조선독립협회 회보』(15호), 1897년 6월.
39) 주시경, 「국어와 국문의 필요」, 『서우』(2호), 1907년 1월, 33쪽.

대한 독점적 권한을 상실했고, 민족의 독립에 필요한 새롭고도 유용한 지식을 생산하는데, 그 어떤 특권도 부여받을 수 없게 되었다. 이제 한자는 다른 모든 표기법과 똑같은 수준으로 격하되어버린 것이다. 한자는 더 이상 특별한 문자가 아니었으며, 단지 의사소통의 기구로서만 그 효율성을 평가받게 된 것이다.40)

이는 한자·한문 의식의 몰락과 함께 한글을 통한 새로운 의식을 세우는 기회가 되었다. 곧 문자와 지식의 관계를 재구성하는 의식이 각종 신문·잡지를 통해 글쓰기 방식이 혁신(지금까지와 다르게)되는 사회·문화적 분위기를 조성하게 된다.

한자가 오직 의사소통 능력만으로 평가되는 상황에서조차, 한국인들은 한자에 높은 점수를 주지 않았다. 한글학자 주시경이 지적했듯이, "삶은 두 번 반복되는 것이 아니다. 평생, 한자를 배우는 데 몸 바치고 나면 다른 것을 배울 시간이 있겠는가? 10년이 넘도록 한자를 공부하느라 시간을 낭비한 다음 얻는 것은 무엇인가? 그것은 그저 글씨일 뿐이다."41)

결과적으로 한자를 공용어로 한다면 오직 소수의 사람들만이 읽고 쓸 줄 알게 될 것이다. <황성신문>의 예상에 따르면, 100명 가운데 몇 명만이 한자를 읽고 쓰게 될 것이다. 유길준은 『대한문전』 서문에서 100명 가운데 1~2명만이 한자를 읽고 쓸 줄 알 것이라 예상

---

40) 앙드레 슈미드 지음·정여울 옮김, 『제국 그 사이의 한국(1895~1919)』, 휴머니스트, 2007, 183~185쪽.
41) 주시경, 「국문론」, <독립신문> 1897년 4월 24일자, 이와 비슷한 내용으로 이종일, 「국문론」, 『대한협회보』(2호), 1908년 5월 25일 등의 글에 실려있음.

했다. 주시경 선생은 이에 더 비관적으로 100명 가운데 오직 1명만이 한자를 읽고 쓸 수 있을 것이라고 예측했다.42) 이 논쟁은 좀 더 극단적으로 전개되어 간다.

일반적으로 왜 표의表意문자를 쓰는 지역은 문맹률이 높고, 표음表音문자를 쓰는 지역은 계몽이 잘 되어 있는가? 그것은 분명 문자가 쉬우냐 어려우냐에 따라 백성의 지식이 우등한가 열등한가가 판가름 나기 때문이다. 나아가 지식이 우등한가 열등한가에 따라 민족의 강함과 약함이 결정되기 때문이다.43)

세종대왕이 표음表音문자인 한글을 창제한 것은 민중을 위해서, 필요한 지식을 쉽게 습득할 수 있게 해 주는 방편으로 인식의 변화가 온 것이다. 한글이 매우 배우기 쉽다는 아주 간단한 이유로 말이다. 한글은 모든 계층에게 평등하게 다가갈 수 있는, 편리하고 쉬운 언어로 각광받았다. "남자든 여자든, 나이가 들었든 어리든, 계급이 높든 낮든, 가난하든 부자든, 귀족이든 천민이든 … 어리석은 아이일지라도 오직 하루만 익히면 한글을 충분히 읽고 쓸 수 있게 된다"고 주시경 선생은 말했다.

또 다른 논자들은 여성들이 쉽게 한글을 깨치는 것을 증거로 들며, 한글의 용이함을 증명했다. "여자들조차 쉽게 배울 수 있다"는 식의 논법은 당대의 저널리즘에서 흔히 발견되는 표현이었다. 실제로 당시 한글을 깨우치고 신지식을 습득한 여성들은, 오직 한문만

---

42) 주시경, 「국어와 국문의 필요」, 『서우』(2호), 1907년 1월, 31~34쪽
43) <황성신문> 1898년 9월 28일자 논설의 제목은 「國文漢文論 上」이다.

사용하는 남성들보다 높은 사회적 평가를 받을 수 있었다[44]고 한다.

이렇게 하여 효율적인 표현 수단으로서 한글은 지식을 습득하는 데 한자보다 우월한 문자가 되었다. 한글 승리는 계몽 프로젝트를 위한 공사의 기초가 되었다. 당시에 새롭게 한글을 습득한 최초의 학생들 가운데 하나는 이렇게 말했다. "문명을 위해 가장 필수적인 것은 제 나라의 문자다."[45] 또 다른 한글 지지자의 선언에 따르면, 국문은 "진실로 수만 년간 이어져 내려온 문명의 기초이며 독립을 향한 안내자"다.[46]

이러한 방식으로 문필가들은 중국에서 수입한 한자와 세종대왕이 창제한 한글을 극명하게 대립시켰다. 한자는 한국이 완전한 독립을 이루지 못했던 과거의 나약함과 무지를 상징하는 것이었다. 반면 한글은 미래지향적인 것이었고, 자신의 주권을 스스로 지킬 수 있는 강력하고, 계몽된 한국을 향한 약속을 상징하는 것이었다.

당시에는 지식의 개념을 어떻게 정의했을까 생각해 보면, 문자(한글)와 지식의 상관관계를 이렇게 새롭게 규정함으로써 한자와 한글 모두가 '민족화(nationalization, 정체성을 사회적 관행 혹은 민족에

---

44) <독립신문> 1896년 4월 7일자 참조.
45) 이봉운, 『국문정리』 서문(학부 편집국, 1897). 주시경의 「국문론』에 나타난 문명의 정치학에 관한 언급으로는 <독립신문>(1897년 4월 24일)에 실려있다. 이봉운은 1897년 1월에 목판본으로 『국문정리』를 지었으며, 그는 이 책에서 국어를 사항해야 하며 사전의 필요성을 말한 점 등 남보다 앞서간 일면이 있다. 최현배, 『한글갈』, 1940, 329~330쪽.
46) 이승교, 「국한문론」『서북학회월보』(1호), 1908년 6월 1일, 21쪽.

의해 구분하는 것)'가 되었다는 점이다. 특히 한글의 정체성에 대한 새로운 정의를 찾고자 한 것이, 곧 혁신으로 다가온다.

한국의 문필가들은 이제 한글을 유일한 표기 체계로 선전하기 시작했다. 지난 500여 년간 '언문'으로 천대받아왔던 한글이 이제는 '국문(nation writing)'으로 격상되기에 이르렀다. 이렇게 한글에 민족적인 의미를 부여하기 위해, 문필가들은 보통 '민족'과 '문자' 사이의 불가분의 관계를 '자연스러운' 것으로 만들어갔다. 주시경은 한국인의 독립을 향한 요구를 정당화하기 위해 우리의 문자인 '한글'과 '민족'의 관계를 '자연스러운' 것으로 규정했다.

지구상에서 영토는 자연스럽게 분할되어 있으며, 각각의 인종들은 ('한 떨기 인종') 이렇게 분할 된 땅 위에서 그들의 기후와 풍토에 걸맞은 그 지역의 소리를 만들어 사용하고 있다. 게다가 그들은 각각 자신의 인종에 어울리는 문자를 창조하기도 한다. 이런 식으로 특정한 언어와 문자가 한 나라에 따로 존재하는 것은 이 나라가 '자주국'임을 자연스럽게 보여주는 암시가 되는 것이다.[47]

이것은 '민족'과 '언어' 사이의 자연스러운 연관성을 세계적인 보편성으로 까지 획득하게 된다는 것을 강조한 것이다. <황성신문>은 그 어떤 예외적 사례에도 눈길을 주지 않은 채, 다음과 같이 확언한다. "하늘 아래 모든 나라는 제 나라의 말과 제 나라의 문자를 가지지 않은 나라가 하나도 없다."[48] 바로 여기서 민족을 규정하는 결정적 근거를 나타내는 고전적 공식이 탄생한다. 구어와 문어, 즉

---

47) 주시경, 「국어와 국문론의 필요」, 『서우』(2호), 1907년 1월, 32쪽.
48) <황성신문> 1906년 9월 7일자.

회화(會話)와 문자의 존재가 민족성(nationhood)을 규정하는 절대적인 권리를 쥐게 되는 것이다.

문필가들은 문자와 민족 사이의 연관성을 자연스러운 것으로 규정함과 동시에 민족으로 이행하기 위한 조건으로 한자의 권위를 깎아 내리고 있었다. 기존에는 유일한 진리의 문자로 인식되던 한문이, 이제는 그저 '중국의 문자'로 강등되어버린 것이다. 한자가 수 세기 전, 한국에 소개된 이래 최초로 문필가들은 한문의 '중국적인 성격'을 강조하기 시작했다. 이런 분위기 속에서 한 기자는 "중국의 글자는 중국이라는 영토의 민족적 언어다 漢文者는 卽 漢土之國文也니"49)라고 강조했다.

문필가들은 이제 진서(眞書, 한자)의 지위를 그저 수많은 또 다른 외국의 문자들 가운데 하나로 상대화시켰다. 또 다른 문필가는 이렇게 설명했다. "국문은 우리 민족의 문자다. 한자는 중국의 문자다 蓋國文者는 我國之文也오 漢文者는 支那之文也라."50) 한자를 단지 중국이라는 이방인의 문자라는 이유로 거부하는 이 현상은 학교의 교육 과정을 개편해야 한다는 요구 또한 반영하고 있었다. 수많은 개혁가들이 주장했듯이, 한자는 이제 더 이상 국민 공통 교육 과정의 일부가 될 수 없었으며, 이제 한자는 영어나 일본어와 똑같이 외국어 학교에서 가르쳐야 할 과목이 되어야 한다51)는 논리였다.

---

49) 이종일, 「論國語」, 『대한협회회보』(2호), 1908년 5월 25일, 11~14쪽.
50) 이승교, 「국한문론」, 『서북학회월보』(1호), 1908년 6월, 20쪽.
51) <황성신문> 1898년 9월 28일자, 이보경, 「국문과 한문의 과도시대」, 『태극학보』(21호), 1908년 5월, 18쪽.

'국문으로서의 한글'을 단순히 언어적 도구로 발전시킨 것이 아니라, 숭배할 가치가 있는 대상으로 끌어올린 것이다. 당시 국어학자인 이봉운李鳳雲은 『국문정리』 서문에 다음과 같이 위협에 가까운 말까지 하였다. "만약 한글을 숭배하지 않는다면, 그런 사람은 자신의 부모를 존경하지 않고 오직 다른 사람들만 사랑하는 것이나 마찬가지다." 또한 주시경은 동포들에게 한국어와 한글을 사랑해줄 것을 간곡히 부탁했다.[52] 신채호는 한글을 사랑하지 않는 사람들에 대해서는 그 국적을 의심했다. "오늘날 아직도 한자보다 한글을 우습게 여기는 자들이 있다면, 그를 과연 한국인이라 부를 수 있겠는가?"[53] 신채호의 입장에서는 당연히 이 질문에 '아니오'라고 답했다.

그러나 비록 소수이긴 했지만, 당대에 발행된 간행물들 가운데 한자를 고수하고자 했던 매체도 있었다. 적어도 한 명의 문필가는 그러한 '판결', 즉 한글을 사랑하지 않는 자는 한국인이 아니라는 판결을 꺼렸다. 그 사람은 비교적 덜 알려진 여규형이라는 인물이었으며, 『대동학회월보』라는 보수적인 잡지에 글을 기고하였다. 여규형은 글쓰기 개혁의 옹호자들과 같은 민족주의적 논리를 채택하면서 동시에 한문을 옹호했다.[54] 여규형에게는 이 민족주의적 논리가 한자를 방어하는 목적으로 균등하게 적용될 수 있었다. 그는 반대

---

52) 주시경, 「국어와 국문의 필요」, 『서우』(2호), 1907년 1월, 34쪽.
53) 신채호, 「국한문의 경중」, <대한매일신보>, 1908년 3월 17~19일자.
54) 여규형(呂圭亨), 「論漢文國文」, 『대동학회월보』(1호), 1908년 2월 25일, 52~53쪽.

파들의 확언, 즉 한문이 외국에서 한국으로 '침입했고', 그 후 한국인이 한문을 채택했다는 의견을 반박하여 한문 옹호론을 펼쳤다. 그의 의견에 따르면, 한문은 한국을 '침입'한 것이 아니라, 이미 건국 초기부터 한문은 쭉 한국의 문자로 존재해 왔다는 것이다. "약 400여 년 동안, 즉 단군과 기자가 이 나라를 최초로 건국했을 때부터 우리 한국인들은 한자를 사용해 왔다." 여규형은 새삼스럽게 고대로 되돌아가려는 것도 아니었고, 문자와 지식 간의 특별한 관계를 부정하려는 것도 아니었다. 물론 한자의 특별한 초국가적인 위상을 문제 삼으려는 것도 아니었다. 단지 그는 다음과 같은 사실을 독창적으로 지적한 것이다. 즉 이미 처음부터 한국인이 사용해왔던 한자이기에 한문은 한국의 것이며 외국의 것이 아니라는 점, 그리고 한국의 표기 체계로서 한문은 추방되어야 할 것이 아니라, 보존되어야 할 가치가 충분히 있다는 점을 주장한 것이다.

이같이 서로 다른 의견들에서도 불구하고, 여규형의 글은 문화를 민족화시키는 논리가 20세기 초반 한국의 지식인 그룹 사이에 얼마나 깊이 침투해 있었는지를 보여준다. 500년 동안이나 한자를 수호하기 위해 한글을 배척해 온 유학자들의 의견은 보수적인 민족주의자들에게서 거의 지지를 받지 못했다. 전투적인 한문 수호자들조차 민족적이거나 지정학적인 관점에서 자신의 입장을 전개하고 있었던 것이다. 이러한 여규형의 논박은 '표기법과 민족'의 관련성에 대한 공통된 가정에 근거하고 있었으며, "한자는 중국에서 온 것이 아니다"라는 일종의 허구적 가설에 기초하고 있었다.

그러나 점점 폭발적으로 증가하며, 이데올로기적 위상까지 지니게 된 '한글의 전파'라는 거대한 흐름을 이제는 막을 수 없었다. 한글은 비록 창제될 당시에는 절저히 무시되었지만, 과거의 비천한 '언문' 옹호자들은 이제 민족주의 운동의 지배적인 아이콘으로 한글을 재창조하는 데 성공하였다.55)

지금까지 살펴본 이 시기의 논쟁을, 최현배 선생은 『한글갈』의 「역사편」인 '한글 사용의 역사적 전개'에서 '각성시기'(1894~1944)로 구분하였다. 이 각성의 시기는 "한글이 공용문자, 교과서에까지 쓰이기 시작한 시기로 한문의 굴레를 벗어나려는 몸부림이 시작된다"56)고 간단명료하게 구분하였다. 그리고 '각성의 시기' 다음으로 '대성시기'(1945~오늘날까지)로 이어진다. "왜놈들의 악독한 정치에서 벗어나서 한글 사용이 자유를 얻어 무궁한 발전을 약속받는 시기"57)라고 했다.

더 나아가 한글이 갖는 '세계적인 수준의 글자'로 그 지위를 설명하였다. 세계에는 250 종류의 글자가 있는데 그 중에서 한글은 첫째, 글자의 발달 단계로 보아서 가장 진보된 글자인 소리글자의 한 가지이니, 소리글자 아닌 다른 글자보다 나은 지위를 차지한다.

둘째, 제작상으로 보면, 다른 글자들은 상형문자에서 출발하여 점차로 발달된 것인데, 한글은 한때에 만들어졌을 뿐 아니라, 그것도 음성기관을 본떠서 만든 합리적인 글이니, 그런 점으로도 한글은 우수한 글자이다.

---

55) 앙드레 슈미드 지음·정여울 옮김, 『제국 그 사이의 한국(1895~1919)』, 휴머니스트, 2007, 189~191쪽.
56) 『국어학 사전』, 한글학회, 1995, 1043쪽.
57) 위 책, 1043쪽.

셋째 한글은 처음부터 민중교화의 사명을 띠고 탄생된 민주적인 글자이니, 이런 글자는 다른데서는 볼 수 없다.

넷째, 한글은 가로로 세로로 다 쓸 수 있는 아주 편리한 글자이다. 이상과 같은 점으로 보아 한글은 이 세상에서 가장 우수한 글자라 단정하였다.[58]

현재 한국어는 8,500만 명 이상의 원어민과 수백만 명 정도의 제2언어 사용자들이 사용하고 있다. 중국, 일본, 러시아, 우즈베키스탄, 카자흐스탄 및 미국 등에 상당한 규모의 한국인 공동체가 존재한다.[59] 한국어의 특성을 정리하면 다음과 같다.

< 표 11 > 한국어(KOREAN)의 특성

자칭 이름	남한에서는 한국어, 북한에서는 조선말이라고 하며, 남한에서 규범화된 언어의 이름은 '표준어', 북한에서는 '문화어'다.
어족	한국어는 고립어로 간주된다. 고립어란 현재 살아 있는 언어들 중에서 친족 언어가 없다는 의미다. 그런데 제주방언(제주도에서도 수천 명 정도가 사용)의 경우에는 표준어와 너무 달라서 독립된 언어로 간주되기도 한다. 일본어, 몽골어 및 다른 아시아 언어들과의 역사적 친족 관계가 제기되기도 하였으나 받아들여지지 않았다.
문자	한글은 15세기에 만들어졌으며, 20세기에 들어서면서 널리 사용되기 시작했다. 그 이전에는 지식인 계층에서 중국의 한자를 주로 사용했다.

---

58) 위 책, 1044쪽.
59) 가스통 도렌(Gaston Dorren) 지음·김승경 옮김, 『바벨(BABEL) : 20개의 언어로 떠나는 세계 문명기행』, 미래의 창, 2021, 44쪽.

문법	한국어에는 성이 없다. 격 체계는 일곱 개의 격으로 되어 있으며, 격은 불변화사, 즉 명사 뒤에 오는 별개의 작은 단어(조사)로 표시된다. 동사는 40여 개의 접미사 중 여러 개와 함께 쓰일 수 있으며, 이 접미사들이 인칭, 격식, 서법, 시제 등을 나타낸다.
소리	동아시아 언어로는 흔치 않은 경우인데 한국어는 성조 언어가 아니다. 한국어는 이전에 10개의 모음 소리를 가지고 있었으나, 현대 한국어에는 8개만 남아 있다. 자음은 21개 소리를 가지고 있다. p/,/t/,/k/,/ch/의 경우, 각각 세 가지 종류의 연관된 소리가 존재하며, 이들을 합해보면 전체 자음 소리의 반이 넘는다. 각 음절에서 모음(또는 이중모음) 앞이나 뒤에는 자음이 한 개만 올 수 있다.
차용어	한국어는 역사적으로 중국어에서 엄청난 양의 단어를 들여왔다. 20세기 이후로는 북한은 러시아어에서, 남한은 영어에서 단어들을 들여오고 있다.
수출어	영어권 사람들에게 익숙한 두 단어는 김치와 태권도. 잘 알려진 브랜드 이름 중 한국어를 그대로 사용하는 것들이 몇 개 있는데, 삼성(Samsung), 현대(Hyundai), 대우(Daewoo), 태권도, 김치, 막걸리 등도 포함된다.
분열된 용어	남한과 북한의 언어는 많이 달라지고 있는데, 특히 현대에 들어 생긴 용어에서 그 양상이 뚜렷하다. 2018년 동계 올림픽을 준비하던 남북 연합 아이스하키팀 선수들은 서로 완전히 다른 용어를 사용하고 있다는 것을 발견했다. 남한 선수들은 영어에서 온 단어를 사용했고, 북한 선수들은 토착 단어를 사용했다. 기술과 정보과학 분야를 비롯한 다른 분야에서도 이와 동일한 상황이 일어나고 있다.

2) 『옥스퍼드 영어사전』의 지속성
   - 트렌치 주교의 아이디어와 제임스 머리의 열정으로 탄생

「새 영어 사전 편찬을 위해 영어를 읽고 말하는 대중들께 드리는 언어학회의 호소문」이 곧 『옥스퍼드 영어사전』을 탄생시키는데, 그 시작을 알린다.

1857년 11월. 당시 웨스터민스터의 주임 사제였던 트렌치 대주교는 언어학회(런던학회)에서 「우리 영어 사전들이 가진 결함들에 관하여」라는 내용의 논문을 발표했다. 이 일로 인해 언어학회에서는 현존하는 영어사전들의 결함을 보충할 증보판을 준비하자는 결정을 내리게 되었다.
 그러나 기본적으로 사전의 수준이 워낙 형편없었기 때문에 단순한 증보판이 아닌 영국의 국어인 영어와 언어학회의 심각한 현 상황을 개선할 수 있는 새로운 사전을 편찬하자는 목소리가 점점 커졌다. 따라서 1859년 1월, 언어학회는 「새 영어 사전 출간 계획서」를 발표했다. 이 계획서에는 사전 출간 작업의 성격과 영국과 미국 대중에게 새 영어 사전 출간에 필요한 자료를 수집해 달라는 호소문이 포함되어 있었다. 그런데 이때 수집해 보내주는 자료에는 반드시 어느 곳, 어느 시기든 작가들이 사용한 영어 어휘가 들어간 인용문이 포함돼 있어야 하며, 또 각 인용문들은 일률적으로 백지 반장에 기록해야 한다고 설명되어 있었다. 또 이렇게 모여진 인용문들은 알파벳순과 의미에 따라 분류될 것이라고 차후의 과정까지 상세히 써 있었다. 이러한 언어학회의 호소문은 엄청난 반응을 불러일으켜서, 수백 명의 자원봉사자들이 각자 책을 읽고 인용문을 발췌하여 '부편집인들'에게 보내기 시작했다. 그러면 역시 자원봉사자들로 이루어진

부편집인들은 알파벳 한 글자나, 한 글자의 일부를 담당하여 자원봉사자들이 보낸 자료를 좀 더 정리하고 분류해서 사전 편찬에 쓸 수 있게 이느 정도까지 어휘의 의미를 만들어냈다. 이런 영어사전 편찬 작업의 전체 편집 책임은 허버트 콜리지 씨가 맡았는데, 안타깝게도 그는 이 작업이 막 시작된 즈음 세상을 떠나고 말았다.(생략)

위 내용은 『옥스퍼드 영어사전』 편찬에 참여할 사람(자원봉사자)들에게 보내는 호소문60)중에서 일부이다.

트렌치 대주교는 언어학회에서 「우리 영어 사전들이 가진 결함들에 관하여」라는 이 날의 주제는 '사전'으로 상당히 중요한 논의가 진행되리라고 이미 발표된 터였다. 트렌치가 할 강연에는 대담한 책략이 담겨 있었다. 그는 청중에게 '영어사전'이 거의 없는데다가, 그나마 있는 것도 심각한 오류가 너무 많고, 그런 결함으로 인해 결국, 대영제국과 교회가 곤란을 겪을 것이라고 강연할 예정이었다. 물론 이런 내용은 간접적으로 은근히 말하게 되겠지만, 이제 언어학회의 권고를 받아들일 자세를 갖춘 빅토리아 시대인들은 이런 주제의 연설을 듣고 싶어 했다.61)

연설자는 웨스터민스터의 학생감이자 무시무시한 성직자 리처드 체네빅스 트렌치였다. 닥터 트렌치는 살아있는 어떤 인물보다도 언어학회(런던)의 광범위하고도 숭고한 야망을 구체화시킨 장본인이었

---

60) 사이먼 윈체스터 지음·공경희 옮김, 『교수와 광인 : 『옥스퍼드 영어사전』 편찬에 평생을 바친 두 남자의 열정과 광기 그리고 우정』, 세종서적, 2001, 7쪽.
61) 위 책, 120쪽.

다.

그는 당시 전 지구에 끊임없이 확대 보급되고 있는 영어가 이제는 체계를 갖추고 정리되어야 한다고 믿었다. 그리고 그와 마찬가지로, 언어학회 회원 200명도 그와 똑같은 믿음을 가졌다.

하나님이 영국인이라고 생각했던 런던의 언어학회 사람들은 하나님이 제국을 건설하기 위한 기본 장치로 영어의 보급을 허락했다고 생각했다.

이처럼 하나님의 영어를 전 세계에 파급시킨 뜻은 전 세계에 퍼진 기독교의 성장을 격려하기 위해서였다. 영어와 기독교를 동일화 한 것은 아주 간단한 일로, 그것은 세상의 선을 독려하기 위한 공식이었다. 즉 세상에 영어가 퍼지면 퍼질수록 하나님을 두려워하는 자들이 많아진다는 것을 의미했다. 그리고 이 신교 성직자 닥터 트렌치에게는 또 다른 의미가 있었다. 결국 영어가 언어 면에서 천주교의 영향력을 능가하게 되면, 신교와 천주교가 하나의 세계 그리스도 교회로 조화를 이루는 데 도움이 될 것이라는 게 닥터 트렌치의 생각이었다.[62]

그렇다면, 트렌치 주교가 낭독하기로 한, 「영어사전들의 몇 가지 결함에 대하여」의 주요 내용은 무엇이었을까? 여기에는 기존 영어사전들의 문제점으로 7가지를 지적했다.

첫째, 지금껏 나온 사전들에는 폐어廢語들이 충분히 들어가 있지 않다.

---

[62] 위 책, 100쪽.

둘째, 단어의 동일 계통 혹은 집단이 이들 사전에 망라되어 있지 않다. 같은 계통인데도 어떤 단어는 들어가 있는가 하면, 어떤 단어는 빠져 있다.

셋째, 단어의 역사가 철저하게 추적되지 않았다. 많은 단어들의 기원을 설명하면서 실제보다 훨씬 후대의 것을 최초의 것인 양 설명했다. 이것은 연구 조사가 불충분했기 때문이다.

넷째, 단어의 중요한 의미나 용법이 간과되었다. 다시 한 번 연구 조사의 미흡함을 느끼게 된다.

다섯째, 동의어들의 미세한 뜻 차이를 구분하려는 노력을 거의 기울이지 않았다.

여섯째, 기존의 사전들에는 중복되는 군더더기가 너무나 많다. 불필요한 자료들을 너무 많이 넣어 정작 필요한 것은 빠지게 되었다.

일곱째, 예문의 출처가 되어야 마땅한 문헌들이 조사 대상에서 많이 빠져 있다. 권위 있는 본격적 사전이라면 '모든' 문헌을 섭렵해야 마땅하다. 그러니까 문학 작품은 물론이고, 모든 신문, 잡지, 논문, 수도원의 삽화 논문, 크고 작은 공공 간행물 등을 모조리 뒤져서 단어의 쓰임새를 파악해야 하는 것이다.[63]

이러한 상황에서 지금껏 만들어진 '영어사전'들은 합격점에 도달한다고 볼 수 없었다. 따라서 완전히 새로운 사전이 필요했다. 영어의 모든 단어를 망라한 사전이 나와야 했다. 그것은 기존의 불완전한

---

[63] 사이먼 윈체스터 지음·이종인 옮김, 『영어의 탄생 : 옥스퍼드 영어사전 만들기 70년의 역사』, 책과 함께, 2005, 75쪽.

사전들을 재탕해서는 안 되고, 기존에 나와 있는 것들 중 최선의 것을 보완하는 데 그쳐서도 안 되었다.

또한 당초 계획했던 것처럼 증보판 정도에 그쳐서도 안 되었다. 그러니 완전한 무(無)에서 다시 시작했다. 명실 공히 '모든 것'의 의미를 제공하는 완전히 새로운 영어사전을 새롭게 편찬했다.

그리고 새로운 영어사전은 '역사적 원칙', 즉 모든 단어의 내력을 완벽하게 추적했는데, 단어의 발생 시기와 그 후 수년, 수십 년, 수백 년 동안 변해 온 내력을 설명하는 것이다. 또한 이런 모든 작업을 해당 단어에 대한 가치 판단을 유보한 상태에서 진행되었다.

여기서 주교는 자신의 '사전 편찬 철학'을 강조했는데, "사전은 역사적 기념물이고, 언어라는 관점에서 살펴 본 국가의 역사다. 따라서 언어가 잘못 들어선 길 또한 제대로 들어선 길 못지않게 깊은 교훈을 주는 것이다."[64] 라고 밝혔다.

트렌치 주교는 어찌 보면, 우리나라의 말과 글을 지킨 한글학자인 주시경 선생 같은 인물로도 대비된다. 주시경 선생도 국어사전을 만들기 위해서 '말모이'의 기초를 세웠기 때문이다.

당시 영국은 지구상에서 가장 강력한 나라였다. 영국의 선박들은 남극과 북극 사이의 모든 바다를 거침없이 항해하고 있었다. 전 세계 사람들의 4분의 1이, 당시 표현으로 '영국 여왕 폐하' 앞에서 경배하고 또 탄원을 했다.

게다가 영어라는 언어에는 '강인한 기독교적' 분위기가 감돌았다

---

[64] 사이먼 윈체스터 지음·이종인 옮김, 『영어의 탄생 : 옥스퍼드 영어사전 만들기 70년의 역사』, 책과 함께, 2005, 76쪽.

(적어도 트렌치 주교는 그런 분위기가 있다고 확신했다). 영어의 목록을 완벽하게 만들고, 그렇게 하여 영어의 위대함을 만방에 알린다면, 영어가 더욱더 전 세계로 확산될 것이라는 확신이다. 다시 말해 그것이 긍정적이든 부정적이든 영어의 유용성과 보편성을 그렇게 보여준다면, 영국의 영향력이 해외 만방에 퍼져나갈 뿐만 아니라, 영국 교회의 빛이 저 어두운 원주민의 세계에까지 뚫고 들어갈 것임에 방점을 두고 있었다.

오늘날의 비판적 관점으로 본다면, 빅토리아 시대의 영국에는 불합리하고 국수주의적인 구석이 분명 있지만, 그래도 그 시대는 절대적인 자신감과 위대한 야망을 구현한 시대였다. 그것은 위대한 사람, 위대한 비전, 위대한 성취의 시대였다. 희망과 정신적·도덕적·상업적 의도로 무장되어 있었고, '하면 된다'는 적극적이고, 진취적인 기상이 흘러넘치던 시대였음은 부인할 수 없을 것이다.

거대한 배들, 웅장한 왕궁들, 엄청난 규모의 교량, 도로, 부두, 철도 시설, 과학과 의학 분야의 놀라운 발견, 수십 군데의 식민지들, 수십 번의 승전과 수십 번의 반란 진압, 지구상의 오지로 깊숙이 침투해 들어간 선교사와 교사들, 그 시대에 영국이 성취하지 못할 일은 없는 것 같았다. 그리고 이제 그런 사업에 추가하여 완전히 새로운 사전의 편찬 작업에 착수하겠다는 것이다.

이런 위대함에 빠진 도덕적 우월성, 강인한 기독교적 분위기를 전파하는 언어가 영어였다. 그런 모든 사업을 벌인 영국에서 발달하여 성장한 언어의 모든 단어를 집대성하겠다는 아이디어의 방향은 사전인 것이다. 그것도 완전히 새로운 사전을 만들겠다는 것이었다.

그 아이디어는 강철, 증기, 벽돌 등으로 저 엄청난 산업혁명을 일으킨 빅토리아 시대의 영국인다운 발상이었다.

트렌치 주교는 기존 영어사전에 대한 7가지의 문제점을 제시하는 차원에서 멈추지 않았다. 이 문제(현실성에 대한 의문)를 해결해 갈 수 있는 아이디어까지 제시하였다. 그것은 몇몇이 아닌, 더 많은 여럿이 함께 사전 편찬에 참여하는 방안이었다. 마침내 해결책, 즉 "단어들의 의미와 용례가 들어 있는 그 수많은 문헌들을 어떻게 섭렵할 것인가?"에 주교는 자신의 질문에 이렇게 대답했다.

야코프 그림(Jacob Grimm)[65]은 동생과 함께 공동 편저한 『독일어 사전』 앞에 붙인, 저 흥미로운 서문에서 83명의 자발적인 편찬 협조자들에게 간곡한 감사의 정을 표시하고 있습니다. 그들은 그림 형제를 위해 한두 명의 독일 작가 작품을 읽고 사전에 들어갈 예문을 제공하여 훌륭한 사전을 만드는 데 일조했던 것입니다.

언어학회는 이런 공동의 노력을 회원들에게 제안하는 바입니다. 또한 우리 학회는 처음부터 회원 이외의 많은 사람들이 이런 사업의 노고와 명예를 나누어 가지리라고 희망하는 바이며, 또 실망하지 않으리라 생각합니다. 자원봉사자들이 계속 줄을 이어 나타나서 마침내 섬 전체를 뒤덮으리라고 기대합니다. …… 우리는 이처럼 영문학 전반에 걸쳐서 샅샅이 추적 작업을 펼치는 것이 성황리에 끝나기를 바라마지 않습니다.[66]

---

65) 동화작가로 유명한 독일 사람이다. 야코프 그림과 빌헬름 그림 형제는 괴기한 동화를 공동 집필했고, 또 사전을 편찬했다.
66) 사이먼 윈체스터 지음·이종인 옮김, 『영어의 탄생 : 옥스퍼드 영어사전 만들기 70년의 역사』, 책과 함께, 2005, 79쪽.

사전 편찬 작업에 있어, 그 말을 읽고, 사용하는 사람들을 직접 참여시킴으로써, 그 프로젝트는 '사람들에 의해' 이루어지는 것이었고, 그래서 말 그대로 '민주적 성격'의 사업이었다.

트렌치 주교가 구상한 사전은 어느 한 사람이 규범적으로 집필하는 것도 아니었고, 소수의 사람들 혹은 여러 명이 참여하는 위원회가 제작하는 것도 아니었다. 그것은 모든 사람이 참여하는 기술적 記述的 창조물이 될 터였다.

사람들이 사용하는 말, 사람들이 그 말을 사용하는 방식을 있는 그대로 기술할 것이었으므로, 지금까지 나온 사전들과는 전혀 다른 획기적인 사전이 될 것임은 당연한 것이었다. 그것은 하나의 꿈, 놀라우면서도 창의적이며, 혁신적인 꿈의 실현이었다.

OED가 탄생하기 전, 1857년 닥터 트렌치가 새 사전을 편찬하자는 내용의 연설을 한 후 수십 년이 흘렀다. 그러나 워낙 어려운 일이라 좀처럼 작업은 진척되지 못하고, 지지부진한 상황에 빠지고 만다. 이런 어려운 상황을 타개하기 위해 뛰어난 어학 능역을 지닌 제임스 머리가 등장하면서 새 사전의 책임 편집인이 된다. OED 편찬에 평생을 바치게 되는 열정의 첫 출발을 내딛는다.

제임스 머리는 먼저 영어를 읽고 말하는 영어 문화권 사람들에게 활자로 출판된 모든 문서를 검토해서 사전에 수록될 어휘의 예문을 찾는 자원봉사자가 되어줄 것을 촉구하는 호소문 배포를 시작으로 해서 사전 편찬 작업을 시작한다.

제임스 머리는 우리나라의 『조선말 큰 사전』 발간에 결정적인 역할을 한 이극로(李克魯, 1893~1978) 선생을 비롯하여, 조선어학회

사건 33인 개개의 인물들이 실천했던 열정을 한 몸에 담고 있는 인물이라 여겨진다.

다음은 제임스 머리가 30세이던 1867년 대영 박물관에 제출한 구직 지원서(요즘으로 보면 자기 소개서)의 일부다.

저(제임스 머리)는 평생 비교 언어학과 특별한 분야의 언어학 및 일반 언어학을 탐구해 왔습니다. 또한 아리안족과 시리아-아람계의 언어와 문학에도 조예가 상당합니다. 이 계통의 언어 전부, 혹은 거의 모두에 익숙한 것은 물론이고, 약간만 응용하면, 그 내용을 상세히 알 수 있을 만큼의 어휘와 언어 구조 지식도 갖고 있습니다. 몇몇 언어에는 특히 더 익숙한데, 이탈리아어와 프랑스어, 카탈로니어어(프로방스어와 동일계의 로망스어), 스페인어, 라틴어 같은 로망스어가 거기에 속합니다. 포르투갈어, 보(로잔을 주도로 하는 스위스 서부의 주)어, 프로방스어를 비롯한 다양한 사투리도 상당히 많이 압니다. 튜턴어의 경우에는, 네덜란드어를 꽤 잘하고(직장에서 서신 왕래를 네덜란드어, 독일어, 프랑스어로 하고 때로는 다른 언어로 하기도 합니다) 프라망어(네덜란드어의 방언으로 프랑스어와 함께 벨기에의 공용어로 쓰인다), 독일어, 덴마크어도 잘합니다. 앵글로-색슨어와 모에소고트어(4세기에 모에시아에 정주하면서 농업에 종사한 그리스도교화한 고트인들이 쓰던 말)의 경우, 훨씬 많은 연구를 해서 이 언어들에 대해 쓴 글을 출판할 준비를 하고 있습니다. 켈트어(인도-유럽어족에 속하며, Irish, Scotch, Gaelix, Welsh, Breton 등을 포함한다. 지금은 아일랜드, 스코틀랜드 고지, 웨일스 및 브르타뉴 지방에서 쓰이고 있다)도 약간 알고, 현재는 슬라브어를 열심히 공부하는 중입니다. 비교 언어학을 목적으로 삼고 있으므로 페르시아어, 아케메네스 설형문자와 산스크리트어족도 잘 압니다. 또 헤브루어와 시리아어는 구약을 읽을 정도로 충분한

지식을 갖고 있으며, 그보다는 못하지만 아람-아랍어, 콥트어, 페니키아어
도 창세기에 남겨진 부분을 읽을 정도로는 압니다.

 위 내용을 보면, 제임스 머리가 얼마나 폭넓은 언어 지식을 지니
고 있었는지 알 수 있다. 뿐만 아니라 사람들에게 허심탄회하고 태
연하게 자기 능력을 말하는 일면도 엿볼 수 있다.67) 하지만, 제임
스 머리는 구직에 성공하지 못했다.
 적합한 편집자와 알맞은 출판업자의 선택, 이 두 가지 문제가
1870년대 마지막 몇 년 동안 사전 출판과 상업 관련 기관들을 초
조하게 만들었다. 마침내 1878년 4월 26일, 제임스 머리는 옥스퍼
드의 대표자 회의에 처음으로 초대받았다.
OED 편집 책임자 후보인 제임스 머리가 초조해 하면서 기다리고
있을 때의 심정이 담긴 편지의 일부 내용이다.

 "내 관심은 …… 정말 아무런 사심이 없습니다. 나는 이상적인 사전의
완성을 정말 보고 싶습니다. 그리하여 내가 말한 이상적인 사전이 무엇인
지 사람들에게 보여주고 싶습니다.68)

 1879년 3월 1일, 마침내 계약이 체결되었다. 그것은 언어학회와
옥스퍼드 대학 사이에 체결된 10쪽짜리 공식 계약서였다. 그렇게

---

67) 사이먼 윈체스터 지음·공경희 옮김, 『교수와 광인 : 『옥스퍼드
    영어사전』 편찬에 평생을 바친 두 남자의 열정과 광기 그리고
    우정』, 세종서적, 2001. 55~56쪽.
68) 사이먼 윈체스터 지음·이종인 옮김, 『영어의 탄생 : 옥스퍼드
    영어사전 만들기 70년의 역사』, 책과 함께, 2005, 141쪽.

힘들게 결정된 계약서의 의도는 '언어학회의 자료에 바탕을 두고, 여러 학자와 연구자들의 도움을 받아가며 역사적 원칙에 입각하여 편찬된 새 영어사전'을 만드는 것이었다.

당초 사전제작 계획에서는 책의 총 분량은 약 7천 쪽, 총 제작비는 9천 파운드로 옥스퍼드 출판국이 전액 지불하기로 하고, 제작 기간은 10년을 넘기지 않는다는 내용이었다. 편집 책임자는 제임스 머리로 하고(머리는 당시 언어학회의 회장직을 맡고 있었다), 연봉은 대략 5백 파운드로 결정되었다. 1년간에 걸친 마라톤협상은 끝나고, 제임스 머리는 『새 영어사전』의 3대 편집장으로 부임하였다.

하지만 이 예측이 얼마나 잘못된 것인지를 당시에는 알지 못했다. 왜냐하면 OED는 완성되는 데 10년이 아니라 54년이 걸렸고, 사전 분량은 7천 쪽이 아니라 16,000쪽, 그리고 총 제작비는 9천 파운드가 아니라 30만 파운드가 소요되었기 때문이다.

OED가 시작된 첫해는 1861년이었다. 하지만 제임스 머리가 편집 업무를 정식으로 맡았던 1879년에 약 20년의 세월이 지나서야 비로소 재개되었다. 하지만 너무 오랫동안 꾸물거리다가 다시 진척시킨 것이라 작업의 속개는 결코 간단한 일이 아니었다.

제임스 머리는 새로운 자원봉사자들을 모집하기 위해 4장짜리 호소문을 내는데, 호소문에서 "20년 전에 열정을 가지고 시작한 자원봉사 활동을 영국, 미국을 비롯해 영국 식민지에 사는 사람들이 아직 검토되지 않은 책들을 읽고 조사해줌으로써 완성해 주기를 바란다"고 밝혔다.

언론사에서는 이 호소문을 보도 자료로 간주해서, 독자의 흥미를 끌 것을 기대하면서 같은 부분을 기사로 내보냈다. 또 호소문은 서점과 신문 가판대로 보내져 그곳에서 일하는 직원들이 고객들에게 나눠주었다. 도서관 사서들은 호소문을 책갈피에 끼우는 종이로 이용했고, 상점과 도서관에서는 작은 나무 상자에 호소문을 담아서 비치했다. 원할 경우 누구나 호소문을 가져가서 읽을 수 있었다. 얼마 지나지 않아 호소문은 영국과 식민지 전역에 퍼지게 되었다.

 난항에 부딪힌 대사전 프로젝트를 구출할 총사령관으로 임명된 사람인 편집장 제임스 머리는 스코틀랜드 시골 출신으로 열네 살에 학교를 그만두었다. 전직 은행 직원이자, 또 교사였던 그는 영어의 모든 어휘를 붙잡아 분류하고 정의하여 세상에서 가장 이상적인 사전을 만들기 위해 거대한 작업 속으로 걸어 들어갔다.

 OED 편집장 제임스 머리는 평생 동안 이런 환상을 가지고 있었다고 한다.

 비록 시간이 빨리 바닥나기는 하지만, 그래도 시간은 나의 편이다. 역사의 어느 한 순간, 언어는 잠시 걸음을 멈추고 휴식을 취한다. 그럴 때 그 언어를 사로잡으면 영원히 포착할 수 있다.[69]

 그리고 런던 언어학회에서 이런 말을 했다.

 단어에 대한 예문 수십 개를 바닥에 펼쳐 놓는다. 그리고 몇 시간이고 시간을 들여 그것들을 체스 판의 말처럼 이리저리 옮기면서 불완전한 역

---

69) 위 책, 199쪽.

사적 기록의 단편을 찾아내려고 애쓴다. 즉, 논리적으로 연결되는 일련의 의미를 발견하려는 것이다. 가끔 그러한 탐구가 절망적일 때가 있다. ……사전 작업은 결코 서두를 것이 못 되며, 오로지 심사숙고만이 다소나마 이 일을 진전시킬 수 있을 뿐이다. 이런 생각에 동의하지 않는 사람이 있다면, 어디 한번 직접 해보시라.[70]

한편 OED가 완간되었다고 해서 작업이 끝난 것은 아니었다. 왜냐하면 영어의 신축적인 융통성을 증명하는 대표적인 것 중의 하나는 영어가 지난 1,500년의 역사에서 꾸준히 변화, 확장, 진화했기 때문이다. OED가 완간 된 1928년 이후에도 이러한 변화는 여전했고, 심지어 OED 초대 편집장(허버트 콜리지)이 취임했던 1860년에도 이미 그런 변화가 예상되었다.

하지만 한 가지 끝난 사항은 있었으니, 바로 새 사전의 뛰어난 구조였다. 제임스 머리는 사전을 편찬하면서 아주 좋은 틀을 형성했다. OED가 후대에 아무리 많은 편집과 진화를 겪는다 하더라도 제임스 머리의 기본 틀은 그대로 남을 것이다. 즉 머리의 기본 틀과 방법과 디자인은 "어떤 본질적인 수정 없이 50년의 시험을 견뎌내면서 그 우수성을 입증"[71]했기 때문이다.

---

70) 위 책, 233쪽.
71) 위의 책, 334~335쪽.

< 표 12 > 영어(English)의 특성

이름	영어, English, 英語
어족	영어는 인도유럽어족의 게르만어파에 속하는 언어지만 로망스어군의 영향을 크게 받았다.
문자	라틴 알파벳을 사용하며 발음구별기호는 실질적으로 거의 사용하지 않는다. 철자법과 발음이 기이하고 변덕스럽기로 악명이 높다.
문법	영어에는 인도유럽어족에 속하는 언어로서는 놀라울 정도로 어미나 어형의 변화가 얼마 없으며, 성의 구분도 약간의 흔적만 있을 뿐이다.
소리	영어의 모음 소리는 많은 편이다(이중 모음을 포함하여 20개 이상). 약 24개인 자음의 숫자는 일반적인 편이다.
차용어	영어는 프랑스어·라틴어·고대 그리스어에서 수많은 단어들을 빌려왔으며, 스페인어·이탈리아어·네덜란드어·독일어·아랍어·히브리어·페르시아어·산스크리트어 등에서도 많은 단어들을 빌려왔다.
단일어	영어의 특이한 점 중 하나는 영어 사용자들이 쉽게 배울 수 있는 영어와 비슷한 다른 언어가 없다는 것이다. 포르투갈어 사용자들에게는 스페인어가 쉽고, 베트남어 사용자들은 중국어를 어려워하지 않는다. 영어를 모국어로 사용하는 것은 아주 많은 장점이 있지만 단점은 영어를 모국어로 사용하는 사람들은 대부분 단일어 사용자라는 것이다.

이 책을 마무리 하면서

국어사전의 창의적 진화, 그리고 종이사전의 위기

지금부터 110여 년 전, 이 땅에 우리말을 담고자 준비하는 글 꽃이 싹텄다. 최초의 우리말 사전 원고 이름인 『말모이』는 『큰 사전』 탄생의 그날까지 47년이 걸렸다.

국어사전이 무엇이기에, 탄생하는 그날까지, 그토록 많은 시련을 겪어야만 했을까? 그 누구도 생각하지 못한 과정이었으며, 마땅히 극복해야만 하는 민족적 사명이었기에 생명을 바쳐가며 마침내 탄생시켰다. 그리고 지금도 국어사전은 우리말로, 한국인뿐만 아니라, 세계의 모든 사람들이 표현하는 사물(일과 물건)의 정의에 대해서 국어사전이라고 하는 크고 넓은 말집(말을 담은 집)에 담아 기록하고 있다.

『국어사전, 책의 문화사』 1장에서 4장에 이르기까지 살펴본 내용을 요약하면, 우리글인 '한글'이 탄생한 이후부터 500여년에 이르기까지 대접받지 못하고 살다가, 일제강점기에 만들어진 한글 표준화와 맞춤법을 원칙으로 해서 국어사전을 탄생시키는 아주 긴 여정이 있었다는 점이다.

그리고 새로운 국어사전의 지속적인 편찬·발간으로 국민 대중은 앎의 시작을 국어사전을 통해 이루어지고, 그 보급은 교육열과 더불어 출판사의 기획력으로 다양한 사전들이 만들어지고 있다는 것이다. 그 중에는 소위 짝퉁 사전, 덤핑판 사전이라는 것들이 책 시장에 유통되면서 가정마다 크고 작은 국어사전이 자리를 차지하게 된 시대도 있었다.

'자국의 말과 글이 사라지면, 곧 그 민족은 더 큰 어려움을 겪는다'는 시대적 상황 인식은 우리 민족의 역사에서 이토록 한글에 대한 애정을 가졌던 때가 또 있었을까?

한글이 '위대한 문자로 탄생되었다'고 하는 글로벌한 평가를 최근 들어 받아 오면서, 정작 조선시대에, 지금의 대한민국 시대에 정당한 가치와 평가를 받아 왔는가? 이러한 질문들을 속속들이 들추어 낸다.

한글의 창제(1443)와 반포(1446) 이후, 거듭되는 한글 수난의 역사 속에서, 대한제국 시대에 고종의 칙령(1894)으로 한글을 모든 공문서 등에 '우선적으로 쓰도록 하라'는 한글의 새로운 탄생이 451년 만에 암울한 시대적 상황에서 큰 빛을 보게 된다. 결국은 민족문화 찾기에 있어 한국인에게 가장 보편적인 유산은 우리말과 글인 한글이었던 것이다.

조선왕조 500여 년 간, 그 많은 뛰어난 임금으로 일컬어지는 왕들이 있었지만, 현대 한국인의 삶에 직접적인 영향을 주고 있는 분은, 오직 세종대왕의 업적, 그 중에서도 한글 창제가 아닐까 한다.

우리의 근현대에 이르러 더 많이 애용되고 있는 '한글'과 '국어사전'은 그 운명을 함께 해 왔다. 여기에는 근현대 한글 수난사가 곧 국어사전 편찬의 수난으로 연결되어 있음을 새삼 깨닫게 한다.

'오래된 것이, 더 오래 간다'고 하는 '언어의 진실' 앞에 헌책방 전체 면적의 3할을 떡하니 차지하고 있는 오래 된 사전들. 앞으로 그 자리에 계속 있으면, 더 오래된 사전으로 남을 수밖에 없는 책들 중의 하나이다. 그렇다면, 이미 만들어졌고, 현재로서는 활용 가치가 희미한 책들. 하지만, 이 많은 오래 된 국어사전을 꿰뚫는 그 무엇인가 있지 않을까? 국어사전에 대한 탐구 생활의 시작은 이때부터 시작되었다.

우리가 계획했던 탐구 방향으로 국어사전 편찬의 흐름에 대해서는 2편의 논문[72]과 일제강점기 『큰 사전』을 만들어가는 상황을 중심으로 한, 조선어학회(한글학회) 관련하여 당시의 사회 문화적인 배경 연구 등의 책이 최근까지 3권[73]정도 발간되었다는 점이다.

'역시 우리와 생각이 비슷한 앞선 탐구자들이 있었구나!'라는 사실을 확인하면서, 국어사전, 사전학, 영어와 불어 등의 사전 편찬 사례 등 관련된 논문과 30여권에 이르는 국내외 사전학 관련 책들을 꼼꼼히 탐구하였다. 이 책을 보니, 또 다른 책을 알려주고, 다시 연결되어 책이 책들을 안내하는 지경에 이르렀다. 그리고 쌓여만 있는 2,000여 권의 다양한 국어사전들은 어떻게 할 것인가?

'아! 이젠 더 이상, 사전 관련된 책은 모조리 보았으니(?), 여기까

---

72) 이병근, 「국어사전 편찬의 역사」, 『국어생활』(vol.no.7), 국어연구소, 1986. ; 최병윤, 「국어사전 편찬에 대한 고찰」, 전남대 교육대학원 석사학위 논문, 1999.
73) 최경봉, 『우리말의 탄생 : 최초의 국어사전 만들기 50년의 역사』, 책과 함께, 2005. ; 이상각, 『주시경과 그 제자들 : 조선어학회, 47년간의 말모이 투쟁기』, 유리창, 2013. ; 정재환, 『나라말이 사라진 날 : 우리말글을 지키기 위한 조선어학회의 말모이 투쟁사』, 생각정원, 2020.

지다. 이제부터 글로 옮기자!'하면서, 목차를 수정해 가면서 관련된 소주제를 설정하고, 세부적으로 다시 분리해서 인용할 내용과 나름의 생각들을 입력하였다.

그런데 정작 국어사전을 제작 연대기별로 정리하고자 하니, 막상 해당 사전에 대해서는 쓸 말이 점점 줄어들었다. 예를 들어 문세영 선생의 『조선어사전』(1938)에 대해서 글을 쓰려고 하니, 무엇을 어떻게 정리해야 할지에 대해서 막막해졌다.

본 탐구생활의 목적이 한글의 어휘(표제어)와 문법 등을 연구하는 것도 아닌 마당에, 이 사전을 엮은 개인(인물)에 관심을 두고, 그 사전의 머리말과 발문(끝말) 등에 초점을 맞추었다. 결국은 그 사전 편찬자의 생각과 노력으로 결실을 맺은 사전이라면, 머리말에 모든 것을 담았을 것으로 본 것이다. 적중했다. 각각의 사전들이 탄생하는 데 있어, 당시의 사회 문화적 맥락은 머리말에 담겨 있음을 발견하고, 머리말 중심으로 이야기를 이끌어 갔다. 그러면서 출판사의 사전 편찬 흐름을 발견하면서 재구성하였다. 왜냐하면 사전은 한 번 만들어지면 끝나는 것이 아니라, 계속해서 일정한 시기에 따라 올림말의 수정·증보를 거듭해야 하기에, 정작 끝났다고 끝난 것은 아닌 것이다.

국어사전은 끊임없이 생활 속 언어를 축적해야 했다. 이것이 멈춤이 없는 사전의 운명임을 그 누가 마침표를 찍겠는가.

1950~60년대 편찬된 사전들의 머리말을 보면, 사전 편찬자들에게는 나름의 '사전 편찬 콤플렉스'가 있었다. 여기에는 인류 모든 언어의 사전들이 지향하는 목표점이랄까. 대부분의 편찬자들은 그 유

명한 역사와 전통을 자랑하는 『옥스퍼드 영어사전』에 원대한 비교점을 찍고자 했던 것이다. 그래서 글을 옮기는 동안은 국어사전을 편찬한 사람들의 콤플렉스를 이해하기 위해서 영어권을 대표하는 『옥스퍼드 영어사전』 편찬 전말기에 푹 빠지게 되었다. '아! 옥스퍼드 영어사전의 위대함이 여기에 있었구나!' 이 사전 편찬의 스토리텔링은 위대한 자원봉사자들이 있었기에 가능했음을 발견하면서 탐구의 지평을 넓히는 동기가 되었다.

우리의 『큰 사전』이 완성되기까지 겪어야 했던 한반도의 시대적 상황을 생각하면서, 영어사전이 편찬되는 과정을 소설과 영화를 통해, 그리고 몇 권의 책을 통해 알게 된 주요 등장인물들 …. 참으로 놀라운 것은 한두 가지가 아니었다. 중요한 것은 OED 초판 10권이 70년이라는 오랜 시간과 헤아릴 수 없이 많은 사람들이 사전 편찬 작업에 참여했다는 점이다.

그렇다면 우리의 국어사전 편찬은 언제부터 시작되었을까? 근대라고 하는 개화기부터 시작하여 일제강점기를 거쳐 8·15 해방과 6·25 전쟁을 거쳐 완성된 우리나라 국어사전의 표상인 『큰 사전』. 그 시작은 말모이 편찬 돌입(1910)으로 해서 『큰 사전』 전6권이 완성된 시점이 1957년에 이르렀음을 본다면, 47년간 한글 독립 투쟁의 결정체로 탄생된 것이다. 사전을 완성하기 위해서 희생의 제물로 개인의 생명도 아끼지 않았던 것이다.

이후 『큰 사전』이 모태가 되어 본격적으로 우리의 국어사전이 다양한 생김새로 만들어지고 보급되었다. 한글은 수난의 동기를 태생적으로 안고 태어났다. 이 땅에 한자(한문)가 들어와서 아주 오랜 동안 일부 계층의 생활 문자로 자리를 잡고, 민중들은 어리석어 문자사용이 불편했을 때, 세종의 위대한 사상적 실천으로 창제된 훈민정음은 주시경 선생에 이르러 한글로 다시 태어났고, 그의 뜻을 이어받은 조선어학회(한글학회)는 뼈를 깎는 노력과 일제의 굴욕에 시달리면서까지 완성하려 했던 것이 『큰 사전』이다.

 국어사전 편찬을 꿈꾸었던 당시의 몇몇 집필자는 다른 나라에서 편찬한 사전에 대해서 콤플렉스를 갖고 있었다고 했다. 특히 신기철·신용철 형제는 『옥스퍼드 영어사전』과 독일 그림 형제의 『독일어 사전』이 만들어졌음을 일찍이 인식하고, 이를 뛰어넘어야 한다는 생각도 있었겠지만, 일단은 우리의 국어사전을 만들어야겠다는 다짐으로, 평생의 업으로 이어졌다. 그 이전에 문세영의 『조선어 사전』 또한 사전 열등의식을 극복하기 위해 사전 편찬을 시작한 것이다.

 교육열이 높아지면서, 학생을 둔 가정은 필수품으로 국어사전을 구입해야 했다. 그리고 입학과 졸업을 축하 하는 으뜸 선물로 당연히 사전은 필요했다. 일반 교과서를 제외하고 참고서나 자습서는 일정기간으로 봐야하는 보조재였지만, 사전은 초·중·고등학생, 대학생 그리고 일반인들은 그 일상의 필요성으로 여러 분야의 사전류를 소장하게 된다.

 이 땅에 정통성과 전통성을 담은 국어사전은 과연 무엇일까? 『큰 사전』(1957, 전6권) 완간 이후, 정부에서 직접 편찬한 최초의 국어사전인 『표준국어대사전』(1999)은 당시 국립국어연구원(현 국립국어원)이 중심이 되어 8년에 걸쳐서 국어학계가 총동원되어 결실을 보왔다. 물론 국내 사전 전문 출판사들은 나름의 중·소형의 사전들을 지속적으로 편찬·보급해 왔다.

종이 국어사전을 펼치면 아름다운 글, 한글 세상이 들어온다. 그러나 온라인 매체 때문일까? 종이 사전은 점점 지난날의 영광에서 멀어지고 있다. 종이사전이 일상의 언어생활에서 쇠퇴하고 있음은 그 누구도 의도한 것이 아니다. 오히려 지금은 'K-문화(Korea culture, K팝, K드라마, K영화, K축제)의 여파로 국제적 경쟁력이 성장 일로에 올랐음을 보여주고 있다. 여기에 힘입어 세계인들이 '한글'에 다가옴은 당연한 문화 현상일 것이다.

한글의 세계적 확산은 매우 반가운 일이다. K-문화를 알고(知), 좋아하고(好), 즐기는(樂) 사람들에게 한글은 어려운 언어습득이 아닐 것이다. 더 아름답게 우리의 문화와 예술을 감상하고, 즐기기 위해서는 한글을 학습해야하기 때문이다.

우리 민족의 '말'이 사라질 지경에 이르는 상황에서 선학자(先學者)들은 이를 극복하기 위해서 국어사전을 만들었음에 다시금 새겨 둘 것들이 많다. 그래도 사전을 통해 '낫 놓고 기역자도 모른다', '기역자 왼다리도 못 그린다', '가갸 뒤 자도 모른다' 등의 무식함에서 벗어나 'ㅏ' 다르고, 'ㅓ' 다름을 이해하면서, 언어를 통한 창의적이고, 혁신적인 인류의 문화를 만들어가고 있다. 정말로 대단한 한국인의 글, 한글이다.

우리의 사상과 감정을 담은 말모이는 현재도 진행형이다. 우리의 말과 글이 세계인의 언어생활로 확장되고 있다. 그것이 국가 경쟁력에도 도움이 되고, 더 나아가 K-문화의 다양성이 인류 문화의 보편적 가치로 인정되기 위해서는 해야 할 것들이 생긴다. 먼저는 우리가 한글을 좋아하고 즐긴다고 자신 있게 말하려면, 우리 스스로 해야 할 일들을 행동으로 옮겨야 한다. 여기에는 한글을 '국제적 학술어' 내지는 '국제적 문화어'로 만들어 가는 일련의 인문학적 실천들이다.

 대한민국 동쪽 땅, 아름다운 도시 강릉에서, 일찍이 『동국정운』(완질본 6권)이 발견(1972)되어 국보로 지정 된 역사적 사실이 있다. 이를 생각해 보면, 참으로 놀라운 큰 사건이었다. 경북 안동에서 『훈민정음』 해례본이 발견(1940)되고, 강원 강릉에서는 『동국정운』이 발견되어, 이 두 책은 우리의 문자 체계를 정립하는데 있어, 그 가치 면에서 쌍벽을 이룬다고 할 수 있다.

『국어사전, 책의 문화사』는 국어사전의 말과 글이 창의적으로 진화를 거듭해 가듯이, 아직 발견하지 못한, 어느 누군가의 국어사전을 찾고자 애를 많이 쓸 것이다. 그리고 지금도 수정·증보를 거듭하고 있는 새 국어사전들의 아름다운 탄생을 보듬어가면서, 국어사전 편찬의 흐름에 대한 탐구 생활을 마친다.

편집 후기

『대한민국 국어사전, 책의 문화사』

 우리나라 국어사전을 주제로 해서 탐구하고자 했던 동기는 사전이 있었기 때문이다. 그것도 40여년 가까이 헌책방을 운영해 오시던, 본 탐구서의 공동 저자 권오상 대표께서 사전류에 관심을 두고, 국어사전을 비롯하여 옥편, 교과서, 창간호 등의 책들을 별도로 수집해서 모아 온 것이 말문을 트게 하였다. 그리고 이 중에서 2천여 권의 국어사전이 있었기에 가능했던, 행복한 국어사전 탐구 생활이었다.

 넓은 책방 일부 공간을 차지하고 있는 사전류 책들을 보고 있노라면, 이 사전들이 현재 어떤 의미가 있을까? 국어사전 전시관을 만들어야 하지 않을까? 점점 쌓여만 가는 국어사전들을 발행된 지 아주 오래된 것부터 해서 출판사별로 정리해 본다. 그러면서 궁금한 것들이 더 생겨났다. 우리나라에서 최초로 만들어진 국어사전은 어느 것일까? 그리고 이 사전을 만든 당시 사람들은 어떤 인물이었을까?

 세종대왕의 한글 창제와 반포, 그리고 우리에게 근대라고 하는 100여 년 전 그 시절, 국어사전 탄생을 이야기 하는 책과 논문들을 찾아서 읽어본다. 우리말과 글을 담고자 국어사전 편찬을 기획했던, 그때 그 인물들이 처한 사회 문화적 상황은 저물어 가는 국가의 운명을 지켜봐야 했다. 너무나 슬프고 암울한 현실 상황에서 말모이를 시작하였다는 것에 큰 의미를 두고 글쓰기와 글 옮기기를 시작하였다.

오래 된 국어사전은 이를 편찬한 인물이나 출판사 나름의 분명한 동기와 목적이 있을 것임을 궁리해 보았다. 그리고 우리 문자인 한글이 반포되고 나서, 일반 민중의 글자로 사용되고 정착되기까지 한글은 견디기 힘든 어려운 일을 당해왔음을 알게 되었다.

이 책은 앞으로 몇 번의 수정 작업을 더해 갈 계획이다. 국어사전이 한번 출간되고 나면, 그것으로 마치는 것이 아닌 것처럼 말이다. 국어사전이 다른 책과 달리 특별한 매력은 일정한 시기별로 수정·증보판이 나와야 한다는 것이다. 그렇지 않으면, 그 국어사전의 생명은 거기서 멈춘다는 점이다. 그렇게 황무지 같은 출판 현실에서 초판을 시작으로 하여 현재까지 9~10판에 이르는 몇몇 국어사전들의 생명력은 한글의 아름다운 결정체라 부르고 싶다.

『국어사전, 책의 문화사』를 시작으로 큰 꿈을 펼쳐본다. 한글 콘텐츠의 결정체인 국어사전 탄생에는 표현할 수 있는 모든 언어적 영상이 담겨져 있다. 일찍이 영화 <말모이>가 대중들로부터 큰 호응을 불러일으켰듯이, <말모이> 시리즈로 소설도 구상해 본다. 영화 <말모이> 이후가 더 궁금하기 때문이다. 그래서 영화 <말모이 2>도 가능하지 않을까.

그리고 국어사전의 더 큰 국어교육적 대중화를 위해 '국어사전 전국 순회 전시회'를 기획해 본다. '국어사전 100년의 편찬사'를 주제로 해서 다양한 실물 사전을 통해, 옛 추억이 담겨져 있는 국어사전을 새롭게 조명하는 계기를 마련하고자 한다. 국어사전의 '원 소스 멀티 유즈'(One Source Multi Use), 하나의 소스 즉, 하나의 콘텐츠로 여러 상품 유형을 전개시킨다는 것이다. 모든 가능한 상상력을 열어놓고 시작해 볼 것이다.

한글날은 매년 다가온다. 앞으로 전과 같지 않은 한글날을 위해서 부단히 한글과 국어사전 콘텐츠의 공공성을 위해 탐구생활은 계속될 것이다.

『국어사전, 책의 문화사』 출간에 지원을 아끼지 않은 한국출판문화산업진흥원 '길 위의 인문학' 팀에게 고마움을 전한다. 그리고 김무림 교수님의 감수를 통해 더 많이 이해하고, 표현의 다양성을 배우면서 감사함을 남긴다. 이 책의 전반적인 기획과 편집에 함께해 준, 강원미디어콘텐츠협동조합에도 고마움을 전한다.

2022년 10월 9일
한글날을 맞이하면서

공동저자 이경화 씀

참고 문헌

『책』

김민수,『국어학사의 기본이해』, 집문당, 1987.
김상문,『출판황제 김상문, 빈손으로 와서 빈손으로 간다』, 상문각, 1994.
김슬옹,『28자로 이룬 문자 혁명 훈민정음』, 아이세움, 2007.
박형익,『한국의 사전과 사전학』, 월인, 2006.
백낙청·임형택·정승철·최경봉, 『한국어, 그 파란의 역사와 생명력』, 창비, 2020.
심지연,『김두봉』, 동아일보사, 1992.
_____,『개화기의 국문 연구』, 일조각, 1970.
이병근,『한국어 사전의 역사와 방향』, 태학사, 2000.
이상각,『주시경과 그의 제자들 : 조선어학회, 47년간의 말모이 투쟁기』, 유리창, 2013.
이상규 편,『한글 고문서를 통해 본 조선 사람들의 삶』, 경진출판, 2014.
_____,『한글 공동체』, 박문사, 2015.
이중한·이두영·양문길·양평,『우리 출판 100년』, 현암사, 2001.
정재환,『나라말이 사라진 날』, 생각정원, 2020.
정진석 편,『문자 보급 운동 교재』, LG상남언론재단, 1994.
정 철,『검색, 사전을 삼키다』, 사계절, 2016.
_____,『최후의 사전 편찬자들』, 사계절, 2017.
조남신,『사전학』, 한국문화사, 2015.
조용만·송민호·박병채,『일제하의 문화운동사』, 민중서관, 1973.
최경봉,『우리말의 탄생 : 최초의 국어사전 만들기 50년의 역사』, 책과함께, 2005.
김미경,『대한민국 대표 브랜드 한글』, 자우출판사, 2006.

하영동, 『프랑스어 사전의 역사』, 전남대학교출판문화원, 2020.
가스통 도렌 지음·심승경 옮김, 『바벨』, 미래의 창, 2021.
사이먼 윈체스터 지음·공경희 옮김, 『교수와 광인』, 세종서적, 2001.
사이먼 윈체스터 지음·이종인 옮김, 『영어의 탄생』, 책과 함께, 2005.
제임스 W. 페니베이커·김아영 옮김, 『단어의 사생활』, 사이, 2018.
존 심프슨 지음·정지현 옮김, 『단어 탐정』, 지식 넘어, 2018.
토르 얀손 지음·김형엽 옮김, 『언어의 역사』, 한울아카데미, 2019.
앙드레 슈미드 지음·정여울 옮김『제국 그 사이의 한국(1895~1919)』, 휴머니스트, 2007.
『2017 한글을 듣다』(남기심, 박영순, 송민, 이익섭, 김종철, 윤구병, 이대로, 남영신), 국립한글박물관, 2017.
『2018 한글을 듣다』(고영근, 김완진, 권재선, 김흥규, 최호철, 도원영, 배우리, 조용선, 김단희), 국립한글박물관, 2018.
『2019 한글을 듣다』(오동춘, 이기용, 이봉원, 정광, 안상순, 남풍현, 이현복), 국립한글박물관, 2019.
『2020 한글을 듣다』(김승곤, 이병근, 조성자, 조종숙), 국립한글박물관, 2020.
『브리태니커 세계 대백과서전』(22권), 한국브리태니커회사, 1997.

「논문」

이기문, 「개화기의 국문 사용에 관한 연구」, 『한국문화』(5호), 1984.
이병근, 「국어사전 편찬의 역사」, 『국어생활』(vol.no.7), 국어연구소, 1986.
이병혁, 「일제하의 언어생활」, 『한국의 사회와 문화』(제14집), 한국정신문화연구원, 1990.
최병윤, 「국어사전 편찬에 대한 고찰」, 전남대 석사학위 논문, 1999.

『국어사전』, 책의 문화사
- 책 수집가의 국어사전 이야기 -

펴낸 날   2022. 10. 9.

연구자   권오상 · 이경화
펴낸이   조은실
편집인   이연하
디자인   김화섭
펴낸곳   강원미디어콘텐츠협동조합
주   소   강원도 강릉시 경강로 2326번길 4. 302호
전   화   033)651-8626 팩스 033)651-8627
이메일   gmcc2014@naver.com
블로그   blog.naver.com/gmcc2014

이 책은 한국출판문화산업진흥원의 지원을 받았습니다.
이 책의 내용은 저작권법에 따라 보호받는 저작물이므로
무단 전재와 무단 복제를 금합니다.